2021 年度河北省课程思政示范项目成果
（项目编号：KCSZSF032）

数智赋能背景下大学英语教学质量提升研究

李继燕　赵志刚◎著

燕山大学出版社
·秦皇岛·

图书在版编目（CIP）数据

数智赋能背景下大学英语教学质量提升研究 / 李继燕， 赵志刚著. —秦皇岛：燕山大学出版社，2024.5

ISBN 978-7-5761-0661-9

Ⅰ. ①数… Ⅱ. ①李… ②赵… Ⅲ. ①英语－教学研究－高等学校 Ⅳ. ①H319.3

中国国家版本馆 CIP 数据核字（2024）第 066308 号

数智赋能背景下大学英语教学质量提升研究

SHUZHI FUNENG BEIJING XIA DAXUE YINGYU JIAOXUE ZHILIANG TISHENG YANJIU

李继燕 赵志刚 著

出 版 人：陈 玉

责任编辑：张 蕊　　**策划编辑**：张 蕊

责任印制：吴 波　　**封面设计**：刘馨泽

出版发行：燕山大学出版社 YANSHAN UNIVERSITY PRESS　　**电　　话**：0335-8387555

地　　址：河北省秦皇岛市河北大街西段 438 号　　**邮政编码**：066004

印　　刷：涿州市般润文化传播有限公司　　**经　　销**：全国新华书店

开　　本：710 mm×1000 mm　1/16　　**印　　张**：14.5

版　　次：2024 年 5 月第 1 版　　**印　　次**：2024 年 5 月第 1 次印刷

书　　号：ISBN 978-7-5761-0661-9　　**字　　数**：215 千字

定　　价：62.00 元

前　言

随着信息技术的飞速发展，尤其是互联网、大数据、人工智能等技术的广泛应用，教育领域正经历着一场深刻的变革。这场变革不仅改变了教学资源的获取和分享方式，也重塑了教师与学生之间的互动模式，以及教学内容的设计和传授途径。在这样的背景下，数智赋能成为教育改革的关键词汇，它代表着数字技术与智能技术在教育领域的深度融合与应用。

大学英语作为高等教育中的基础课程，其教学质量直接关系到学生的综合素质和国际交流能力提升。传统的大学英语教学模式面临着诸多挑战，如教学资源的局限性、教学方法的单一性、学生个性化学习需求被忽视等。这些问题的存在，限制了大学英语教学效果的提升，也影响了学生英语应用能力的发展。随着社会进入数智化时代，大学英语教学也应该顺势而为。笔者在教学实践中深有感触。当前的大学生出生于数字化时代，生长于互联网的蓬勃发展之中，他们从小接触智能手机、平板电脑、网络，对于数智技术的理解和运用能力甚至远超教师。在这种情况下，如果大学英语教师仍旧固守传统的教学方法、资源与模式，将难以激发学生兴趣和积极性，与学生实际需求脱节。这就倒逼大学英语教师更新教学理念，拥抱新兴技术，采用创新的教学策略、方法及手段，提升教学效果。

本书深入探讨了如何利用数智技术赋能大学英语教学，尝试为深化大学英语教学提供参考。本书的写作具有系统性、时效性和实用性，围绕数智赋能的概念、背景、理论基础、信息素养研究、课程体系建设、课程思政教学以及数字技术和智能支持下的教学质量提升等核心问题展开论述。这不仅为大学英语教学改革提供了理论支持和实践指导，而且对于培养适应全球化和信息化要求的高素质英语人才，具有重要的现实意义和长远影响。

本书共分为六章。第一章着重于数智赋能的概念界定和背景，分析了大学英语教学的现状、发展历程及其面临的问题，这是本书研究的起点。第二章深入研究了信息素养的重要性，探讨了教师和学生在数智背景下的信息素养现状及其提升策略，这是数智赋能大学英语教与学的技术基础。第三章关注课程体系建设，提出了数智赋能下的通用大学英语课程框架，特别构建了中外合作办学集大学英语理论课体系、实践体系及自主学习体系三位一体的院本大学英语多元课程体系，对于大学英语课程体系建设，尤其是中外合作办学的大学英语课程体系建设有重要的参考价值。第四章聚焦课程思政教学，讨论了数智技术赋能背景下大学英语课程思政教学的设计原则、教学流程、共同体建设及混合式教学实践研究，从而在大学英语教学中落实立德树人的根本任务。尽管数智技术经常合起来使用，但是数字化技术和人工智能技术之间也存在差异。第五章重点介绍数字技术赋能下的资源建设、教学方法、教学模式、教学手段，通过实证研究证实了数字技术在大学英语教学质量提升中发挥的作用。人工智能技术，尤其是 ChatGPT 等生成式人工智能是当前教育技术领域的热点。第六章探讨人工智能技术在大学英语教学中的独特优势，并重点介绍了 ChatGPT、知识图谱等人工智能在加强大学英语课程建设、提升大学英语教学质量和学生学习体验中发挥的作用。

从整体上看，由于数智技术的赋能，大学英语教学的数字化资源更加丰富，教学工具和平台更加智能化，教学内容和方法得以创新，教学管理更加高效。但是，正如教育部高等教育司前司长吴岩所说，高校教学改革改到深处是课程，改到痛处是教师。为更深入地实现数智赋能大学英语教学，教师需要付出极大的努力，应升级教育理念，转变教师角色，更新知识体系，拥抱数智技术，守正创新，立德树人。

本书的实证研究和教学案例来自大学英语教学实践，其中一些实证研究成果已在国内学术期刊上发表，期待本书能够激发大学英语教师的思考，助力他们在数智赋能的教学新时代中发现新的方向和成长机会。本书的问世，得益于学院领导的鼎力支持，以及多位专家和学者的精心指导与无私建议。此外，也要特别感谢笔者家人的理解和支持，尤其是小满、小荷两位小朋友的加油和鼓励。鉴于笔者水平有限，难免有不足之处，敬请广大读者不吝赐教。

李继燕　赵志刚

2024 年 3 月

目　　录

第1章　数智赋能背景下的大学英语教学概述

随着全球化的不断推进和信息技术的飞速发展，教育领域正经历着前所未有的变革。2024年1月30日，中国教育部部长怀进鹏在2024世界数字教育大会上发表题为《携手推动数字教育应用、共享与创新》的主旨演讲。他指出，习近平主席高度重视教育数字化，把教育数字化作为开辟教育发展新赛道和塑造教育发展新优势的重要突破口，要进一步推进数字教育，为个性化学习、终身学习、扩大优质教育资源覆盖面和教育现代化提供有效支撑。在这样的大背景下，数智赋能成为推动大学英语教育教学现代化的关键力量。

1.1 数智赋能的概念定义及背景

随着新兴技术的不断融合、突破以及新一代信息技术网络化、数字化、智能化的创新发展，各行业纷纷把“数智化”作为新的发展方向，教育界也不例外，“数智赋能教育”是当前教育界热议的焦点之一。

“数智”是数字化、智能化的简称，是指利用数字技术和数据驱动的方法，实现智能化、自动化和优化决策的能力。它结合了人工智能、大数据分析、机器学习等技术，通过对大量数据的收集、整理和分析，为组织提供更深入的洞察力和智能化的决策支持。数智化的核心是将数据转化为有价值的信息和知识，并基于这些信息和知识进行决策与行动。通过数据的收集和分析，数智化可以帮助组织发现趋势、预测未来、优化流程和提高效率。

“赋能”源于赋能授权（empowerment）理念，在 1947 年版袖珍牛津词典中的释义是“the act of enabling”，意思是使人能做某事。赋能的概念最早起源于 20 世纪 60 年代的美国，其广泛应用于民权运动和女性解放运动中，后被逐渐扩展到管理学、心理学、教育学等领域。此概念较为抽象，目前尚未形成跨学科的通用定义，当应用于不同领域时其内涵不尽相同。在教育领域中，赋能通常指的是赋予学生、教师、教育工作者以及教育决策者更大的自主权、能力、资源和信心，使他们更有效地参与教育过程、做出决策、解决问题和实现个人及教育目标，其核心在于提升个体的能力感和自我效能，以及他们对自己学习和教育环境的控制感。

由此可以看出，在教育领域，“数智赋能”指通过人工智能、大数据分析、机器学习等先进技术，以及数字化资源、智慧学习平台、社交网络工具等多样化工具和平台，使得教育机构或个人在教学、学习、管理等方面实现智能化、自动化、精准化的提升。这种赋能不仅包括对教育内容的数字化处理和优化，也涉及对教育过程的智能化管理和评估，以及对学生学习行为的个性化分析和指导。通过这些技术的整合和应用，有利于提升教育质量，优化教育体验，同时也有助于促进教育的公平性和可及性。

数智技术赋能教育，尤其是人工智能技术赋能教育，是当前教育界研究的绝对热点。联合国教科文组织（UNESCO）于 2019 年发布了《北京共识——人工智能与教育》，旨在推动人工智能教育的可持续发展；在此基础上，2022 年又发布了《人工智能与教育：决策者指南》，阐明了如何最好地确保在教育中公平、合乎道德和有效地应用人工智能。世界各地都举办了重量级的人工智能教育大会，如国际人工智能与教育大会（International Conference on Artificial Intelligence in Education，AIED）会议、国际教育技术协会（International Society for Technology in Education，ISTE）会议、欧洲教育技术协会（European Association for Technology in Education，EATE）会议、亚太教育技术协会（Asia-Pacific Association for Technology in Education，APATE）会议、国际学习分析大会（International Conference on Learning Analytics，LANZER）会议等，聚焦于探讨如何将人工智能技术应用于教育领域，以提高教育质量和效率。尤其是2022年11月，一款名为ChatGPT（Chat Generative Pre-trained Transformer）的文本类人工智能应用产品横空出世，立刻引爆了生成式人工智能对教育的影响的讨论。学界纷纷讨论生成式人工智能为教育带来的重大影响、机遇、挑战，尝试分析生成式人工智能的教育应用场景和应对策略，为当前的数智赋能教育提供了重要的理论基础。

中国也极其重视教育的技术赋能。在中国第一个以教育现代化为主题的中长期战略规划——《中国教育现代化2035》中，强调了深化信息技术与教育教学的深度融合与创新，明确指出要开发优质课件等数字资源，建设数字教育资源共建共享机制；推动信息技术在教学、管理、学习、评价等方面的应用，全面提升教育信息化水平和师生信息素养；要运用互联网、大数据和人工智能等技术，统筹建设一体化智能化教学、管理与服务平台，构建智能化、个性化、终身化的教育体系。

中国在数智技术赋能教育方面已经取得了一些显著的成就。近年来，研发了智能教室、智慧教学工具等智慧教育硬件产品，为教育教学提供了技术支持；搭建了中国大学慕课、学堂在线、超星学习通等智慧教育平台，提供了丰富的课程资源和教育服务；开展了在线教育和远程教学，尤其是疫情期间，为学生提供了便捷高效的学习体验，为教师提供了智能化的教学管理工具；部分老师开始尝试根据学生的学习风格、兴趣和能力，定制个性化的学习路径和教学内容，提供个性化的学习支持和教学辅助。

在生成式人工智能方面，中国也开发出了功能类似于ChatGPT的大型语言模型，如百度的文心一言、阿里云的通义千问、科大讯飞的星火系列模型、昆仑万维的天工、智谱清言的ChatGLM、腾讯的混元大模型、字节跳动的豆包等。这些模型各有侧重点，都具有理解和生成自然语言的能力，能够处理各种复杂的语言问题，自然地与人类进行交互。

1.2 大学英语教学现状

1.2.1 大学英语教学的定位及目标

根据《大学英语教学指南》（2020版），大学英语是中国高等教育课程体系的重要组成部分，是大多数非英语专业本科生的公共必修课，兼有工具性和人文性的双重性质。其工具性是指进一步提高学生英语听、说、读、写、译的能力，通过学习与专业或未来工作有关的学术英语或职业英语，获得在学术或职业领域进行交流的相关能力。其人文性是指通过大学英语教学，了解国外的社会与文化，增进对不同文化的理解、对中外文化异同的认识，培养跨文化交际能力。

大学英语的教学目标是培养学生的英语应用能力，增强跨文化交际意识和交际能力，同时发展自主学习能力，提高综合文化素养，使他们在学习、生活、社会交往和未来工作中能够有效地使用英语，满足国家、社会、学校和个人发展的需要。

根据我国现阶段基础教育、高等教育和社会发展的条件、现状，《中国英语能力等级量表》将大学英语教学目标分为基础、提高、发展三个等级。基础目标是针对大多数非英语专业学生的英语学习基本需求确定的，提高目标是针对入学时英语基础较好、英语需求较高的学生的学习需求确定的，发展目标是根据学校人才培养计划的特殊需要以及部分学有余力学生的多元需求确定的。这种分级目标的安排，为课程设置的灵活性和开放性提供了空间。各个院系或学科可以根据学校、院系和学生个性化需求，制定校本 / 院本英语教学方案，在满足英语语言技能平衡发展的同时，有所侧重，突出特色。

大学英语教学对于促进大学生知识、能力和综合素质的协调发展具有重要意义。优质的大学英语教学不仅可以满足学生专业学习、国际交流、继续深造、工作就业等方面的需要，培养国际视野、提高人文素养，为迎接全球化的挑战和机遇做好准备，还可以服务于国家战略需求，在构建中国在国际上的话语体系方面发挥重要作用，为国家改革开放和经济社会发展贡献力量。

1.2.2 大学英语教学的发展历程

自新中国成立以来，我国的大学英语教学走过了 70 多年的历程。回顾我国大学英语教学的发展历程，有重要的现实意义和长远的理论意义，有助于理解当前部分大学英语教学现状的历史原因，把握英语教学未来的发展趋势。

实际上，为了适应国家、社会、学校和个人发展的需要，我国大学英语教学从未停下改革的步伐，到目前已经发生了深刻的变化。从本质上说，大学英语教学的发展和变化的过程是不断探究、改革、创新的过程。肖雁和李民（2022）以影响我国大学英语教育发展的全局性事件为依据，将新中国成立以来的大学英语教育分为开拓、停滞、恢复、发展、调整、提高和多元发展七个阶段。

我国的大学英语教学改革可以追溯到20世纪50年代。彼时，中国的大学英语教学受到了苏联的影响，教学以阅读为主，重视培养学生的阅读能力，重视词汇和语法教学，采用语法翻译法。“文化大革命”期间，由于国际形势的变化和国内政治运动的影响，大学英语教育遭受了严重破坏，一度陷入停滞状态。改革开放以后，中国的大学英语教学逐步走上正轨。综合前人观点，依据教学文件、教学重点、教学方法及模式等，笔者认为主要包括以下阶段。

1. 恢复阶段（1978—1984年）

强调学习语言知识的必要性，重点培养学生的阅读能力，同时进行听、说、写综合训练，体现科技英语的特点。在教学方法上，以语法翻译法为主，开始引入交际教学法，逐渐关注实际运用和科技英语。

2. 发展阶段（1985—1998年）

先后颁布《大学英语教学大纲》（高等学校理工本科用）和《大学英语教学大纲》（高等学校文理科本科用），阐明大学英语作为公共必修课程的地位，提出培养学生交际能力的理念。阅读能力仍是培养重点，对英语听和译、说和写能力的要求降低。分级教学成为亮点，倡导计算机辅助教学，加强教学软件的开发。

3. 调整阶段（1999—2003年）

英语阅读仍是第一位，写和译的地位得到提升，听、说、写和译并列第二层级，开始大学英语口语测试，旨在克服“聋子英语”“哑巴英语”的问题。2002年开始全面启动大学英语教学改革，大学英语教学的侧重点从以阅读能力为主向倡导综合应用能力转变，推动基于计算机的英语教学改革，计算机网络技术逐步被引入大学英语教学。

4. 提高阶段（2004—2016 年）

教学重点从提高阅读能力变为“重点提高学生听说能力”，将学习策略和跨文化交际能力纳入大学英语教学内容，倡导课堂教学与计算机辅助教学并重的新型教学模式，推进包括纸质教材、光盘、计算机学习系统、网络、试题库等在内的立体化教材新模式。深化教学模式改革，改变传统教学模式，弱化教师主体地位，凸显学生主体地位，计算机、网络、移动学习等新兴学习方式开始应用于大学英语教育。

5. 多元化发展阶段（2017 年至今）

大学英语分为通用英语、专门用途英语和跨文化交际英语三部分，教学重点从培养学生听说能力变为“培养学生的英语应用能力，增强跨文化交际意识和交际能力”。鼓励教学目标的个性化，倡导创新教学手段，鼓励使用慕课、微课等网络资源，实施基于课堂、慕课和翻转课堂的混合式教学模式，鼓励设立移动学习平台。首次提出课程思政教学理念，强调文化自信与价值导向，鼓励任务式、项目式、探究式等教学方法，充分利用网络教学平台和现代信息技术，建设和使用微课、慕课等，实现翻转课堂，使学生朝着主动学习、自主学习和个性化学习发展。

综合以上，可以看出，为了满足不同阶段国家、社会和个人的需求，英语教学目标、教学手段、教学方法都有所调整。教学目标从初期的注重语言知识传授，到强调学生实际应用能力和跨文化交际能力的培养。教学方法从初期的语法翻译法到交际教学法，再到后来的任务教学法、项目式教学法等。教学手段也从传统的教师面授、多媒体教学、计算机辅助教学，到现在的慕课、微课等现代技术的应用，以及混合式教学模式的推广。教学模式经历了从重视语言知识传授到强调交际能力培养、再到追求个性化和多元化发展的演变，更好地满足了学生的个体需求。强调课程思政教学理念，注重培养学生的文化自信和价值导向，体现了大学英语教育在更广泛的社会背景和文化语境中的关注点。

需要特别指出的是，进入 21 世纪以来，中国的大学英语教学进入了飞速发展的时期，大学英语教学更加注重多元化发展，体现出了一些特点。

（1）混合式教学模式的兴起

引入了混合式教学模式，将传统的面对面授课与在线学习相结合。这种模式允许学生通过互联网平台获取课程资源，随时随地进行学习，同时保留了传统课堂的互动性和实时性。

（2）项目驱动学习的推广

强调以项目为核心进行学习，将知识应用于实际项目中，培养学生的综合素养和团队协作能力。这种教学模式使学生更注重问题解决和实际运用能力的培养。

（3）注重学科交叉的英语课程设计

将英语课程与其他学科有机结合，使学生在学习英语的同时能够了解相关领域的知识，拓展跨学科的视野。

（4）注重个性化学习

针对学生个体差异，推崇个性化学习路径，通过不同的教学方法和资源满足学生不同的学习需求，强调学生的自主学习和反思能力。

（5）英语课程的多样性和专业化

将英语课程分为通用英语、专门用途英语和跨文化交际英语三部分，更加贴近学生的实际需求，强调专业知识和实际应用。

（6）教学手段的创新

教学手段不断创新，鼓励教师使用慕课、微课等网络资源，采用新型技术，如虚拟现实和增强现实，提高教学的趣味性和实用性。

（7）注重价值引领

选择反映社会价值观的话题，鼓励学生关注社会问题，培养学生的社会责任感和对社会价值的思考与理解；引导学生思考文化、社会和个体的价值观，培养他们对英语学习的深层次理解，使英语教育融入到更为广泛的思想政治教育中，实现价值引领，落实立德树人的根本任务。

1.2.3 大学英语教学取得的成就

纵览我国大学英语教学发展历程，经过几轮的大学英语教学改革，我国大学英语教学取得了一些历史性的成就，包括以下几个方面。

1. 教学大纲的制定和实施

从20世纪80年代开始，教育部制定了一系列大学英语教学大纲，不仅明确了教学目标和要求，还对教学内容、教学方法和评估标准进行了规定。这些大纲的实施，有力地推动了大学英语教学的发展和规范化。

2. 课程设置和教学内容的多样化

随着改革开放的深入推进，大学英语教学逐渐摆脱了以语法和词汇为主的传统教学模式，开始注重听、说、读、写、译等实际语言技能的培养。课程设置也更加多样化，不仅有通用英语课程，还开设了专门用途英语、跨文化交际英语等课程，满足了不同专业和层次学生的需求。

3. 教材建设和数字化教学资源的发展

改革开放以来，我国大学英语教材建设取得了显著成就。编写了大量具有中国特色、满足不同层次和需求的大学英语教材，如《新视野大学英语》《大学英语综合教程》《大学体验英语》等。这些教材注重实用性、时代性和文化性，为提高学生的英语应用能力提供了有力支持。同时，数字化教学资源也得到了广泛应用，许多高校建立了在线课程平台和教学资源库，通过引进、开发和整合数字化教学资源，建立了包括多媒体课件、视频、音频、在线题库等在内的数字化教学资源库，为学生提供了丰富的学习资源和学习支持，提供了更加便捷和高效的学习方式。

4. 教学平台建设成果丰硕

随着信息技术的发展，大学英语教学平台建设取得了丰硕的成果。开发了中国大学MOOC、学堂在线、超星尔雅等知名的在线学习平台，推出了海量的数字化教学资源，打破了学生英语学习对时间和地点的限制，为实现泛在化学习提供了技术支持。同时，为教师教学提供了完善的教学管理系统，对学生的学习活动进行全面的管理和监控。还开发了诸多交互式学习系统，如“英语流利说”，通过智能技术对学生的口语进行实时测评和反馈，帮助学生提高英语口语的实际应用能力。

5. 教学模式和方法的改革和创新

改革开放以来，大学英语教学不断探索和改革教学模式与方法。从传统的以教师讲授为主的模式，逐步转变为以学生为中心、注重培养听说能力的交互式教学模式。同时，多媒体技术和互联网的广泛应用也为教学方法的改革提供了更多可能性。翻转课堂、混合式教学等新型教学模式和方法在实践中得到了广泛应用和认可。

6. 教师队伍的壮大和专业化发展

随着大学英语教学的发展，教师队伍的整体素质也不断提高。越来越多的大学英语教师有机会参加各种培训和学习活动，提高了自身的专业素养和教学水平。许多高校注重教师的专业发展和学术研究，培养了一批具有较高教学水平和学术研究能力的大学英语教师。同时，一些高校还聘请了外籍教师负责大学英语教学工作，进一步丰富了教师队伍建设。

7. 评价体系的完善和教学管理的加强

进一步丰富和完善了大学英语评价体系，改变了单一的以考试成绩为基准的评价体系，注重多元化评价和过程性评价，将课堂表现、作业完成情况、自主学习、单元测试和期中考试等纳入评价体系。评价主体也趋于多元化，包括教师评价、学生自评、生生互评等。教学管理也得到了加强，高校开始注重教学质量监控和学生学习的过程管理，为提高教学质量提供了有力保障。

8. 学生英语水平不断提高

随着大学英语教学改革的深入推进和教学方法的不断改进，大学生的英语水平和应用能力得到了显著提高。许多大学生能够熟练运用英语进行听、说、读、写、译等方面的训练，并且能够进行跨文化交际和商务交流等活动。越来越多的学生在托福、雅思等国际标准化考试中取得优异成绩，充分体现了中国大学英语教学的高质量。

9. 国际交流与合作不断深化

中国大学英语教学积极参与国际交流与合作，与世界各地的教育机构开展了广泛的学术研究和人员往来。通过国际交流与合作，中国大学英语教学吸收了国外先进的教学理念和方法，同时也向世界展示了中国大学英语教学的成果和经验。

1.2.4 大学英语教学存在的问题

从整体上看，在大学英语教学深化改革以及快速发展的过程中，我国的大学英语教学取得了一些历史性的成就。但是，目前的大学英语教学依然存在着人们一直关注的几个主要问题。有些问题在大学英语界已经讨论过多年，尚未得到根本性的解决。还有些问题是随着社会、经济和信息技术的发展而涌现出的新问题。从整体上看，学校、教师、学生在大学英语的教学与学习上投入了大量的时间和精力，但是学习效果却不够理想，学生的英语综合应用能力、跨文化交际能力没有得到相应的提高。

1. 英语综合应用能力有待提高

英语综合应用能力和语言技能之间存在密切的关系。听、说、读、写等方面的语言技能实际上是相辅相成、相互促进的，共同促进了学生的英语综合应用能力提升。反之亦然，某一个方面技能的欠缺，也会相应地对英语综合应用能力产生负面影响。从语言技能上看，仍旧存在不少问题，具体表现为以下方面。

听力仍旧是大学英语学习最薄弱的环节之一。其主要原因集中在词汇量不足，文化背景知识缺乏，注意力不集中，听力技巧不足，对语速、口语、语调等比较敏感等方面。词汇量不足是大学生英语听力障碍的重要原因之一。掌握足够的词汇量是快速提高英语听力水平的基础条件。然而，传统的英语教学模式下，学生往往“死记硬背”，导致学生对单词的视觉记忆比听觉记忆要更深刻些，由此产生了听力词汇与阅读词汇的区别。同时，“死记硬背”的方式也使得许多大学生对某些词汇的含义只知其一不知其二，难以理解在不同的语境中同一个单词衍生出的不同含义。语音练习不足导致其听力提升难度较大。中小学阶段学生没有时间和精力进行语音训练，对失去爆破、弱读、强读、连读、省音、同化以及不同的语音语调等几乎不了解，而进入大学英语学习后，由于学时有限，教师无法就语音学习进行训练。此外，学生在学习和朗读英语时，通常都是标准的按照词典注音逐词逐句地读，因此，在英语听力过程中，如果出现弱读、连读等语音变化，学生就会无所适从、听不懂。听力技巧的缺乏是学生英语听力水平不高的另一重要原因。在英语听力过程中，许多学生往往只能抓住某些细节，却把握不住重点句，理不清听力材料之间的主次关系，不善于抓住关键词、主题句、强调句等特殊句型，导致难以更好地理解听力材料。

学生英语口语能力的个体差异仍旧非常显著。一些学生可能由于教育资源、学科差异或个人兴趣等因素，口语表达能力相对较弱。最为普遍的问题就是缺乏流利度，讲话时不够自然，很容易卡壳或者使用简单句子，表达不清楚。表现为频繁地自我纠正和重复、犹豫和停顿，有时会前后不连贯，甚至互相矛盾。其原因在于思维和语言表达之间存在较大脱节，或者语言组织能力不足，无法流畅地表达自己的想法。口语表达缺乏条理也是典型的问题，学生分不清哪句是主题句、哪些是支持材料，部分学生貌似说得很快，但是并不能清晰地表达自己的观点。很多大学生在发音、语调和语音方面存在问题，这导致他们的口语表达不够自然，听起来很生硬。用词不当、语法错误等也影响学生英语口语表达的流利度和清晰度。英语口语练习机会不足是大学英语学习中普遍存在的问题。由于班容量大，师生课上互动交流不足，无法针对每个学生的实际情况进行有效的个别指导，给予针对性的反馈。这导致英语口语学习处于一种被动的、盲目的状态，学习效率低下。

大多数学生在英语阅读上的表现要优于其他方面，尤其是在标准化测试中。但是也存在一些问题，首先，学生阅读英语的题材有限。有些大学生在阅读时，可能只选择自己感兴趣的领域或者类型的文本，如轻松幽默、通俗易懂的故事，人物传记等类型的材料，但是极少涉猎时事新闻、科普文章、社科人文等有一定的专业性的文章。其次，阅读量不足。由于词汇量不足、阅读习惯不良、阅读速度慢等问题，许多大学生除所学教材和教师安排的阅读任务之外不进行任何额外的英语阅读，尤其是对于长篇的文章，部分学生甚至产生畏惧心理。再次，阅读时的逻辑思维能力不强，阅读不够深入，学生较难超越对文本本身的理解、把握文章的结构和思路，进而关注文本背后的文化内涵和思想表达。此外，部分学生还存在阅读速度慢、理解能力不够、阅读习惯不好等问题。

写作是大学生普遍面临却意识不充分的一个难题。许多学生对于英语学习存在一个误解，认为有了足够的词汇量、正确的语法、高级的句型就可以写出质量上乘的文章。实际上，写作是一项复杂的任务，需要融合语言、结构、思想、逻辑等多个方面，因而可以说，写作是英语学习中最有难度的一个方面。思维模式固化是英语写作难的一个重要原因。英语写作时，学生过于依赖中文的思维模式，导致写作风格、表达方式等方面呈现出明显的中式特征。另外，为了应对高考，许多学生形成了背诵写作模板的习惯，离开模板则不知所云，导致学生难以准确地表达自己的思想和观点。英语写作实践少、优质反馈少是英语写作难以有效提高的根本原因。大学生的英语写作实践机会主要包括各类英语写作比赛和课程作业。各类写作比赛不仅能锻炼学生的英语写作技巧，还有助于提升学生的英语应用能力，但是覆盖面不够大，参赛者只是一小部分学生。学生的英语论文、短文、报告等作业难以获得有效评价和反馈。大学英语班容量大，一般在 60—80 人，任课教师难以有充足的精力为学生的写作提供建设性的反馈，学生也缺乏强烈的动机修改作为。但是，实际上，学生在英语写作的语法准确性、语言准确度与复杂度、写作规范及篇章结构上存在不少问题，需要更即时、更具针对性的反馈，才能增强学生的修改动机。

2. 跨文化交际能力有待提高

根据《大学英语教学指南》，跨文化交际能力是我国大学英语教学的重要目标之一。跨文化交际能力的概念较为复杂，呈现出跨学科、多学科的特点，不同学科视角下的跨文化交际能力概念所突出的研究重点不同。语言学和教育学视角下的跨文化交际突出语言和文化的关系，强调语言在跨文化交际中的作用（Byram，1997）。Byram 认为，跨文化交际能力包含四大要素：态度（attitude）、知识（knowledge）、技能（skills）和文化批评意识（critical cultural awareness）。文秋芳（1999）提出跨文化交际能力由交际能力和跨文化能力两个板块组成：前者包括语言能力、语用能力、策略能力；后者包括对文化差异的敏感性、宽容性和处理文化差异的灵活性。张红玲（2007）认为跨文化交际能力由态度、知识、行为 3 个层面的 14 个项目构成。高永晨（2014）在前人研究基础上构建了中国大学生跨文化交际能力测评的知行合一模式，包括知和行两大系统的 6 个维度，即知识、意识、思辨、态度、技能和策略。

从整体上看，我国非英语专业学生的跨文化交际态度总体上是积极的。他们能够清晰地意识到不同语言之间存在文化差异，这与高永晨（2016）的研究发现是一致的。在跨文化交际能力要素中，学生的意识水平是最高的，其次便是态度，呈现意识＞态度＞技能＞策略＞思辨＞知识的趋势，说明大学生虽具有较理想的跨文化交际意识，但跨文化交际知识不足。同时，正如胡文仲（2013）所指出的那样，大学生跨文化交际能力的培养在全国的发展并不均匀，认识不统一，要求也不一致，全国各地存在差异性和多样性。

根据作者多年教学实践观察，发现在普通地方院校中，大学生的语言技能水平严重影响了大学生的跨文化交际能力。由于语言能力的不足、缺乏对不同文化的深入了解、缺乏实践机会等，使得学生面对文化差异时感到不适应或不知所措，在进行跨文化交际时信心不足，阻碍了他们积极参与跨文化交际的愿望。

可见，要培养学生的跨文化交际能力，英语教学中就不能局限于语言知识和语言技能的讲解与训练，还需要融入文化教学，既包括目的语的文化教学，也包括母语文化的教学，同时还应包括两者之间的比较，从而培养学生的跨文化交际意识，提升跨文化交际能力。

1.2.5 大学英语教学现状形成的原因

1. 学英语的定位有待清晰

当前对于大学英语的地位，目前有三种不同的观点。以蔡基刚为代表的一派学者认为，学术英语应该占据大学英语教学的主导地位，目前的通用英语教学应该被弱化，甚至被取代，大学英语要向专门用途英语的方向发展。以王守仁为代表的一派学者则认为，通用英语应该是主导性的，大学英语未来的发展方向是通用英语和通识英语。以文秋芳为代表的学者则持有折中立场，认为学术英语和通用英语可以互补并存。大学英语的定位问题具有重大的现实意义和深远的历史意义，关系到大学英语的教学目标、教学内容、教学资源、教学模式等，但是当前学界并未形成统一的意见，导致部分教师教学目标不明确，进而没有采取更具针对性的教学方法及手段等。

2. 我国英语教育阶段的衔接不顺

如果将我国学生的英语学习分为两个阶段，可分为中小学阶段和大学及以后阶段。这两个阶段的衔接不算良好。当前我国大学英语教学存在的很多问题其根源在于中小学阶段的英语教学，“病症”在大学，“病灶”在中小学。由于升学压力，中小学阶段英语学习的主要目的是为了在各种考试中拿到高分，以便能在中考、高考中脱颖而出，因此英语学习以应试为主，强调标准化考试中所需的词汇、语法、阅读、作文，在听、说上付出相对较少，真实场景下的英语应用更是少之又少。鉴于此，大多数学生的英语综合应用能力基础不够扎实，学生在听、说、读、写等技能上也各有侧重，有的学生可能口齿伶俐、善于表达，而有的学生可能知识面宽、擅长阅读，另一些则可能擅长思考、愿意写作。 进入大学之后，大学英语学时在不断压缩，目前大部分学校开设两学期到三学期的大学英语课程，每学期只有 32—48 学时。在有限的课时内，要做到听、说、读、写等技能的全面提升，确实是一个极具挑战性的任务。

3. 生源地英语教学的影响

生源地中小学英语教育的差异直接影响了大学英语的教学效果，导致学生的英语水平分化比较严重。在强调英语综合应用能力的大学英语教学中，“哑巴英语”“聋子英语”等问题在部分同学身上仍旧比较明显，其病因仍旧在中小学英语教育。河南省、山西省等省份高考英语没有听力，因而在现行的高考指挥棒的影响下，中小学英语教学对听力、口语的重视程度不够，学生的英语听说能力自然就得不到有效提高。

城乡差异是另一个重要影响因素。从整体上看，农村生源地学生的英语综合应用能力，尤其是听说能力，逊色于城市生源地学生。李继燕（2011）指出，农村生源地学生的物质条件、师资力量、方言等会对学生的英语听说能力产生负面的影响。特别值得一提的是师资力量，有学生表示“高中英语老师只讲语法、词汇、阅读，高考之外的东西从不关心……”“对于口语更不讲究，能够说个大概就行……”“没有所谓的教学方法，就是做题，分析试卷，拿到一定的分数”。在该调查中，87.4%（76/87）的受试都认为师资力量，尤其是高中老师对英语学习有影响，主要体现在听力能力和口语能力上，尤其是有客观评分标准的听力上。大部分农村生源地学生表示，在高中时所受的英语教育纯粹是应试教育，完全为高考、分数而学；老师没有方法的教学方法压抑了学生对英语学习的兴趣。

4. 教师的教学方法及手段

从《大学英语教学指南》（2017 版）开始，就强调大学英语课堂教学可以采用任务式、合作式、项目式、探究式等多种教学方法，将现代信息技术与大学英语教学有机融合，建设和使用微课、慕课，实施基于课堂和在线网上课程的翻转课堂等混合式教学模式。但是，目前的许多大学英语课堂仍采用传统的教学方法，没有及时更新教学手段和方法，仍旧过于注重语法和词汇的学习，对听说能力提升的重视程度不够，忽略了实际运用英语的能力，导致学生的学习积极性和主动性都大打折扣。

在我国，英语作为外语，主要在课堂上进行学习。由于教师没有更新教学手段和方法，不能为学生提供学习和实践英语的真实的英语环境，而真实的英语交际情境对于提高英语水平非常重要。课堂提问可以为英语交际能力的提升创造一个小环境，是提升学生口语水平的有效方法之一。通过提问，可以让学生在思考和回答过程中不断地练习组织语言，清晰地表达自己的观点和想法，从而提高口语表达的流畅性和准确性，逐渐克服紧张感，提高英语表达的信心和能力。但是，许多时候，课堂提问呈现出随意化、形式化，老师经常问“yes or no？”“right？”“Is that clear？”“Do you have any questions？”等简单、直接、不需要深度思考的问题，学生往往不假思索地答“yes”或“no”，这就失去了课堂提问的价值。

5. 学生的学习动机不强

总体上说，非英语专业的学生对英语学习的重要性没有清晰的认识，英语学习动机不够强烈。根据自我决定理论（self-determination theory），人们的行为动机可以分为三种基本类型：内在动机（Intrinsic Motivation）、外在动机（Extrinsic Motivation）、无动机（Amotivation），而且当学习者在学习过程中能够满足自主（autonomy）、胜任（competence）、归属（relatedness）三种基本的心理需求时，学生就会产生更为强烈的自主性动机，激发学习热情（Deci & Ryan，2017）。当前非英语专业大学生的英语动机多为外在动机，体现为为了通过课程考试、四六级、雅思托福考试等水平考试，或者出国等身份认同的行为。当实现这类外在动机后，就不会继续深入学习英语。此外，由于教学模式、教学资源、教学方法及手段更新不够及时，学生也难以在英语学习过程中满足以上三种基本的心理需求，也就难以激其发强烈的自主性学习动机。

6. 学生的学习方法有待改进

由于信息技术的迅速发展，大学生在课后利用信息技术进行学习已然成为常态。具体到英语学习中，学生经常利用网站、各种 APP、公众号等浏览英语学习资料，但是限于观看视频、浏览网页等，无法进行深入的在线自主学习，海量的英语学习资源也就无法发挥应有的价值。

一部分学生已经适应了中小学尤其是高中的应试教育方法，依赖词汇、阅读、语法学习，高度认可刷题的学习方法，认为这种学习方法才能带来收获感，同时依赖教师的严格要求，缺乏学习自主性；而另一部分同学对这种传统的学习方法则产生了强烈的厌倦感，对传统的教学模式毫无兴趣。

1.3 数智赋能大学英语教学的理论基础

数智赋能大学英语教学已经成为当前教育领域的重要趋势和发展方向。数智赋能大学英语教学出于提高学生英语综合应用水平、跨文化交际能力及批判性思维的需求，有丰富的理论支撑，既包括联通主义、行为主义、建构主义等学习理论，也包括自我决定理论等动机理论，还有 OBE 理念、产出导向法（Product-Oriented Approach）等教育理念及方法。本节将简述数智赋能大学英语教学的理论框架，基于各理论的数智赋能大学英语教学实践将在相应章节中具体阐述。

1.3.1 联通主义学习理论

联通主义（Connectivism）由乔治·西蒙斯（George Siemens）于 2005 年在《联通主义：数字时代的学习理论》（Connectivism：A Learning Theory for the Digital Age）一文中首次提出，该理论把学习放在信息化、网络化社会结构的变迁中，认为学习是在知识网络结构中一种关系和节点的重构与建立，“学习联结的过程”。联通主义理论的另一首倡者史蒂芬·唐斯（Stephen Downes）认为，学习是网络的形成过程，强调在网络中学习，并利用网络来支持学习。换句话说，联通主义理论认为，信息分布在学习网络的多个节点中（结点可以是学习者，也可以是在线社交媒体、纸质书籍、网络内容等信息源），学习者用一定的结构将这些节点联通起来以构建学习者与内容联通起来的技术增强型学习网络。

联通主义认为，知识不仅仅存在于个体的大脑中，而是分布在个体、组织、社会和网络中，而且是动态变化的，随着时间、环境和新信息的出现而演变。因而，学习是一个持续的、动态的过程，学习者要终身学习，不断更新和调整知识结构，适应新环境和挑战。在数字化时代，网络是学习的核心，是学习的主要工具和环境，学习者通过参与在线社区、社交媒体、博客和其他网络平台来学习。因而，学习者需要培养网络意识，即意识到自己是如何通过网络与他人和信息源建立联系的，以及如何有效地利用这些联系来学习。联通主义强调技术的重要性，强调技术是连接的媒介。技术，尤其是网络技术，是实现联通主义学习的关键工具，提供了连接和交流的平台，使得学习者能够跨越时间和空间的限制进行学习。学校和机构应创建支持网络化学习的环境，鼓励学习者参与在线社区，利用技术工具进行协作学习和知识共享。在网络化的学习环境下，学习者不再仅仅是知识的接收者，也是知识的创造者，通过分享和传播知识来构建知识网络。

作为数字时代计算机技术发展的产物，联通主义理论强调网络和连接在现代学习中的重要性。在数智赋能背景下，英语移动学习环境设计、基于MOOCs的大学英语学习、混合式教学模式、基于大数据的学习行为分析、项目式英语学习等都可以从联通主义理论中找到理论支撑，从而为理解数智时代的大学英语学习的本质提供了新的视角。

1.3.2 建构主义学习理论

建构主义作为一种学习理论，其发展历程可以追溯到20世纪初的心理学研究。建构主义的奠基人之一是瑞士心理学家让·皮亚杰（Jean Piaget），他在20世纪30年代至50年代期间出版了一系列著作，探讨儿童认知发展的阶段和机制，提出了建构主义的基本思想。美国心理学家、教育学家约翰·杜威（John Dewey）和杰罗姆·布鲁纳（Jerome Bruner）在20世纪60年代继续发展了建构主义学习理论。20 世纪 70 年代末，苏联教育心理学家维果斯基（Lev Vygotsky）提出了“文化发展论”和“内化论”，强调社会文化在建构学习者知识体系中的重要作用，后来提出了“最近发展区”（ the zone of proximal development）理论，认为学习者的发展有两种水平，一种是学习者目前的发展水平，一种是学习者通过他人的帮助可能达到的水平，这两种水平之 间的差距就是最近发展区，教师应为学生提供带有适当难度的教学活动，以超越其最近发展区而达到下一发展阶段的水平。到 20 世纪 80 年代和 90 年代，建构主义成为认知心理学和教育心理学领域的主流理论之一，被广泛应用于教学设计、课程开发和教学评估等方面。同时，随着计算机技术的发展，建构主义也开始与数字技术和信息化教学相结合，形成了一种新的建构主义学习模式。

在建构主义学习理论的框架下，教学不再是教师传授知识的过程，而是学生和教师共同建构知识和意义的过程。教师不再是知识的传递者，而是学生学习和建构知识的引导者与促进者。建构主义理论强调学习者的主体性和主动性，认为学习是学习者基于原有的知识经验生成意义、建构理解的过程，是与周围环境和社会文化交互，主动建构知识和意义的过程，而非被动地接受信息的过程。意义是学习者通过新旧知识经验间反复的、双向的相互作用过程而建构成的（林崇德，2000）。

建构主义的学习环境包括四个要素：情境、协作、会话和资源，特别强调情境创设和协作学习对意义构建的重要作用。根据建构主义理论，教学过程不是单一的知识传授，而是多元化的学习体验和交流过程，包括探究、讨论、合作等多种形式，它倡导采用发现式学习的教学方法，鼓励学生通过自主探索和思考来获得知识和技能。

建构主义学习理论可以有力支撑数智赋能背景下的大学英语教学。数智赋能背景下的大学英语教学，具有用户生成内容、环境真实性、交流即时性、用户协作性等特性，具备建构主义学习理论对四大要素的要求。数智赋能的大学英语教学还可以做到以学习者为中心、以教师为主导，强调真实情境和实践机会的创设，倡导协作学习和发现式学习，主动帮助学习者建立良好的学习环境，提供优化的学习策略，帮助学生自主构建知识，为学生提供个性化的指导和帮助。

1.3.3 自我决定理论

自我决定理论（Self-Determination Theory，SDT）是关于人类动机和行为的理论，是由美国心理学家爱德华·德西（Edward Deci）和理查德·瑞安（Richard Ryan）创立提出的。经过50年的努力发展，形成了具有五个子理论的理论框架。这五个子理论包括以下内容。

（1）认知评价理论（Cognitive Evaluation Theory，CET），这是SDT最早的子理论之一，关注外部环境对内部动机的影响及其作用机制。

（2）有机整合理论（Organismic Integration Theory，OIT），突破了将动机分为内在和外在的二分法，创造性地根据自我决定的程度将外部动机（Extrinsic Motivation）划分为外部调节（External Regulation）、内摄调节（Introjected Regulation）、认同调节（Identified Regulation）和整合调节（Integrated Regulation）四个阶段，并引入内化概念，提出外部动机的四个阶段处在内化程度不同的连续体上。其中，整合调节内化程度最高，具有更多的自我决定，因而被称为自主性动机，相当于内部动机（Intrinsic Motivation）。

（3）因果定向理论（Causality Orientations Theory，COT），该理论关注个体在面对不同的动机类型时，如何感知自己的行为原因，以及这种因果定向（causal orientation）如何影响他们的动机、行为和心理健康。该理论将动机定向分为三种：自主定向（Autonomous Orientation，个体能够激发内部动机）、控制定向（Controlled Orientation，个体受外在报酬、限期、自我卷入和他人指令的控制）、无动机定向（Amotivated Orientation，个体认为满意的结果不受自己控制）。

（4）基本心理需求理论（Basic Psychological Needs Theory，BPNT），这是自我决定理论的核心，阐述了环境因素通过内在心理需求的中间对个体行为和心理健康产生影响的作用机制，强调胜任感（Competence，个体需要感到自己的行为是有能力和效率的，能够成功完成任务，从行为中获得满足感）、自主性（Autonomy，个体需要感到自己的行为是出于自己的意愿和选择，而不是受到外部压力或控制）和归属（Relatedness，需要与他人建立有意义的联系，感受到归属和被接纳、来自环境中其他个体的关爱与支持）。三种基本心理需求对促进个体人格成长、认知结构完善和幸福感获得具有重要意义。

（5）目标内容理论（Goal Content Theory，GCT），该理论关注不同目标内容对个体幸福感和行为表现的影响，通过目标内容能否直接和有效地满足个体基本心理需要来区分外在目标和内在目标。

作为一种动机理论，自我决定理论有着广泛的应用领域，在教育领域的应用也具有重要意义。它提供了一个理解学生动机和行为的框架，强调了通过满足学生的基本心理需求来促进学习和发展。在数智赋能的背景下，自我决定理论可以为大学英语教学提供支持，特别是在利用数字技术和智能化工具来满足学生的基本心理需求方面，有助于提升学生的内在学习动机。

数智赋能背景下，大学英语教学可以为学生提供丰富的数字资源、平台、软件、工具等，提供即时反馈和自我评估工具，学生可以根据自己的学习风格、进度和兴趣定制学习路径，实现个性化学习，满足学生对自主性、胜任感的需求。同时，学生可以通过在线讨论论坛、协作项目等方式促进互动和合作，获得来自同学、教师和环境的支持与关爱，增强他们的归属感和参与感，满足学生对归属感的需求。

1.3.4 产出导向法

产出导向法（Production-Oriented Approach，POA）是由北京外国语大学文秋芳教授领导的研究团队创立的中国特色外语教学理论。该理论是为了适应中国中高级外语学习者的特点而设计的，旨在克服中国外语教学中“学用分离”的问题，提高课堂教学效率。自 2007 年首次提出以来，经过十余年发展和多轮迭代更新，产出导向法已经形成了一套较为完善的理论体系，并在许多高校中得到实践和成效检验。

产出导向法的理论体系框架主要包括教学理念、教学假设和教学流程三部分（文秋芳，2017）。其中，教学理念包括三个学说：学习中心说、学用一体说和全人教育。“学习中心说”主张教学须实现教学目标，促成有效学习的发生。“学用一体说”中的“学”指的是输入性学习，包括听和读；“用”指的是“产出”，包括说、写与口笔译，主张边学边用，学中用，用中学，学用结合，提倡输入性学习和产出性运用紧密结合。“全人教育说”是指不仅要实现提高学生英语综合运用能力的工具性目标，而且要达成高等教育的人文性目标。

产出导向法的教学假设有四个：输出驱动、输入促成、选择性学习、以评促学。“输出驱动假设”主张产出既是语言学习的驱动力，又是语言学习的目标，颠覆了“输入→输出”的常规教学顺序，而是采用“输出→输入→输出”的教学顺序。“输入促成假设”主张，在输出驱动的条件下，适时提供能够促成产出的恰当输入能够提升教学效果。“选择性学习”是指根据产出需要，从输入材料中挑选出有用的部分进行深度加工、练习和记忆，而非不加区分地进行全面深度加工。“以评促学假设”主张在教师专业引领下，学生边评边学、边学边评，打破“学”与“评”的界限，将评价作为学习的强化、深入阶段。

基于产出导向法的教学流程大致涵盖三个环节：驱动（Motivating）、促成（Enabling）、评价（Assessing）。驱动环节主要是通过输出任务让学生意识到自己的不足，从而激发他们的积极性。促成环节旨在为学生的输出提供支架。评价环节可同时使用即时评价和延迟评价，主张采用师生合作评价的原则。这三个环节都必须发挥教师的主导作用。这三个阶段环节互相联系，没有严格的界限。每个教学单元往往包含三个环节的若干循环，每个环节内部又包括若干子活动。

在教学理念、教学假设、教学流程三部分中，教学理念是总体指导思想，决定了课程教学的方向和目标。教学假设是教学流程的理论依据，需逐个检验。教学流程是实现教学理念和教学假设的载体，也是实现产出导向教学目标的步骤和手段。三部分之间的关系见图 1-1。

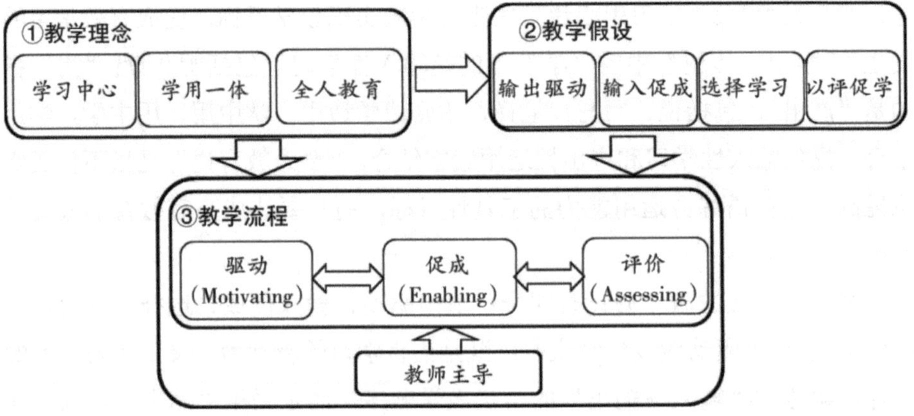

图 1-1 教学理念、教学假设和教学流程关系图

在大学英语教学中，数智技术的使用为产出导向法教学流程三大环节的实现提供了诸多便利条件。以产出“驱动”为例。产出驱动包括三个环节：教师呈现交际场景、学生尝试产出、教师说明目标和产出任务。由于数智技术的赋能，产出驱动环节可以借助在线学习平台，通过文字、视频或微课的形式，让学生课前学习。教师可以在线检查学生的驱动实现情况，既能更深入地了解学情，也可以腾出更多时间进行促成和评价环节。在促成和评价环节，数智赋能也可以为大学英语教学提供技术支持，实现以学习为中心、学用一体的目标。

1.3.5 成果导向法

成果导向法（Outcome-Based Education，OBE）是一种先进的教育理念，于 1981 由斯派蒂（Spady）等人率先提出，最初在工程教育领域得到应用。随着教育理念的演变和社会对教育质量要求的提高，成果导向法逐渐在各个学科和教育阶段得到推广。

成果导向法倡导以成果为目标导向，以学生为本，采用逆向思维的方式进行课程体系的建设。该理念强调，学生是学习的主体，教师是学生达成学习成果的引导者。教师清晰地定义学生完成学习后应达到的具体知识和技能标准，也就是必须明确学习成果。认为教学活动的设计应采取反向设计原则，即不是从传统的教学内容或方法出发，而是从预期的学习成果出发。为保证教育效果，应基于学生的学习成果进行持续性评估和改进。

成果导向法对数智赋能背景下的大学英语教学有重要的指导意义。成果导向法强调要明确学生应该达到的具体成果，意味着大学英语教学需明确学生应该达到的英语语言技能水平，逆向设计大学英语教学活动，增强教学的针对性和组织性。在大学英语教学中，数智技术的赋能使得教师便于开展形成性评估，能够及时了解学生英语学习中存在的问题，持续提供有效反馈，形成恰当的持续性改进措施并付诸实践。数智技术的赋能还使得个性化教学成为可能，可增强学生英语学习的自主性和参与度，这与成果导向法“以成果为目标导向，以学生为本”的理念一致。

在数智赋能的新时代背景下，大学英语教学正经历着深刻的变革。本章探讨了数智赋能的概念及背景，分析了数智赋能大学英语教学的理论基础，并阐述了数智技术赋能大学英语教学的影响、意义、途径。

经过多年的教学改革，我国的大学英语教学在教学内容和方法的多样化、教学平台的建设、教学模式和方法的改革创新等方面都取得了显著成就。然而，教学中仍存在一些问题，如学生英语综合应用能力不足、跨文化交际能力有待提高等。数智技术的赋能，为大学英语教学带来了新的活力和可能性，对于解决这些问题具有重要的意义。数智技术赋能，可以提供数字化教学资源、智慧学习平台、教学管理系统与软件、数智化辅助教学工具以及数智化教学环境建设，不仅提供真实的交际情境，提高大学英语教学中的互动性，还创造个性化学习体验，实施智能辅助教学和自动化评估，促进学生主动高效地参与学习，提升教学效果。这有助于提升大学英语教学的质量与效果，推动教育公平，增强学生自主学习能力，培养复合型人才。

在数智赋能的背景下，大学英语教学的未来发展方向应当是深化数智与教育教学的深度融合与创新，进一步推动数智技术在教学、管理、学习、评价等方面的应用，全面提升教育信息化水平和师生信息素养。同时，应当注重培养学生的信息技术应用能力，培养他们的批判性思维，从而有效地获取、评估和利用信息。在未来的教育实践中，大学英语教学应当继续探索和创新，充分利用数智技术的优势，为培养具有国际视野和跨文化交际能力的复合型人才作出贡献。

1.4 数智赋能大学英语教学的意义、环节及途径

数智赋能大学英语教学是时代发展的要求。早在 2018 年 4 月 2 日，为了落实《国务院关于印发新一代人工智能发展规划的通知》（国发【2017】），教育部就制定了《高等学校人工智能创新行动计划》，指出要实施“人工智能+”行动，推进智能教育发展，在数字校园的基础上向智能校园演进，构建技术赋能的教学环境，探索基于人工智能的新教学模式，运用人工智能开展教学过程检测、学情分析及学业水平诊断等。紧接着，2018 年 4 月 25 日，教育部研究制定了《教育信息化 2.0 行动计划》，指出要实施数字资源服务普及行动，完善数字教育资源公共服务体系，实施教育大资源共享计划；实施网络学习空间覆盖行动，规范网络学习空间建设与应用，开展网络学习空间应用普及活动；实施教育治理能力优化行动，提高教育管理信息化水平；实施数字校园规范建设行动，促进数字校园建设全面普及；实施智慧教育创新发展行动，构建智慧学习支持环境，加快面向下一代网络的高校智能学习体系建设；实施信息素养全面提升行动，大力提升教师信息素养，加强学习信息素养培养。

在这样的背景之下，数智技术赋能大学英语教学既是时代的要求，也是提高大学英语教学质量的要求，对于提升大学英语教学质量具有重要的意义，但是也对教师和学生提出了更高的要求。本节将讨论数智赋能大学英语教学的意义、环节及途径。

1.4.1 数智技术赋能大学英语教学的意义

数智技术在大学英语教学中的应用具有多方面的重要意义，对于提升教学效果、推动教育公平、增强学生自主学习能力、培养复合型人才等方面都有极大的帮助。

1. 数智技术赋能大学英语教学可以有效提升教学质量与效果

首先，数智技术赋能大学英语教学，可以提供丰富的数字化教学资源，如在线课程、教学视频、电子书籍等。这些资源有机融入教学，可使得教学内容更加生动、形象，激发学生的学习兴趣。与传统教材相比，这种数字化教材可以融入声音、图像、视频等多种媒体元素，营造真实的语境，帮助学

生更好地理解和记忆知识。此外，这些资源的形式多样，可以满足不同学生的学习需求，提高他们的学习兴趣和参与度。

数智技术还可以为大学英语教学提供智能辅助教学工具，如智能批改作业、语音识别等，为学生的写作、阅读、口语等语言技能的提升提供即时、高效的反馈，帮助学生提升语言技能水平。不仅如此，这些工具还能够减轻教师的工作负担，为老师提供备课思路及资源，提高工作效率，从而有更多时间关注学生的个性化需求。

数智技术可以为大学英语教学提供更有效的教学管理，对教学质量进行实时监控和评估。教师能够对学生的学习数据进行分析，监控学生的学习进度，快速了解学生的学习状况和问题。通过人工智能和机器学习技术等这些教学工具，能够深入挖掘学习过程中的难点和瓶颈，精准地评估教学效果，及时调整教学策略，提高教学的针对性和适应性，提高教学质量，更好地满足学生的学习需求。

数智技术可以实现大学英语教学的自动化评估和反馈。通过自然语言处理和机器学习技术，系统可以对学生的写作、听力和口语等方面进行快速、准确的评估。这种自动化的评估不仅减轻了教师的负担，同时为学生提供了即时的、有针对性的反馈，使他们能够更迅速地发现和纠正错误，提高语言表达能力。

数智技术还可以加强大学英语教学中的互动性。通过在线学习平台和智能教学系统，学生可以及时向教师提问、提交作业，教师也可以及时给予反馈和指导，增强了师生之间的互动性。这种即时、有针对性的互动和反馈能够及时解决学生的学习问题，提高学习效率。

数智技术还可以为大学生英语学习提供更真实的交际情境。当前大学英语课堂上，缺乏真实情境及实践机会是导致大学生跨文化交际能力不足的一个重要原因。借助数智技术，大学生可以突破时间、空间限制，通过模拟现实场景及社交媒体互动等，提升学生学习的趣味性，增强学习动力，提高英语实际运用能力和跨文化交际能力。

2. 数智技术赋能大学英语教学可以推动英语教育公平

通过数字化和智能化技术，可以推动教育资源的均衡分配，高质量的教学资源可以更加均衡地分配给不同地区、不同类型的高校。无论是城市还是偏远地区，学生都能通过在线学习平台、数字化教材等渠道接触到优质的英语学习资源。这有助于缩小地域之间的教育差距，让每个学生都能享受到平等的教育机会。

数智技术可以让大学英语学习突破时空限制。借助数智技术，大学英语教学可以突破传统教室的限制，学生在任何时间、任何地点，通过任何方式都可以学习英语，不仅实现了更大规模的教学，还实现了泛在学习。例如，通过在线直播、录播课程等方式，可以打破时间和空间的限制，不仅提高了教学效率，还使得优质的教育资源能够惠及更多学生。

数智技术有助于提升教师的专业素养和教学能力。数智技术可以为大学英语教师提供更多的教学工具和学习资源，有助于提升他们的教学能力和专业素养，尤其有利于数量庞大的普通地方院校大学英语教学。通过参加在线培训、观摩优秀教师的教学案例等方式，大学英语教师的教学水平得以不断提升，从而可以为广大学生提供更为优质的英语教学。

数智技术赋能大学英语教学还可以降低教学成本。尽管现在网络上拥有海量的数字化资源，但是部分优质的教材和教辅资料仍旧比较贵，为部分学生，尤其是农村、山区等学生带来较大的经济负担。通过数智技术在大学英语中的应用，可以减少教材及教辅资料使用等，从而减轻部分学生和家庭的经济负担，使更多学生有机会接受高质量的英语教育。

3. 数智技术赋能大学英语教学有助于增强学生自主学习能力

数智技术赋能大学英语对提升大学生的自主学习能力具有积极的影响。数智技术在大学英语教学中的应用可以为学生带来个性化的学习体验，增强学生的自我管理能力，深化其对知识的理解，促进信息素养发展，增强解决问题的能力，提升协作和沟通能力，为大学生自主学习能力的提升提供了强有力的支持。

数智技术赋能大学英语教学，可以增加学生进行自主学习的机会，增强学生的自主学习意识。目前，基于数智技术，优质的在线学习平台已经开发出来，而且还配套有大量的音频、视频、文本等英语学习资源，当然也有海量的独立于平台之外的学习资源。学生可以基于平台进行自主学习，从而激发学生的学习兴趣，使其根据自己的学习需求和兴趣选择合适的学习内容和学习方式，提高他们的自主学习能力。许多教师会将在线平台的自主学习纳入到成绩考核中，通过外在的压力逐渐培养学生的自主学习意识。

数智技术赋能大学英语教学，可以增强学生英语学习的个性化体验，学生可以自主制定学习目标和学习计划。数智技术有助于解决传统大学英语教学中学生个性化需求得不到满足的问题。在大学英语教学中，不同背景、不同水平的学生可以根据学习兴趣和需求，结合课程教学要求，更好地管理自己英语学习的进度、时间安排和任务分配，充分利用在线学习平台上的资源等，设定合理的个性化英语学习目标，强化个人薄弱环节，制订学习计划并监控自己的学习进度。这样一来，每个学生都能在适合自己的学习环境中取得进步，可以有效激发学生英语学习的热情，提高英语自主学习的积极性。

数智技术赋能大学英语教学，可以改善学生英语自主学习的策略。数智技术赋能大学英语教学的一种常见方法是在线与其他学生或教师进行协作学习和讨论。这种跨时空的合作能够提高学生的沟通能力和协作精神，增强学生的自主学习能力。数智技术还可以为学生创造分析和解决实际问题的真实英语情境。要恰当应对这些情境，学生需要培养并发展自主学习策略和问题解决能力，从而促进自主学习能力的发展。

数智技术可以通过分析学生的学习数据，为教师和学生提供详细的学习报告，揭示学生的强项和弱项，帮助学生更有针对性地调整学习策略，同时也为教师提供指导学生的有效方式。

4. 数智技术赋能大学英语教学有助于培养复合型人才

随着社会的发展，知识的更新迭代速度不断加快，人们面临的现实问题也越来越复杂，充满了不确定性，这就要求我们在高等教育中培养的学生既要掌握专业知识和基础技能，还要注重交叉学科的学习与交流，培养跨界思维和复合能力。新文科、新工科建设的背景下，培养价值正向、知识融通、一专多能的复合型人才是时代的呼唤。“人工智能+”“大数据+”等以跨界融合为特征的新产业的快速发展需要具备跨学科思维与能力、多项技能集于一身的复合型人才。在大学英语教学中，数智技术的有机融入可以促进复合型人才的培养。

数智技术赋能大学英语教学，能够促使学生更加注重价值观念和社会责任感。数智技术可以使教师突破原有专业知识的限制，在大学英语教学中引入具有前瞻性、正能量的跨学科案例，让学生更深刻地了解当前的社会、经济、环境等方面的状况，有助于培养学生的价值正向思维，提高学生的社会责任感，弘扬正能量。

数智技术在大学英语中的应用可以促进学生的知识融通，增强学生的跨学科思维与能力。由于数字技术及人工智能技术的应用，大学英语教学跳出了传统的课堂教学的限制，将大学英语课堂教学无限延伸到不同领域、不同学科。借助数智技术，大学英语教学可以独立设计跨学科的项目，支持学生将英语学习融于其他学科的学习过程中，也可以使得学生有机会参与跨学科团队项目，与不同专业背景的同学合作，共同解决复杂问题，这有助于培养学生的团队合作和跨学科思维能力。数智技术还可以为大学英语教学提供虚拟仿真平台，让学生在虚拟场景中运用英语模拟跨学科实践，这有助于培养学生在多领域中运用语言进行沟通和合作的能力。通过跨学科学习实践，助力学生掌握两个或以上专业的知识、能力及思维，培养解决复杂、不可预知的问题所需的能力。

数智技术赋能大学英语教学，还有助于培养学生的核心素养。21 世纪的核心素养，即协作（collaboration）、交往（communication）、创造性（creativity）、批判性思维（critical thinking），在数智技术赋能的大学英语教学中也有明显体现。数智技术赋能的大学英语项目式学习、在线协作平台的使用等鼓励学生通过团队合作完成项目，有助于培养学生共同解决问题的能力，提升英语沟通和团队协作能力。数智技术赋能大学英语教学，可以帮助教师分析学生的学习数据，提供虚拟仿真实境和模拟体验，为学生制定个性化的学习路径，开展创造性的英语语言实践，激发学生的学习兴趣，促进创造性思维能力提升。ChatGPT 等人工智能技术的应用，则可以使学生在英语学习中获得及时反馈，并对反馈进行深入分析、推理和判断，既提升学生的英语综合应用能力又提升学生的批判性思维能力。

5. 数智技术赋能可以加强大学英语教师队伍建设

教师是现代教育的核心三要素之一。数字化、智能化技术对于大学英语教师队伍建设也具有重要的意义。数智技术赋能有助于提升大学英语教师的教学能力。数字化、智能化技术为大学英语教师提供了丰富的数字化多模态教学资源、智能教学工具、数字化教学平台及课程，可以更高效地备课和设计课程，提升教学能力，提高教学质量。利用数智技术，建立大学英语教师培训体系，也有助于提升教师教学能力。由于数智的应用，当前的大学英语教师培训已经不再仅限于传统的在相对封闭的空间内专家讲、教师听的模式。线上与线下的培训平台、研讨会、讲座、工作坊、虚拟教研室等多种培训方式的结合，有效帮助教师不断更新教学知识、教学理念、教学方法、教学模式和技术等，提高自身教学能力，提高大学英语教学水平。

数智技术赋能大学英语教学，还可以倒逼大学英语教师提高自身信息技术应用能力、提升信息素养。在当今的数智化时代背景下，对于学生和教师而言，具备良好的信息素养至关重要。当前的大学生都是数字原住民（digital natives)，对信息技术的教育应用接受度高、适应性好。就大学英语学习而言，学生经常先教师一步，使用各种数智技术手段，如 ChatGPT 等大语言模型。这就倒逼教师要深刻思考如何提升个人信息技术应用能力。不仅如此，由于混合式教学模式、翻转课堂、微课等新型教学模式、手段、资源的兴起，也不断倒逼大学英语教师提升自己的信息素养和数字素养，进而提升大学英语教师队伍的综合素质。

1.4.2 数智技术赋能大学英语教学的环节

在大学英语教学中，数智技术的应用可以贯彻整个教学流程，通过不同的方式帮助授课教师顺利完成大学英语教学的设计、反馈、评价、改进以及教学反思等各个环节。

1. 教学设计

数智技术赋能大学英语教学的首要环节是教学设计环节。加涅认为，教学设计是一个系统化（systematic）规划教学系统的过程，是对资源和程序作出有利于学习的安排（1988）。在教学设计时，教师需要根据教学目标、学生需求和特点以及自身的教学风格，对教学过程的各环节、各要素预先进行科学的计划、合理的安排，选择合适的教学内容、教学方法、教学资源等，设计出整体的教学运行方案。

在实施大学英语课程的教学设计时，数智技术可以通过分析学生的学习数据，进一步掌握学情，了解学生的学习需求及特点，为确定科学合理的教学内容及方法奠定基础。在了解学情的基础上，教师可以通过生成式人工智能技术，如ChatGPT、天工等大型语言模型，调整教学目标，使得教学目标在知识、能力、素养上实现有机统一。同时，对大目标进行有机分解，使子目标具有可观察性、可测量性、可实现性，保证学生在教师的指导下能够顺利实现教学目标。此外，还可以借助数智技术，分析和组织教学内容，根据教学目标重构教学内容，尤其是教学重点及难点，同时结合学情，确定教学内容的呈现或传达的方式、方法和策略等，增强大学英语教学的趣味性及有效性。

在教学设计环节，数智技术赋能大学英语教学的另一个重要方面是搜集和建设教学资源。授课教师可以根据教学目标，利用数智技术寻找恰当的音频、视频、文本等教学资源，既增强教学的针对性，又提高备课效率。除了搜集教学资源外，授课教师还可以借助数智技术，如喀秋莎、万彩等软件，自行丰富各种校本化或院本化的英语教学资源，如视频、音频、文本、图片等，并通过在线学习平台或学习管理系统进行管理和共享，为学生提供更加丰富和多样化的学习资源，从而帮助学生更好地掌握英语知识和技能。

为了顺利开展大学英语教学实践，教学设计环节还需要确定课堂教学所需要的讨论话题、活动、练习等。这些同样可以借助数智技术得以实现。一方面，可以根据教学重点及难点，向ChatGPT等生成式人工智能工具提问，生成相应的练习及话题，经过加工调整，服务于大学英语课堂教学。另一方面，可以充分利用一些在线学习平台，如外研社的Unipus、高教社的iSmart等，这些平台上有大量的习题库、资源库、案例库等。授课教师可以结合学情，整合各类题型，形成智能题库，提高课堂练习及讨论活动等的丰富性和方便性。

2. 教学实施

数智技术赋能大学英语教学的另一重要环节是教学实施环节。在此环节，由于数字化、智能化技术的使用，大学英语教学模式和教学方法得以不断更新升级。由于在线教学平台、数字化教学工具、数字化资源等的有机结合，翻转课堂、混合式教学、私播课（SPOC）等新型教学手段和教学模式在大学英语教学中占据了重要地位。这融合了线上英语学习和线下英语学习的优势，提高了学生的自主学习能力，促进了学生的个性化英语学习，加深了师生互动，改善了教学监督与管理，提升了英语学习效果。例如在线协作学习、虚拟实验、游戏化学习、智能化教学等。这些教学方法和模式可以帮助学生更加主动地参与学习，提高学习兴趣和学习效果。

基于手机移动端的英语学习平台及工具则进一步提高了课堂英语教学的便利性、互动性和参与度。例如，在课堂教学中，授课教师可以随时根据教学需求，发布随堂练习、讨论、问卷、分组活动等。学生可以即时在课堂上作答，教师则可以通过无线投屏、多媒体投影等方式，即时展示学生作答情况，促使学生积极参与课堂。此外，基于手机移动端的英语学习平台及工具还提升了大学英语学习的泛在化和个性化，学生可以在任何时间、任何地点，通过任何方式进行学习，从而更好地满足不同学习者的需求。

数智技术还可以为学生的英语学习模拟真实的语言环境和实践场景，创建更具个性化和互动性强的学习环境，让学生在模拟的实践中增强学习兴趣，提升英语语言技能，增强跨文化交际能力。特别是虚拟现实（VR）和增强现实（AR）技术的使用，可以模拟各种语境，例如商务谈判、旅行场景、社交互动等，使学生能够在虚拟环境中练习语言应用。还可以创建虚拟实验室，让学生在虚拟环境中进行实验、观察，提升他们在特定领域的专业英语词汇和表达能力。例如，上海交通大学和网班科技合作开发的AI英语教学平台使用基于GPT模型的人机对话系统，允许学生进行一对一的面对面英语对话训练。这种交互式AI工具能够模拟真实对话场景，并根据学生的进度和水平调整对话内容和难度，从而实现自适应学习，帮助学生提升口语水平。这在传统大学英语教学中几乎是不可能实现的。

3. 教学反馈

Black & William（1998）在 *Inside the Black Box: Raising Standards Through Classroom Assessment* 中，强调了在教学中提供及时反馈的重要性，以促进学生学习的发展。为了保证教学效果，教师应对学生的学习情况进行及时反馈和评估，包括学生的学习成果、学习态度、学习方法等方面，并对学生的学习成果进行评估和考核，以了解学生的学习情况和教学效果，并为教学改进提供依据。数智技术可以有效赋能大学英语教学反馈及评价。

数智技术可以有效辅助授课教师及时高效地提供反馈，尤其在口语和写作方面。语音识别技术能够立即捕捉学生的发音，识别学生口语表达中的发音或语法错误，并给予及时的纠正和建议。而自动写作评估工具能够实时分析学生的作文，帮助学生进行语法检查、拼写检查、句型分析等，提供修改意见，帮助学生更好地掌握英语写作技巧，提高英语写作能力。数智技术还可以实现英语练习及测试的自动批改和快速评估。借助在线学习管理平台，可以实现对选择题、填空题等标准化测试的自动批改，不仅提高了批改的速度，减轻了教师的工作负担，使教师更有时间关注于个性化的指导和辅导，还可以让学生及时得到反馈，迅速了解自己的英语学习掌握情况。学生还可以使用人工智能翻译工具对英语文章进行翻译，并对其进行校对和修改，这可以帮助学生更好地掌握英语翻译技巧，提高翻译能力。

4. 教学评价

Susan M. Brookhart（2010）在 *How to Assess Higher-Order Thinking Skills in Your Classroom* 中，提出了形成性评价（Formative Assessment）的五个关键策略，包括提供清晰的学习目标、使用多样化的评价方法、提供及时的反馈、鼓励学生参与自我评价和利用评估结果指导教学。数智技术可以为大学英语教学提供及时有效的反馈，在前文中已有简述，此处不再赘述。

Susan M. Brookhart 强调的多样化评价方法包括项目展示、课堂讨论、小组活动、反思日志、形成性测验等，具有实时性、持续性、个性化等特点，强调学生的主动参与，可以采取教师评价、学生自评、生生互评等多种方式。大学英语教学的形成性评价，由于其学情、教学内容、班容量等因素，如果不借助技术手段，则无法得到有效的实施。授课教师利用学习通等智慧教学平台，可以就所学英语知识和技能进行高频率的随堂小测或练习，并即时批改，这方便了形成性测试的实施，促使形成性评价落到实处。同样，教师可以在学习通等智慧教学平台发布讨论话题，将课堂讨论的时间和空间延伸到课堂之外。学生则通过音频或文字等就某一话题发表自己的观点，展开互动讨论，加深对所学知识的理解，提高英语的应用能力。此外，数智技术的使用拓展了项目成果展示及评价的空间。教师可以充分考虑当代大学生的学习习惯，利用学习通等智慧学习平台、B站或微信公众号等社交网络平台，吸引学生积极参与项目成果展示的评价，既实现了评价的实时性，又实现了学生自评、生生互评等多种评价方式的有机结合。

实际上，除智慧教学平台外，还有许多数智技术及工具可以辅助形成性评价。如智能化诊断分析工具、即时反馈系统（IRS）、数字化教学质量评价系统、在线评估平台等。问卷星等在线评估平台可以用于创建在线考试和评估，提供多种题型和强大的统计分析功能，并能够支持移动设备填写，为形成性评估提供了便捷的技术支撑。借助这些工具，形成性评估将变得更加容易实施和跟踪，同时也提升了学习过程的参与度和动态性。

5. 教学反思与改进

在一个周期的教学实践结束后，授课教师需要对采用的教学方法、教学策略、教学效果等进行反思和总结，分析学生的反馈和评估结果，调整和改进教学计划和教学方法等，以提高教学效果。在大学英语教学中，数智技术的应用可以有效促进教学反思与改进。

数智技术为大学英语教师提供了多种在线反思工具，如博客、在线笔记、各种小程序等，使得教师能够随时记录自己的教学心得和反思，并与其他教师分享和交流。教师之间也可以借助数智技术进行协作反思，比如通过在线协作平台，教师可以共同探讨教学中遇到的问题，分享教学经验和策略，共同提高教学水平。

数智技术还可以为大学英语教学提供多种可视化分析，将复杂的教学数据、学生的学习数据转化为可视化的图表和报告，使教师能够更直观地理解教学情况，更清晰地了解学生的学习状况和进步情况，从而进行有针对性的反思和改进。除了可视化数据分析外，教师还可以自行从大量的教学数据中提取有用的信息，并通过数据分析和建模，为教学决策提供依据，实现数据驱动的教学决策。例如，教师可以利用在线学习平台的学习分析工具，收集和分析学生的英语学习行为、学习进度和学习成果等数据，了解学生的学习状况和存在的问题，进而反思如何进一步调整教学内容、教学方法等，通过大数据分析实现精准教学，提高教学效果。

数智技术还可以为大学英语教学建立教学质量评估体系，对教学过程和教学效果进行量化评估，从而为教学反思和改进提供有力的支持。基于大数据分析和智能化算法，教学质量评估系统可以为教师提供个性化的教学改进建议，指导教师调整教学方法、优化课程设计等，从而提高教学质量。还可以定期收集和分析数据，动态了解教学质量的变化情况，持续地监测与评估教学质量，及时采取措施应对教学中出现的问题。此外，数智技术可以将教学质量评估指标进行标准化处理，使得不同课程、不同教师之间的评估结果具有可比性，有助于全体教师更好地了解大学英语教学质量情况，制定针对性的改进策略。

1.4.3 数智赋能大学英语教学的常见途径

数智赋能能够赋能大学英语教学的各个环节，对于提升大学英语教学质量、全方位培养学生、加强教师队伍建设都具有重要意义。总结起来，数智赋能大学英语教学的常见途径共有 5 种，笔者将通过举例说明。

1. 数字化教学资源

数智技术通过教学资源为大学英语教学赋能。随着数智技术的发展，可以为大学英语教学提供海量的数字化资源，形式丰富多元，如音频、视频、动画、vlog、文本、图表、PPT 等，涉及的主题包罗万象，如生活、教育、政治、历史等。这些资源可能由专门的英语学习或新闻网站提供，如多邻国、TED、BBC、中国日报等，可以用于学生自学，也可以由教师筛选之后融入课堂教学。有些优质的英语教学资源则在社交网站上广泛传播，如 B 站、微信公众号等，既满足了学生的社交需求，还可以提升学生的参与度和积极性。

此外，教师还可借助数智技术自行建设数字化资源，如微课、在线习题、音频等。借助各种工具，教师可建设更具针对性的校本数字资源。常见的微课制作工具包括喀秋莎录频软件、万彩动画大师、EV 录屏、Adobe premiere 等。这些软件都具有不同的特点和功能，教师可以根据实际需求选择适合的软件进行微课制作。但是，值得注意的是，自建教学资源不需要追求技术的新颖、画面的绚丽。技术只是手段，其目的是服务于教学内容，因而自建教学资源前要理清教学目标、教学重点及难点等。

2. 智慧学习平台

我国高等教育常用的智慧教学平台有多个，基本可以分为两类。一类是通用型的智慧教学平台，如国家高等教育智慧教育平台（简称“智慧高教”平台）。该类平台往往汇聚了大量优质课程资源，既面向高校师生和社会学习者，为其提供各类优质课程资源和教学服务，同时也面向教育行政部门和高校管理者，为其提供师生线上教与学的大数据监测与分析、课程监管等服务。这类平台上通常会汇聚大学英语教与学的相关课程，授课教师也可以在平台上上传自建教学资源，建设具有授课教师个人风格、更有针对性的校本化在线课程。除国家高等教育智慧教育平台外，还有爱学堂（中国大学MOOC）、学堂在线、学银在线、超星尔雅等教学平台。另一类是专门针对英语教学的智慧教学平台，如中国高校外语慕课平台（UMOOCs）、外研社的U校园智慧教学云平台、中语智汇智慧教育云平台等。以U校园为例，集高效便捷的教学管理、丰富立体的教学资源、互动有趣的教学环境、科学权威的智能评测于一身，可以做到统一用户入口、同步多平台数据，为外语教学提供教、学、评、测、研的一站式混合教学解决方案，有利于提升教学效果和学习体验。

不管是通用型的还是专门针对外语的智慧教学平台，都聚合了丰富的智慧教学工具。首当其冲的是多媒体资源管理工具。教师可以利用平台工具上传、管理、分享图片、音频、视频、文本等多媒体资源，方便学生获取教学资料，丰富教学内容。其次是教学管理工具。教师可以在平台上设计和管理所教课程，制定教学计划、布置作业、在线收集作业、自动批改考试、管理成绩等。智慧教学平台上还聚合了互动教学工具和数据分析工具。教师可以利用在线投票、实时问答、主题讨论等，促进学生参与和讨论，还可以利用平台提供的大数据，追踪学生的学习进度，总结学生的学习表现。知识图谱、学生社交工具、在线直播或录播、课程共享等工具也是智慧教学平台上的常见工具。

3. 教学管理系统与软件

我们的教学管理系统与软件种类繁多，常应用于教务管理、考试管理、资源共享、教学评估、教学管理等。随着数字化、智能化技术的发展，专门用于提升英语教学质量的系统与软件也已经广泛应用到大学英语教学中。

具有代表性的是外研社研发的 iWrite 系统。iWrite 是一款英语写作教学与评阅系统，实现了学生的英语写作不仅可以获得教师人工批改的分数，而且让学生拥有作文修改权、作文续写权、评分主动权等，从而有利于英语写作水平的不断提升。它采用全面的作文评阅理念，从语言、内容、篇章结构以及技术规范四个维度对学生作文进行评估，而且能够对文章的切题性和连贯性进行判断。在语言层面的批改反馈中，还特别强调学生英语写作中所犯错误的严重程度，从而在作文批改时提供更为精准的反馈。通过纠错提示和修改建议，使学生能够结合正确的英语语言输入与输出，无限次修改自己的作文，最终呈现最完善的版本。

数智技术赋能大学英语教学的另一途径是针对某方面英语语言技能提升的软件或平台。例如，英语流利说等智能语音识别软件，可以将学生的口语练习进行实时转录和评分，帮助学生更准确地掌握发音和语调。学生可以通过反复练习和调整，提高口语表达能力，增强自信心。

4. 数智化辅助教学工具

在大学英语教学中，数字化和智能化教学工具的应用已经成为一种不可或缺的趋势。数智化辅助教学工具涵盖了多个方面，如在线教学平台、语言学习应用、自然语言处理技术等。当前比较热门的是基于人工智能技术的教学辅助工具，用于生成教学材料、自动批改作业、生成智能题库等。

最受欢迎的是 ChatGPT、文心一言、天工等生成式人工智能聊天机器人。在大学英语教学中，以 ChatGPT 为代表的生成式聊天机器人可以用作在线学习的一部分，为学生提供辅助答疑和解释，提供对话式的语言练习，用以练习对话、纠正语法错误、提高语言水平，还可以帮助学生进行写作练习，提供写作建议、语法纠正和组织结构建议，以提高写作水平。

5. 数智化教学环境建设

教学环境也是现代教育核心三要素之一。随着数智技术的发展，数智化的教学环境已经成为提升大学英语教学质量的必备条件。数智化教学环境包括多个方面，此处将聚焦数字化教学设施及数智化学习环境。

数智技术通过提供丰富多元的数字化教学设施赋能大学英语教学。这包括多媒体计算机、投影仪、电子白板、触控一体机、智能终端等设备，以及校园网络、互联网等通信设施。这些设施可以提供多样化的教学手段和丰富的信息资源，帮助学生更好地理解和掌握知识。

数智技术还通过提供数字化学习环境赋能大学英语教学。这包括各种在线学习社区、社交媒体、学习交流平台等，这些环境可以为学生提供更加开放、互动和共享的学习空间，例如在线协作、在线讨论、学习分享等。同时也可以为教师提供更加全面和深入的学生学习数据和分析，例如学生行为分析、学习效果评估等。

第 2 章 数智赋能大学英语教学中的信息素养研究

数智赋能为提升大学英语教学质量提供了丰富多样的平台、工具和手段，但是平台、工具和手段本身不能带来大学英语教学质量的提升，它需要现代教育的参与者——教师和学生——掌握使用这些平台、工具和手段的方法，并将其付诸教学实践。因而，研究大学英语教学中教师和学生的信息素养及信息技术应用能力就具有重要的意义。

2.1 信息素养概述

在国际上，不同地区或机构对信息素养（information literacy）的称呼不同。英美等国常用“信息素养”，欧盟及联合国教科文组织则常称其为数字素养（digital literacy）、数字能力（digital competence）（高欣峰、陈丽，2021）。在本章中，为行文方便，统一采用信息素养这一说法。

2.1.1 信息素养界定

信息素养是现代公民独立自主和终身学习的重要前提和组成部分。“信息素养”的概念最早由保罗·泽可斯基（Zurkowski，1974）提出，美国图书馆协会（1989）将其定义为人们能够充分意识到何时需要信息，并能够获取、评价和有效利用信息的能力。

随着信息技术的发展，信息素养的内涵也在不断更新。联合国教科文组织（UNESCO，2008）指出，信息素养的要素包括：了解信息需求，获取并评估信息质量，存储并提取信息，高效、道德地使用信息，应用信息创造和传播知识，并阐释了教育中信息素养的标准。英国国家与大学图书馆标准协会（SCONUL）2011 年发布了修订版信息素养模型，包括七个指标：识别，审视，规划，搜集，评估，管理，发布。每个一级指标下又分为“认知”与“能力”两个维度，共设置 17 个二级指标。欧盟 2017 发布的《数字素养框架》指出，数字素养框架包括信息与数据素养、交流与协作、数字内容创造、安全、问题解决等五个方面。联合国教科文组织（UNESCO，2018）在综合多个信息素养框架的基础上，发布了《全球数字素养技能参考框架 4.4.2》，认为数字素养应包括设备与软件操作、信息与数据素养、沟通与协作、数字内容创建、数字安全、问题解决、职业相关能力等七个领域的素养。

自 21 世纪初，国内学界也越来越重视对信息素养的研究。张倩苇（2001）、钟志贤（2013）等学者通过下定义、描述过程或分解结构的方式探讨了信息素养的概念、理论框架或能力标准。钟志贤（2013）认为，信息素养应主要“包括识别获取、评价判断、协作交流、加工处理、生成创造信息的能力，即运用信息资源进行问题求解、批判性思维、决策和创新等高阶思维活动的能力”。王海啸（2022）在比较早期信息素养的内涵和后期数字素养的特征后指出，我国语境下的信息素养不同于早期英美框架下的信息素养，而是顺延了从信息处理能力向运用信息与信息工具解决具体问题能力的发展趋势。

2.1.2 大学英语教师信息素养的内涵

信息素养的内涵尽管有通用之处，但是在不同行业中也应有其具体特点和侧重（王海啸，2022）。有学者结合英语学科的特性，对大学英语教师信息素养的内涵或构成进行解读，如郭强（2004）、秦美娟和何广铿（2009）。王海啸认为大学英语教师的信息素养应包括语言与跨文化交际、数字资源、教学与学习、评估、赋能学习者、教师职业发展等六个维度（2011）。本研究在综合前述研究的基础上，认为大学英语教师的信息素养主要包括信息意识、信息能力、信息知识、信息道德四个方面。信息知识与信息能力相互交叉，此处将其统称为信息能力。大学英语教师具有较高的信息道德水平已经成为基本共识，不再赘述。本文将重点考查大学英语教师的信息意识与信息能力两大方面。

其中，信息意识是人们在信息活动中产生的认识、观念和需求的总和（余胜泉，2004）。意识决定行动，良好的信息意识是将信息技术应用于英语教学研究的前提与基础。只有具备较高的信息意识，大学英语教师才能在英语教学科研中充分利用信息技术，转变教学观念，顺应大学英语教学改革潮流。信息能力是信息素养的核心，它关系到教师如何应用信息技术的问题。秦美娟和何广铿（2009）在总结前人工作的基础上将大学英语教师的信息能力细化为信息获取、信息评价、信息处理、信息管理、信息整合、利用信息技术交流、利用信息技术研究等 7 类能力。这种分类方法既综合了共性又兼顾了英语教学科研的特性，易于量化考查。本书对大学英语教师信息能力的研究也围绕这 7 类信息能力展开。

2.1.3 大学生信息技术认知及使用的内涵

大学生信息素养与 2.1.1 中所阐述的信息素养具有相通之处，包括对信息的理解、评估、选择、整合和创造等多个方面。在数智化时代，信息素养对于大学生来说尤为重要，因为它关系到学生如何高效地进行学科学习、批判性思考、终身学习和职业发展。

信息素养与信息技术之间存在千丝万缕的联系。信息素养不仅仅是对信息的理解和处理能力，也包括了对信息技术的认知和有效使用。要深入理解大学生的信息素养水平，必须理解大学生的信息技术认知及使用状况。实际上，信息技术的认知及使用是非常宽泛的课题，李继燕（2014）在总结乔治和詹姆斯（George &James，2009）研究成果的基础上，认为可以从信息技术使用水平、信息技术焦虑感、信息技术有用度认知、信息技术使用意愿、对电脑 / 手机移动技术的偏好及信息技术知识来源等 6 个方面进行探索。

了解学生的信息技术认知及使用情况对大学英语学习的重要性不容忽视。在全球化和信息化日益深入的今天，英语作为国际交流的主要语言，其学习不仅涉及语言技能的提升，更要求学生具备高效的信息获取、处理和应用能力。具备良好的信息技术认知及使用水平，不仅能够帮助学生更好地利用网络资源，熟练地使用各种数智化工具，如数据库、在线学习平台、智能学习工具等，以获取、分析、批判性地使用英语学习资料，还能使学生更从容地面对数智化英语教学带来的心理压力。因此，大学生信息技术认知及使用对于大学英语教学具有重要意义。

2.2 信息素养的重要性及研究意义

在数智赋能时代，大学英语教学离不开教师与学生的信息技术的有效使用。要想使得数字化技术和智能化技术实实在在地嵌入大学英语教学，不仅需要研究教师的信息素养水平，也需要了解学生的信息技术使用水平，从而更全面地理解他们在数智赋能背景下大学英语教与学的需求和挑战。本节将探讨信息素养研究对数智赋能背景下的大学英语教学的意义。

2.2.1 信息素养的重要性

如前所述，不同领域之中的信息素养内涵不同，教师信息素养研究和学生信息素养研究的侧重点也各不相同。但是，可以肯定的是，信息素养对数智时代的大学英语教学具有重要的意义。

2.2.1.1 教师信息素养对大学英语教学的重要性

教师在大学英语教学中发挥主导作用。在大学英语教学中，教师的信息素养不仅仅是一项技能，而是关系到整个大学英语教学的关键要素，它不仅包括对信息技术的熟练掌握，还涉及如何有效地将这些技术应用于教学实践中，以及如何利用信息资源促进学生有效学习的发生，对大学英语教学具有重要的意义。

大学英语教师的信息素养水平决定了是否能够有效地开发、建设、利用丰富的数字化资源，如在线课程、电子教材、微课、多媒体课件等，并利用数字化资源设计富有创意和互动性的教学内容，从而为学生构建真实的语言环境，开阔学生视野，提升学生的英语水平。

大学英语教师的信息素养水平还决定了是否能够充分利用数智化教学

工具，创新教学方法和教学模式，进而提升教学质量。信息素养较高的大学英语教师能够充分利用数智化教学工具，将项目式教学（Project-based Learning，PBL）、翻转课堂（Flipped Class）、探究式学习、虚拟仿真平台等与传统的课堂教学有机融合，构建混合式教学模式，通过大数据分析开展个性化教学，提高学生的英语学习动机，提升学生的学习兴趣，培养学生的自主学习能力。

信息素养水平的提升也在一定程度上促进了师生之间的沟通。“亲其师，信其道。”良好的师生关系是学生学习和成长的重要条件。数智赋能大学英语教学，搭建了师生沟通的桥梁，使得师生沟通更加高效、便捷，提高了师生之间沟通的意愿和频率，加深了师生感情。同时，教师灵活地利用多种数字化和智能化工具，例如电子邮件、在线讨论平台和即时通信工具，可与学生进行实时交流，及时回答疑问、提供反馈，使得教学过程更加高效、更具个性化。

信息素养水平还影响了大学英语教师的个人专业发展。教师专业发展的有效途径包括职前准备、教师学习与评估、教师合作学习、校际合作项目、反思等（Goker，2006）。就个人专业发展而言，教师也是一个“学生”，需要获取个人专业发展的数字化资源，评估教学资源，并服务于教学需求。李继燕（2016）指出，反思性实践、教师教学合作、校际合作等途径都可以借助信息技术的应用得以实现。美国教育家杜威认为，教学反思通过提高自我监控能力来促进专业发展，反思的对象是教师的教学活动，对教学行为、决策及结果进行审视分析，并据此采取相应对策。现代信息技术如手机、摄像机等可以通过视频、音频或照片记录大学英语的教学过程，教师通过回放这些音视频资料反思教学中的优缺点。教师也可以通过微信朋友圈、微博等网络空间，用文字记录的方式实现同样的目的。教师还可以充分利用数字化和智能化的软件和工具，如虚拟教研室、在线课程等，跨区域与他人建立联系或合作，掌握最新的教学理念及方法，吸取同行的经验，服务于自己的英语教学事业。

较高的信息素养水平还推动了大学英语教师科研事业的发展。科研既是一线大学英语教师不得不承担的任务，更是大学英语教师专业发展的催化剂。

提高大学英语教师的信息素养水平，可以帮助教师跟踪教学科研热点，搜索国内外的学术论文，寻找恰当的科研选题，了解科研方法，进行数据收集和分析，助力大学英语教师科研发展。教师的个人专业发展和大学英语教学与科研构成了一个相互促进、共同发展的良性循环。在这种循环中，教师的专业素养不断得到提升，同时大学英语教学科研效果也得到显著提高，实现了教学相长的良好态势。

2.2.1.2 学生信息素养对大学英语学习的重要性

学生是大学英语学习的主体。在数智赋能的大学英语教学中，学生也必须具备一定的信息素养，对信息技术的认知和使用应达到一定水平，才能使大学英语学习得以真正发生。因而，在数智赋能背景下，学生的信息素养对大学英语学习也具有重要的意义。

信息素养对大学英语学习的重要性首先体现在学生的英语自主学习能力上，这直接关系到大学生的英语学习效果。由于当前大学英语课堂教学学时压缩比较严重，有许多的学习任务、项目、作业等都需要学生课后自主完成。信息素养较高的学生，能够利用信息技术获取有效的学习资源，根据个人学习需求对资源进行筛选、整合与利用，实施移动学习，开展个性化学习。数字化和智能化工具与软件的使用能力也是大学生信息素养的体现。在线词典、翻译工具、语音识别软件、虚拟仿真平台、语法检查网站、词汇记忆应用程序和口语练习微信公众号等智能辅助学习软件和工具的使用拓展了大学生英语学习的途径，使得英语学习过程更灵活、高效，有利于增强其英语学习能力，提高英语综合水平。

信息技术的发展缩小了全球的距离，使得学生有机会与其他的英语学习组及英语本族语者进行交流、合作和互动，提高了学生的跨文化交际能力。信息素养较高的学生能够充分利用数字化、智能化技术，如 Youtube 等社交媒体、ChatGPT 等大语言模型、MOOCs 等开放课程，在真实的英语交际情境中练习英语。这不仅有助于提升学生的英语应用能力，还拓展了大学生的全球视野，促进了学生对跨文化差异的认识和尊重，提升了学生的跨文化交际能力。

信息素养还对学生的批判性思维的培养具有重要意义。美国批判性思维专家理查德·保罗（Richard Paul）认为批判性思维是人类最重要的智力技能之一，他的合作者琳达·埃尔德（Linda Elder）认为批判性思维需要通过逻辑推理、证据评估、假设测试等多种技能来实现。数智赋能背景下的大学英语学习，学生需要评估所获取的数字资源的来源、准确性和相关性，对其进行逻辑分析，判断这些信息是否能够满足自己的学习需求，并对自己的线上线下英语学习过程进行反思，探索学习改进措施。这在一定程度上培养了学生的批判性思维。

2.2.2 信息素养研究的意义

随着信息技术的发展，信息素养已经成为现代人必备的素质之一。在数智化时代，对大学英语教师和学生的信息素养开展研究，具有重要的意义。

研究大学英语教师和学生的信息素养，首先能够深刻理解当前教师和学生的信息素养现状。要想进一步推进教育信息化 2.0，使得数智赋能背景下的大学英语教学真正落到实处，大学英语教师和学生就需要具备一定的信息技术认知及使用水平，否则教育信息化就是空谈。因而，首先就是要研究大学英语教师和学生的信息素养现状，包括信息意识、信息知识、信息能力和信息道德等方面。这有助于揭示大学英语教师在信息检索、评估、整合和应用方面的能力水平，以及他们在教学中如何利用信息技术和数字资源，同时可以了解学生在英语学习中如何获取、处理和使用信息，以及他们在信息评估和批判性思维方面的表现，为后续的归因分析和对策研究提供基础数据。

研究大学英语教师和学生的信息素养，还可以合理推出当前大学英语教师和学生信息素养现状的归因。通过研究，可以深入挖掘影响大学英语教师和学生信息素养的内在和外在因素，如教育背景、教学环境、教学资源、教师培训等方面的因素。同时，还可以通过比较，找出不同群体、背景、经历的教师和学生的差异和特点，为制定针对性的信息素养提升策略提供依据。

简言之，对大学英语教师和学生的信息素养展开研究，不仅有助于了解现状和寻找归因，更重要的是可以为提升教师的信息化教学能力和学生的自主学习能力提供有力的支持。

2.3 数智赋能背景下大学英语教师的信息素养

2021年，时任教育部高等教育司司长吴岩在教育部新闻发布会上指出："高等学校的教学改革，改到深处是课程，改到痛处是教师。"在数智技术发展日新月异的今天，数字化、网络化、智能化与高等教育的深度融合促使大学英语教师不断进行深刻反思：如何顺应时代潮流、提升信息素养、提升大学英语教学的水平和质量。对于大学英语教师而言，具备较高的信息素养不仅有助于提高教学质量，还能够推动教育教学改革。因此，对大学英语教师信息素养现状进行新一轮的调查研究迫在眉睫。

要探讨大学英语教师的信息素养现状，需要调查教师具体的信息行为，进而反映大学英语教师的信息意识和信息能力现状，为数智时代提升大学英语教师的信息素养提供参考意见，为提升大学英语教学质量奠定基础。笔者（李继燕，2017）主要通过问卷调查的方式，尝试了解大学英语教师信息素养现状，根据2.1.2对大学英语教师信息素养内涵的界定，重点探讨大学英语教师的信息意识和信息能力。同时，辅以在线访谈，探究现状背后的原因。

调查问卷分为两部分：第一部分为调查对象的个人信息，包括性别、年龄、职称、学历、教龄、学校层次、海外经历7个因素；第二部分是主问卷，包含信息意识和信息能力2个维度，其中信息意识11个题目，信息能力63个题目，共计74个题目。对信息能力的考查从使用频率与使用能力两个维度进行。使用能力问题采用Likert五级制，1为很差，3为一般，5为很好，得分越高说明水平越高。

为保证问卷的信度与效度，笔者首先收集了60份数据进行先导研究，用SPSS21.0对其进行信度与效度分析。分析显示，总问卷与信息能力分问卷信度非常理想，α值分别为0.962与0.963；信息意识分问卷的信度略低（α=0.718），但在可接受的范围内。可见，该问卷具有较高的内部一致性，可靠性较强。探索性因子分析显示，无论总问卷还是信息意识、信息能力分问卷，KMO值都较高，分别为0.883、0.721、0.884，Bartlett球形度检验的近似卡方值为12 946.120、391.862、11 955.125，显著性概率值P均为0.000，达到显著水平，说明问卷适合做因素分析，具有良好的结构效度。因而可以认为本问卷具有良好的信度与效度，所得出的结论具有较高的可信度。

调查对象是分别来自河北、山东两省高校的508位英语教师，其中男教师106名（20.8%），女教师402名（79.2%）；本科118名（23.2%），硕士334名（65.7%），博士56名（11.1%）；助教52名（10.2%），讲师304名（59.8%），副教授112名（22.0%），教授40名（7.9%）；教龄≤5年的47名（9.3%），6—10年的147名（28.9%），11—15年的154名（30.3%），16—20年的87名（17.1%），21—25年的43名（8.5%），≥25年的30名（5.9%）。；≤30岁的教师64名（12.6%），31—40岁的教师294名（57.9%），41—50岁的107名（21.1%），≥51岁的43名（8.4%）；有海外经历的教师125名（24.6%），没有海外经历的教师383名（75.4%）；985或211高校教师58名（11.4%），普通院校教师312名（61.4%），三本或专科院校教师138名（27.2%）。

2.3.1 大学英语教师信息素养现状

在线问卷调查共收集到有效问卷508份，经初步整理后用SPSS21.0进行分析。首先，对数据进行描述性统计分析，了解大学英语教师的信息素养现状；其次，利用多因素方差分析、独立样本T检验等确定信息素养、信息能力及7类具体信息能力在性别等因素上的差异。

1. 大学英语教师信息意识现状

数据显示，大学英语教师的信息意识较强，绝大部分大学英语教师（86.7%）高度认可信息技术在英语教学中的作用，并能敏锐地意识到课内外信息对英语教学与科研的价值（79.4%）。英语教师能客观看待自己的技术水平，69.9%的教师认为自己的信息技术水平一般，只能基本满足或不太满足英语教学与科研的需求（70.8%），需要丰富的教学与科研信息（82.5%）。信息技术的需求意识较高，87.5%的教师认为应该提高自己的信息技术水平，但是参加学校统一培训的积极性不高，仅有26.7%的教师表示肯定会参加。教师们主要通过网络或教程自学信息技术（56.1%），其次是向他人请教（33.1%）。

2. 大学英语教师信息能力现状

（1）大学英语教师的信息获取能力

信息获取能力包括信息的检索与下载，能否快速、高效、准确地获取信息是衡量信息获取能力高低的重要指标。本书对信息获取能力的探讨涉及搜索信息、使用国内外教学资源网、网络及非网络化工具等方面。数据显示，几乎所有教师（98.7%）都认为自己的搜索能力很好（*M*=4.43），但高级搜索能力较低（*M*=2.19）：只有 15.9%的教师总是或经常使用 .doc、.site 等扩展名。国内的教学资源网如百度文库等使用频率较高：47.7%的教师经常或总是使用，从中下载资源的能力中等偏上（*M*=3.51）；国外同类网站如 BBC Learning 等的使用频率很低：仅 11.8%的教师总是或经常使用，相应地从中获取资料的能力较差（*M*=2.27）。迅雷等网络下载工具的利用率较高：77.2%的教师总是或经常使用，能力处中等水平（*M*=3.20）；但非网络化资源获取工具如扫描软件、截图工具等的利用率很低：仅 13%的教师经常或总是使用，使用能力较差（*M*=2.65）。

综上，大学英语教师的信息获取能力处于中等偏下水平。大学英语教师对信息搜索能力的认知存在一定偏差，可能是因为将搜索频率与能力混为一谈。受访者表示，英语教师很大程度上依赖丰富的网络资源进行教学科研工作，但是国外资源使用的普及率较低，且受到语言能力及网站操作的限制，因而国内外网络资源使用的频率与能力存在较大差异。这印证了颜士刚和谢娟（2013）的研究结论，教师对网络资源的依赖也导致了非网络化工具的使用频率和能力都较低。

（2）大学英语教师的信息评价能力

所获取的信息能否满足英语教学科研的需求，需要从准确性（Accuracy）、权威性（Authority）、适用性（Adaption）、客观性（Bias）、时新性（Currency）5 个方面（A3BC）进行评价（刘晓斌，2004）。数据显示，绝大多数教师认为自己评价信息的这五个方面的能力中等或较好，其中多数认为自己的评价能力中等（$3 < M < 4$）。可见，大学英语教师整体信息评价能力中等偏上，对自己的信息评价能力有客观的认知。这很大程度上归因于大学英语教师自身的专业素养较好，知识积累较为丰富，能对信息进行全方位的评价。

（3）大学英语教师的信息处理能力

网络上获得的文本、图片、音频、视频等信息都是非语境化的（Flowerdew,

2009），必须经过加工处理才能成为较理想的教学材料。这就要求大学英语教师具备运用信息技术对所搜集资料进行编辑、剪辑、转换、翻译的能力。分析显示，英语教师使用文本编辑及翻译软件的频率极高：经常或总是使用的教师分别有87.1％与79.2％，使用能力较好（M=3.83、3.65）；使用软件对多媒体资源进行编辑、剪切及格式转换的频率很低：总是或经常使用的教师只有24.5％、14.6％、8.7％，使用能力都较差（M=2.65、2.47、1.91）。

综上，大学英语教师的信息处理能力发展不均衡，不同类型资源的处理能力差异巨大。常用的文字数据处理及翻译软件使用能力较好，但多媒体资源处理能力差。尽管现代信息技术在外语教学中的核心是语言文字及数据处理，图片、音/视频等为文字和数据处理服务（蔡龙权，2014），但这并非否定多媒体资源的重要性。多媒体资源的处理能力差，其根本原因还是英语教师对多媒体资源的应用重视不够。

（4）大学英语教师的信息管理能力

信息管理能力是保存、管理信息的能力。本书对信息管理能力的探讨从移动存储、云存储、网络收藏夹、教学网站或资料库的使用情况来展开。数据显示，教师使用U盘等移动存储工具保存或备份材料的频率仍旧非常高：90.1％的教师总是或经常使用，使用能力很好（M=4.56）。用网络收藏夹等共享或管理信息的频率及能力处于中等水平：经常或总是使用网络收藏夹等共享、管理信息的教师分别仅占43.6％、40.2％，其均值分别仅为3.11、3.07。教师极少使用百度云等云存储工具：仅16.1％的教师总是或经常使用，使用能力较差（M=2.28）。建立教学科研网站或资料库的频率非常低，能力很差：69.8％的教师从未建过（M=1.75）。

可见，大学英语教师的信息管理能力发展不平衡。英语教师的信息管理能力与信息管理设备的时新性及设备所需要的技术含量呈反比。根据访谈，传统的U盘、邮箱等普及度广且操作简单，新型的云存储对网络环境要求较高，而自建网站需要较为专业的技术知识，因而前者使用能力较好，而后两者的使用能力则差或很差。

（5）大学英语教师的信息整合能力

信息整合能力是有效运用信息技术展示信息的能力。本书从PPT、思维导图（Mind Manager）、博客三种工具的使用情况来探讨信息整合能力。数据显示，几乎所有大学英语教师（93.5%）都经常或总是使用PPT，使用能力中等（*M*=3.14）；多数教师（53.3%）自己制作PPT，而不是教材自带（22.8%）或网上下载（17.8%），且认为自己制作PPT的水平较好（*M*=3.76）。这不同于王娟（2009）的发现。她认为，教师制作课件的能力有限，很多教师制作PPT时仅限于文字的复制与粘贴，不熟悉截取影像、文件格式转换等操作。实际上，随着信息技术深刻有机融入教育教学中，教师的信息整合能力已经有了极大的提升。

博客简单易操作，36.5%的教师总是或经常使用，使用能力中等（*M*=3.14），但是由于微博、微信等短消息分享软件的冲击，已不再为受访者所喜欢。

思维导图对提高结构化写作能力、促进批判性阅读水平、培养批判性思维都具有积极的作用，但大学英语教师很少利用思维导图，80.4%的教师从未用过，使用能力很差（*M*=1.45）。受访者表示，不重视思维训练是导致此类工具的使用频率和能力都很低的根本原因。

（6）大学英语教师的信息交流能力

信息交流能力是利用信息技术与他人进行跨时空交流、沟通与协作的能力。本书通过网络交流工具的使用情况来探讨大学英语教师的信息交流能力。大学英语教师能有效使用网络交流工具与他人交流，并将其应用到英语教学中。数据显示，大多数英语教师（74.3%）经常或总是使用QQ、微信、微博等网络交流工具与他人交流，也能较为熟练地使用此类工具（*M*=3.84）。60.5%的教师会通过社交网络来布置作业、发布消息或课后答疑。笔者认为，QQ等网络交流工具高度的普及性及简单的操作使其用户具备了较高的信息交流能力，英语教师也不例外。

（7）大学英语教师的信息研究能力

大学英语教师不仅要完成教学任务，还要承担研究任务，这就要求英语教师具备利用信息通信技术进行研究的能力。本书从文献获取、教学反思、数据收集与分析、文献管理软件等的使用情况分析大学英语教师的信息研究能力。

数据显示，大学英语教师利用信息技术进行教学与科研的能力很差。他们获取教研文献及资料的主要来源是国内的网络数据库：68.5%的教师总是或经常使用中国知网、百度学术等，使用能力中等（M=3.56）；很少使用国外网络期刊及数据库，62.5%的教师极少或从未用过，使用能力较差（M=2.31）；几乎不利用 CCL、COCA 等语料库，87.3%的教师极少或从未用过，使用能力很差（M=1.71）。许多受访教师表示，学校不购买相关数据库直接导致了使用国外数据库的频率和能力很差；且大多数教师不从事语料库研究，因而对语料库使用知之甚少。

英语教师很少使用信息技术记录教学过程、反思教学。经常通过文字或音视频等多媒体形式来记录与反思教学的分别仅占到 11.4%、9.4%，使用能力都很差，M 值分别为 2.09、1.93。访谈发现，导致该现象的根本原因不在于技术难度，而在于当前教学评价系统、职称晋升体系、教学与科研分离等使得英语教师对教学的重视不够，教学反思意识较差。

英语教师较少利用信息技术收集、分析教学与科研数据：59.6%的教师从未使用过问卷网等在线问卷平台，使用能力很差（M=1.77）；尽管不少教师（45.7%）有时或经常使用 SPSS、Excel 等数据分析软件，但是使用能力不高（M=2.15）。大多数教师（76.9%）从未使用过 NoteExPress、EndNote 等文献管理与格式化等软件，相应的使用能力很差（M=1.62）。究其原因，英语教师对实证研究重视不够；很多英语教师缺乏系统的信息化科研训练，对常见的科研辅助软件缺乏了解。

3. 大学英语教师信息素养的差异

性别、年龄、职称等因素是英语教师研究中绕不开的。教师信息素养研究也不例外。笔者以性别、年龄、教龄、职称、学历、学校层次、海外经历为自变量，以信息意识和信息能力以及 7 类具体的信息能力为自变量进行多因素方差分析，检验这些因素是否对信息意识与信息能力的差异产生显著影响，如果差异显著则进一步进行多重比较。

（1）大学英语教师信息意识的差异

多因素方差分析显示，信息意识的年龄差异具有显著性（F=2.290，P=0.036）。其余因素对大学英语教师的信息意识均不产生显著影响（P >

0.05）。多重比较分析显示，30 岁以下青年教师（*M*=4.12）的信息意识最强，显著高于 31—40 岁的教师（*M*=3.53，*P*=0.010），也显著高于 41—50 岁的教师（*M*=3.34，*P*=0.027）。青年教师读书期间接受了较系统的信息技术教育，学习并成长于信息化社会，思想开放，信息意识较强。

（2）大学英语教师信息能力的差异

分析显示，大学英语教师信息能力的性别差异极其显著（*F*=13.373，*P*=0.000）男教师的信息能力（*M*=3.23）显著高于女教师（*M*=2.86）。多重比较显示，5 类信息能力的性别差异有显著性，分别是：获取能力（*F*=5.699，*P*=0.018）、评价能力（*F*=5.544，*P*=0.020）、处理能力（*F*=11.504，*P*=0.001）、管理能力（*F*=17.171，*P*=0.000）、研究能力（*F*=10.644，*P*=0.001），同样全部体现为男教师显著高于女教师。这一结果符合人们的主观认识。男教师对自己的信息技术水平更自信，对网络技术及电子产品更感兴趣、更敏感，更乐于在工作生活中使用信息技术，因而绝大多数信息能力都高于女教师。

大学英语教师信息能力的教龄差异具有显著性（*F*=2.742，*P*=0.007）。多重比较显示，16—20 年、21—25 年教龄段教师的信息能力分别显著高于 26 年以上年教龄的教师（*F*=3.76，*P*=0.014；*F*=4.09，*P*=0.016）。显著的教龄差异主要体现在信息评价能力上（*F*=2.609，*P*=0.028），同样是 16—20 年、21—25 年教龄段教师的信息评价能力最高，分别显著高于 6—10 年、11—15 年教龄的教师（$P < 0.05$）。笔者认为，16—25 年教龄的教师处于事业发展的黄金期，有较长时间的能力积累，对教学与科研的追求促使他们更多地使用信息技术，从而形成了较高的信息能力。

是否具有海外经历对英语教师的信息能力也有显著影响（*F*=2.886，*P*=0.016）。有海外学习经历的英语教师的信息能力（*M*=3.14）显著高于没有海外经历的英语教师（*M*=2.91，*P*=0.007）。显著差异主要体现在信息研究能力上，有海外经历教师的信息研究能力（*M*=2.4）显著高于没有海外经历的教师（*M*=2.2，*P*=0.013），这从侧面支持了蒋玉梅和刘勤（2015）的结论，出国访学有助于增强教师的科研能力。

年龄对英语教师整体信息能力的影响不显著（*F*=1.866，*P*=0.139），这与杨俊峰和余慧菊（2015）的结论一致，年龄不是区分信息技术使用水平的标尺，接触和使用信息技术的时间是重要指标。但是年龄对信息处理与交流能力的影响显著（F=3.998，P=0.008；F=8.806，P=0.035），具体体现为30岁以下青年教师的信息处理与交流能力分别显著高于31—40岁、41—50岁的教师，显著性系数分别为（P=0.004，P=0.001；P=0.024，P=0.002）。

学历、职称、学校层次三个因素对整体信息能力均不具有显著影响（F值依次为0.963、0.364、0.733，P值依次为0.430、0.779、0.534）。学历对教师信息研究能力的差异产生显著影响（F=4.08，P=0.000）。具有博士学位的教师信息研究能力（M=2.5）分别显著高于具有学士学位、硕士学位的英语教师（M学=2.15，P=0.003；M硕=2.25，P=0.006）。这与攻读博士期间所接受的严格系统的科研训练是分不开的。

从整体上看，大学英语教师的信息意识较强，高度认可信息通信技术在英语教学科研中的作用，但信息意识与信息技术应用脱节，未能与英语教学科研中的技术应用有机结合。信息能力现状不容乐观，仅信息评价与交流能力较好，信息研究能力很差，其余能力发展不平衡，基础应用熟练，高级应用水平低。

从差异性上看，信息意识的年龄差异显著，30岁以下的青年教师信息意识最强；信息能力的性别、教龄及海外经历差异显著：男教师的整体信息能力仍旧高于女教师，尤其是信息获取、评价、处理、管理与研究能力；16—25年教龄段的教师信息能力最高，尤其是信息评价能力；有海外经历的教师信息能力更强，尤其是信息研究能力；30岁及以下青年教师的信息交流与处理能力最强。综上所述，当前大学英语教师的信息素养仍处在“意识到位、能力不足、差异多样化”的状态。

2.3.2 大学英语教师信息素养现状归因

在数智化快速发展的时代背景下，大学英语教师需要具备一定的信息素养，运用先进的数字化、智能化技术手段来优化教学方法，提高教学效率，满足学生的多元化学习需求。通过对大学英语教师信息素养的整体性分析和差异性分析可以看出，大学英语教师信息素养仍旧有待提高，其原因可以归结为四个方面。

1. 对信息素养的提升不够重视

尽管信息素养在现代社会中越来越重要，但是一些教师对教师信息素养提升的重要性缺乏足够的认识。这首先源于对大学英语教学的重视不够。不同于专业英语课程，大学英语是公共必修课，部分老师认为只要能完成教学任务即可，不需要花费过多精力“搞花活”，也就不需要提升信息素养。同时，高校管理层也对大学英语教师的信息素养提升不够重视。管理层往往注重优势学院和学科的发展，对大学英语教学重视不足，进而导致对大学英语教师师资队伍建设的重视不够。这导致在资源分配、培训和考核等方面对信息素养提升的支持不足。

2. 信息素养培训机制不够完善

大学英语教师的信息素养培训机制不够完善。首先，培训内容的针对性不强，没有充分考虑到学科之间的差异性和特殊性，导致通用性的培训内容难以满足大学英语教师的实际需求。其次，培训内容的系统性不够。在信息素养培训时，针对大学英语教师的内容比较零散，教师们学习到的信息技能通常是碎片化的，难以将它们运用到实际教学中。这种培训不仅浪费了教师们的时间和精力，还影响了他们对信息技术使用的兴趣和信心。再次，培训方式缺乏互动与实践。尽管数智技术的发展为大学英语教师队伍建设带来诸多便利，但是不管采用的是讲座、沙龙还是在线课程形式，培训方式仍旧是以专家讲、教师听为主，教师实操环节少，没有为大学英语教师提供可以付诸实践的真实情境，无法激发教师们的学习兴趣和积极性。

3. 教师个人因素的影响

年龄、性格、技术敏感度与接受度、计算机效能感、技术使用意愿等个人因素很大程度上影响了大学英语教师的信息素养。年龄较大、性格比较保守的大学英语教师经常表现出安于现状的倾向，不愿意迎接信息技术带来的挑战，故而不肯花费精力去提升信息素养。部分技术敏感度与技术使用意愿不高的教师，往往选择忽视数智技术的更新，对教育技术发展的新趋势、新理论和新工具不关心，即使是校方提供的培训和讲座，参与的积极性也不高，甚至可能选择性忽略，秉持一种抗拒心理，觉得这是额外的负担。在日常教学和科研工作中能够应用信息技术的场景，倾向于采取传统方式处理，避免用到需要一定信息素养背景的工具和平台。自身教学方式可能比较传统，重视教师讲授，而忽略了诸如翻转课堂、混合式学习等更多元且富有创新性的教学模式，也对学生的信息素养要求不高。这是阻碍大学英语教师信息素养提升的最大挑战。

4. 教师缺乏跨界生长意识

跨界生长应该是教师发展的常态。大学英语教师应该具有大专业意识、走出去意识，充分利用国际交流和国际资源，吸收不同领域的知识、经验和资源，通过跨界生长，打破狭隘的学科壁垒和研究方向的壁垒，促进创新和全面发展。但是有些教师固守自己大学英语教学的研究方向，不想、不能充分利用现代化的数智技术丰富自己的知识储备、提高个人职业素养，这在一定程度上阻碍了教师信息素养的发展。

2.4 数智赋能背景下大学生信息技术认知及应用研究

毫无疑问，当代的大学生都是数字原住民（digital natives），自出生起就与数字技术、互联网和移动通信设备共同成长，对信息技术有着天生的熟悉感和适应能力。与数字原住民同时成长起来的还有信息技术教育应用的推进。当前，信息技术的教育应用已经进入教育信息化 2.0 阶段，强调信息技术与教育教学的深度融合，推动教育教学模式的变革、学校管理体系的重构，以及信息技术对教育发展的革命性影响。要实现这一目的，教师的信息素养至关重要，很大程度上影响了信息化教学的发展。但是，良好的教学模式中，应该既能体现教师的主导作用，又能充分体现学生的主体地位。学生的信息化程度在更大程度上决定了信息技术的教育应用是否成功，因此了解学生的信息技术认知及使用状况是实现教育信息化的基础。

国外的一系列研究发现，大学生的信息技术使用状况参差不齐（Selwyn，2009），很多学生高估了自己的技术使用水平，只掌握了基本技能，还没有学会如何将信息技术与正式学习有效结合起来（Littlejohn，et al，2010），期望教师为利用信息技术学习提供建议（Margaryan，et al.，2011）。国内研究发现，教育技术学专业学生使用信息技术工具有专业工具使用率偏低、种类集中、随目标复杂度增加而工具使用呈先降后升再降的趋势的特点（王辉等，2012）。总体上看，国内对大学生信息技术使用及认知的研究还不够充分。

笔者（李继燕，2014）采用乔治和詹姆斯（2009）的信息技术使用调查问卷，以422名河北省高校大学生为研究对象，探讨了以下问题：（1）学生进行各种活动时技术使用水平如何？对信息技术的焦虑程度如何？（2）学生的技术使用意愿程度如何？即面对技术媒介（如电脑）和传统媒介（如纸笔）时，选择技术媒介的意愿度如何？（3）使用水平、焦虑感与使用意愿之间是否具有相关性？性别与技术使用水平是否对技术使用意愿形成交互作用？

为保证调查的信度和效度，笔者将乔治和詹姆斯（2009）的信息技术使用调查问卷译成汉语，对原问卷略作改动，并对修正后的问卷分项进行内部一致性检测。问卷分为两部分：一是个人简介，包括性别、年龄、最早使用电脑时的年龄、是否有个人电脑等；二是信息技术使用问卷，共8大项、48小项，具体见表2-1。

表2-1　信息技术使用调查问卷基本信息及分项信度

分项①	小项编号	计分制	信度②
使用水平 *	1—10	1—5	0.885（0.885）
焦虑感	11—13	1—5	0.797
课程有用	14—17	1—5	0.803
未来有用	18—20，48	1—5	0.811
使用意愿 *	21—31	%	0.670（0.705）
知识来源	32—36	%	0.667
知识共享	37—39	1—5	0.783
手机 vs 电脑 *	40—47	%	0.547（0.619）

笔者对使用水平、使用意愿、手机 / 电脑的倾向性进行了项目分析。结果显示使用意愿项中的Q29及手机 / 电脑倾向性中的Q40与总分的相关未达显著水平（分别为P=0.440、P=0.352），予以删除，其余保留。进一步的探索性因子分析显示，三项的KMO测度分别为0.875，0.679，0.633，表明所收集数据适合做因子分析。使用水平项只抽取出1个因子，说明所有8个问题共同解释使用水平这同一因素。使用意愿项抽取出2个因子，第一个因子包括Q21—Q22、Q25—Q27，可概括为传统媒介因子；第二个因子包括Q23—

Q24、Q28、Q30—Q31，可概括为技术媒介因子。手机 / 电脑的倾向性抽取出2 个因子，第一个因子包括 Q42—Q43、Q47，学生显著倾向于使用电脑；第二个因子包括 Q40、Q44—Q46，学生大部分倾向于使用手机。

本次调查共发放问卷 422 份，回收有效问卷 398 份，其中男生 201 份，女生 197 份。数据经初步处理后输入电脑，首先利用 SPSS19.0 对各项进行描述性分析，探讨大学生的信息技术认知及使用状况。进而，对所收集数据进行 t 检验、相关性分析和双因素方差分析，以确定大学生在信息技术认知及使用上的差异及影响因素。

2.4.1 大学生信息技术认知及使用现状

1. 大学生的信息技术使用水平现状

Prensky（2001）认为当代学生是数字原住民，具有很高的技术使用水平。如果这种观点符合中国学生的现状，那么调查数据应显示较高负偏度值及较高均值（5 为最高值，3 为中间值）。本次调查数据显示，偏度值为负且均值较高的活动依次为：下载影音制品（Q8，*SK*=−0.799，*M*=3.97），手机上网（Q2，*SK*=−0.672，*M*=3.94），下载软件（Q9，*SK*=−0.650，*M*=3.78），电脑上网（Q3，*SK*=−0.459，*M*=3.74），用电脑发邮件（Q5，*SK*=−0.304，*M*=3.40）。其余活动的均值接近或低于中间值，偏度值接近零或为正，按其均值由高到低依次为：文字编辑处理（Q6，*SK*=0.044，*M*=3.03），连接外部设备（Q10，*SK*=0.034，*M*=2.98），数据编辑处理（Q7，*SK*=0.374，*M*=2.78），盲打（Q1，*SK*=0.550，*M*=2.53），用手机发邮件（Q4，*SK*=0.843，*M*=2.16）。

分析发现，学生上网、用电脑发邮件及下载资料等活动水平较高，而盲打、文字及数据的编辑处理、安装硬件及手机发邮件等活动水平较低。从数量上看，水平较高的活动与水平较低的活动相当。从数值上看，即使水平较高的活动，其均值也未达到很高水平，均值仅在 3—4 之间。由此可见，大学生总体的信息技术水平处于中等水平，他们还不是真正意义上的“数字原住民”，未能完全掌握信息时代的语言。

一个有趣的现象是学生手机上网水平略高于电脑上网水平，下载影音制品水平略高于下载软件水平。该结果有待进一步研究，因为学生可能把使用频率与使用水平混为一谈。

2. 大学生的信息技术焦虑感

数据显示学生在上网（Q12）时几乎感受不到焦虑（*M*=1.65）；在盲打（Q11）时略微有焦虑感（*M*=2.40）；在电脑上考试（Q13）时焦虑感较高（*M*=3.75）。然而，应谨慎对待电脑考试焦虑感相对较高的结果，因为学生可能会把对考试的焦虑误认为是对电脑本身的焦虑，而实际上学生对电脑本身几乎不焦虑。

由此可见，学生的信息技术焦虑感整体较低。尽管学生实际使用信息技术的水平未达到“数字原住民”的高度，但他们已经适应了信息技术在生活学习中的出现，至少在心理上达到了“原住民”的水平。

3. 大学生的信息有用度认知

有用度认知包括信息通信技术对现有学校课程是否有用的认知（Q14—Q17）及信息通信技术对未来是否有用的认知（Q18—Q20，Q48）。就现有具体课程而言，学生认为信息通信技术在外语学习中发挥一定作用（Q14，*M*=3.39），但在其他课程中作用不大：数学（Q15，*M*=2.07）、理科课程（*M*=2.59）、语文（*M*=2.55）。由此可见，学生仅一定程度上认可信息通信技术在具体课程中发挥的作用。但是，他们高度认可信息通信技术在未来的个人生活（Q18）、工作（Q19）、学习（Q20）中的作用（*M*=4.32，*M*=4.43，*M*=3.98），而且几乎一致认定现在所接受的信息通信技术教育将在未来发挥极大的作用（Q48，*M*=4.31）。

这一结果看似矛盾实则合乎常理。笔者认为，当前信息通信技术的教育应用多数停留在CAL阶段，学校教育中传统教学模式仍占主导地位，学生并未切身体会到信息通信技术所起的作用，但信息通信技术的快速发展及广泛应用使学生从主观上意识到未来信息通信技术将占据主导地位。

4. 大学生的信息技术使用意愿

技术使用意愿的概念（Willingness to Use Technology）是乔治和詹姆斯（2009）受交流意愿（Willingness to Communicate，MacIntyre et al.，1998）启发而提出的，意指个体面对技术媒介（如电子邮件）和非技术媒介（如纸质信件）时选择技术媒介的意愿程度，它受多种因素影响，如焦虑水平等认知因素及使用水平等技能因素。

统计数据显示学生只有两项活动显著倾向于传统媒介：考试（Q22：75.41%）和查看课堂材料（Q27：62.81%）。在收集参考资料时略微倾向于传统媒介（Q26：56.09%）。在以下三项活动中学生对两种媒介的倾向性无明显差异：写备忘录（Q21：51.62%），为家庭或社团做预算（Q25：52.04%），算账（Q29：50.15%）。其余五项活动倾向于技术媒介，按倾向性高低依次为：日常通信（Q30：73.06%），与老师交流（Q24：69.63%），演讲或口头陈述（Q28：65.14%），与其他人交流（Q31：61.55%），写长达五页的报告（Q23：57.31%）。

在使用意愿连续体上靠近传统媒介端的是考试、查看上课材料；靠近技术媒介端的是写报告、做演讲、与同辈或老师交流、实时通信（面对面聊天 vs 网络聊天）；居于中间的是写备忘录、做预算、算账。这种分布既体现了现代信息通信技术的优势（如 PPT 的便捷），也体现了传统媒介在某些活动中不可替代的地位（如考试）。这从侧面反映出学生对信息通信技术从开始接触到逐渐熟悉再到主动使用是一个持续发展的过程。

5. 大学生的信息技术知识来源

学生的信息技术知识来源主要有三种：学校教育、朋辈学习、自主学习。数据显示学生约一半的电脑知识是从学校教育中获得的（Q32：47.16%），从中获得的手机知识却极少（Q33：22.35%）。多数技术知识（包括电脑知识和手机知识）源于自主学习（Q35：56.43%）。朋辈之间较少探讨并共享技术知识：从朋辈处获得技术知识（Q34：39.91%），从朋辈处获得手机知识（Q36：37.10%）；教朋辈电脑知识（Q37，M=2.53），教朋辈手机知识（Q38，M=2.01）。

学校信息通信技术教育获得了学生较高程度的认可，并培养了学生的自主学习能力，但朋辈之间相互学习较少的现状出乎意料，因为人们普遍认为学生之间会广泛讨论并互相学习信息通信技术知识。究其原因，当前教育软件单一的静态信息呈现模式导致软件互动性差，朋辈协作欠缺，学生参与性不强。

6. 大学生使用电脑 / 手机的倾向性

数据显示学生最倾向于使用电脑的活动是上网（Q42：76.18%），其余依次为：电脑发邮件（Q47：69.51%）、考试（Q40：63.50%）、查询课程取消的信息（Q43：59.60%）。学生倾向于使用手机的活动由高到低为：算账（Q45：62.91%）、与老师沟通（Q44：59.87%）、查词典（Q41：53.97%）。学生付账单（Q46）时，使用电脑和手机的倾向性相近（50.62%）。学生在各项活动中使用电脑的倾向度均值为 53.14%，而使用手机的倾向度均值为 46.86%。

学生在不同活动中使用电脑和手机的倾向度不同。从总体上来看，学生对电脑的倾向度略高于对手机的倾向度，如在考试时，电脑具有无可替代的地位。但是，随着智能手机的普及和无线网络的不断升级，学生可能会逐渐更倾向于利用手机进行各种活动。

2.4.2. 大学生信息技术认知及使用的性别差异

性别差异一直是信息通信技术教育的重要研究领域，集中在自我效能、计算机态度、计算机经验、使用目的等方面。本节将运用 t 检验分析性别差异在信息通信技术使用及认知现状上的具体体现，结果见表 2-2。

表 2-2　大学生信息技术认知及使用的性别差异

分项	女性		男性		t 值	显著性
	均值	标准差	均值	标准差		
使用水平	32.74	8.604	31.80	7.695	0.799	0.425
焦虑感	6.83	2.286	6.80	2.636	0.087	0.931
课程有用	10.53	3.357	10.77	3.611	−0.481	0.627
未来有用	17.45	2.610	16.53	2.992	20.337	0.020
使用意愿	478.94	148.040	564.65	153.042	−40.015	0.000
知识来源	192.11	58.258	202.52	68.985	−10.161	0.247
知识共享	7.38	1.775	7.66	1.816	−10.070	0.286
手机 vs 电脑	419.55	117.820	412.52	119.810	0.417	0.67

由表 2-2 可知，性别在使用意愿上的差异极其显著（t=−4.015，P=0.000），在技术的未来有用度认知上也有显著差异（t=2.337，P=0.020），而在其他 6 项上性别差异不具有显著性。

为了解性别在使用意愿（Q21—Q31）及未来有用度（Q18—Q20、Q48）上差异的具体体现，笔者对该两项的15个小项分别进行独立样本t检验，结果见表2-3。

结果显示，6个小项（Q23，Q26，Q28，Q29，Q31，Q48）的性别差异具有显著性。按差异显著性排序为：写报告（Q23，t=−3.222，P=0.001）、找学习资料（Q26，t=−3.028，P=0.003），与人交流（Q31，t=−2.867，P=0.005），算账（Q29，t=−2.538，P=0.012），口头陈述（Q28，t=−2.461，P=0.015），技术教育是否有用认知（Q48，t=2.295，P=0.023）。

表2-3 大学生信息技术使用意愿与未来有用度认知的性别差异

小项	女性		男性		t值	显著性
	均值	标准差	均值	标准差		
写报告 Q23	36.45	30.193	50.78	32.709	−3.222	0.001
找课外材料 Q26	50.57	30.454	63.51	29.566	−3.028	0.003
口头陈述 Q28	30.46	28.275	40.26	27.715	−2.461	0.015
算账 Q29	49.47	32.488	61.24	32.894	−2.538	0.012
与人交流 Q31	33.40	26.731	44.92	30.215	−2.867	0.005
技术教育是否有用 Q48	4.42	0.716	4.16	.819	2.295	0.023

在使用意愿项中，一个有趣的现象是，女性各小项的均值都低于男性，尤其是性别差异显著的小项（Q23 : 36.45% vs 50.78% ; Q26 : 50.57% vs 63.51% ; Q31 : 33.40% vs 44.92% ; Q29 : 49.47% vs 61.24% ; Q28 : 30.46% vs 40.26%）。这说明女性对传统媒介（纸笔）的倾向性低于男性。也就是说，女性对技术媒介（如电脑）的倾向性高于男性，即女性的技术使用意愿比男性更强。结果似乎出人意料，因为人们普遍认为男性比女性更热衷于信息通信技术、电子产品等。实际上，这样的结果与人们的判断并不矛盾。已有研究发现，男性对电脑的态度更积极（Volman & Eck，2001），自我效能感较高（Whitley，1997），女性则常使用电脑获取课程信息、网上聊天、发邮件等（Weiser，2000）。

尽管男女性都普遍认为现在所接受的信息通信技术教育未来非常有用，但t检验显示此项上性别差异具有显著性（Q48，t=2.295，P=0.023）。同样有趣的是女性的均值要高于男性（4.43 vs 4.16），也就是说，女性比男性更认可信息通信技术教育在未来发挥的作用。

2.4.3 大学生信息技术认知及使用的相互影响

信息通信技术的使用水平、焦虑感与使用意愿是信息通信技术使用及认知的核心组成部分，它们之间是否相互影响呢？带着这样的问题，笔者检验了三者之间的皮尔逊相关性。结果显示，焦虑感与使用水平、焦虑感与使用意愿、使用水平与使用意愿之间的皮尔逊相关系数 r 值分别为 -0.041、0.001、-0.035，P 值分别为 0.564、0.994、0.618，表明两两之间几乎不相关。这与前文中即使进行技术使用水平很低的活动学生焦虑感也很低的现象相符。尽管两两之间均不具有显著相关性，但焦虑感与使用水平、使用水平与使用意愿呈负相关（r=-0.041，r=-0.035），在一定程度上反映了焦虑感越高、使用水平越低，使用水平越高、技术使用意愿越低的倾向。

前期分析中已对学生的技术使用水平进行了高低分组（$M_{高}$=42.07，$M_{低}$=22.09）。笔者进一步以技术使用水平和性别为自变量，以技术使用意愿为因变量，进行双因素方差分析，以验证技术使用水平和性别是否对技术使用意愿产生交互作用。结果见表 2-4。

表 2-4　使用水平与性别对使用意愿的交互作用分析

源	III 型平方和	df	均方	F	Sig.
水平	17 636.510	1	17 636.510	0.737	0.393
性别	194 382.351	1	194 382.351	8.122	0.005
水平 * 性别	46 652.586	2	46 652.586	1.949	0.166
误差	2 584 594.671	108	23 931.432		
总计	30 990 630.000	112			

结果显示技术使用水平的主效应未对技术使用意愿产生显著影响（$F_{水平}$=0.737，P=0.393）。性别的主效应对技术使用意愿的影响却具有高度显著性（$F_{性别}$=8.122，P=0.005），与前文 t 检验结果一致。技术使用水平与性别不对技术使用意愿产生显著的交互作用（F=1.949，P=0.166）。

综上所述，可以发现：（1）学生的技术使用水平总体呈中等水平，未达到“数字原住民”的高度。但是技术焦虑感较低，意味着他们至少在心理上达到了“原住民”的水平。（2）尽管学生高度认可技术在未来的应用，却并不认可技术在当前课程学习中的作用。学生体现出一定程度的技术使用意愿，但在某些活动中坚持使用传统技术，反映出学生对信息通信技术从适应到掌握再到熟练应用需要较长的过程。（3）学生的信息通信技术知识主要源于自主学习，学校教育发挥重要作用，但朋辈学习不是值得依赖的知识来源。信息通信技术的常见载体——电脑和手机在不同活动中受学生欢迎程度不同。（4）显著的性别差异只体现在技术使用意愿和未来有用度认知上，且女性的技术使用意愿高于男性。技术使用水平、技术焦虑感、技术使用意愿两两之间几乎没有相关性。技术使用水平与性别未对技术使用意愿产生显著的交互作用。（5）教育软件的实际利用度低，手机移动技术的教育应用停留在起步阶段。学生较低的技术焦虑感、较强的技术使用意愿及较高的学习自主性共同表明信息通信技术的教育应用已经取得了阶段性成果。但朋辈交流的欠缺、教育软件及手机移动技术教育应用的滞后，表明信息通信技术未能在教学中充分发挥作用。

2.4.4 大学生信息技术认知及使用跟踪研究

大学生信息技术认知及使用状况不是一成不变的，而是在多种因素的综合影响下，呈现出动态变化的趋势。随着教育信息化进入 2.0 阶段，相较于李继燕（2014）的研究结果，大学生的信息技术认知及使用出现了一些新的特征。为了深刻了解这些新的特征，服务于数智赋能背景下的大学英语学习，笔者对大学生的信息技术认知及应用现状进行了跟踪调查。

跟踪调查仍旧沿用了乔治和詹姆斯（2009）调查问卷的框架，围绕信息技术使用水平、信息技术焦虑感、有用度认知、技术使用意愿、信息技术知识来源、手机 / 电脑倾向性等 6 个方面展开质性研究。本研究采用半结构化焦点小组访谈的方法收集质性数据。每一个访谈小组由 4—6 人形成，共 10 组，共计 54 人。受访对象来自燕山大学非英语专业的一年级和二年级本科生。每组访谈时间在60分钟左右。经受访者同意，访谈过程全程录音。访谈结束后，对访谈文本进行转写。完成转写后，作者对质性数据进行编码分析，总结大学生在以上 6 个方面的信息技术认知及使用现状。

1. 大学生的信息技术使用水平

大学生逐渐展现出更高水平的信息技术使用水平。根据小组访谈，文字处理、收发邮件、资料下载等已经成为当前大学生信息技术水平的基本操作，也就是几乎所有学生都有能力做的事情。他们已经具备了一定的数字素养和信息素养，能够熟练使用多种数字化和智能化软件与工具，包括 Microsoft 等办公软件，剪映等图像、音视频编辑工具，腾讯会议等会议及协作软件，OneDrive 等在线存储及协作软件，笔记管理及学习工具等，并且能够有效地利用搜索引擎、数据库和图书馆资源等进行信息检索，评估信息的可靠性和相关性。

他们已经初步具备了数字化思维和创造力，能够将信息化工具和技术运用到学习和生活中，例如利用在线学习平台进行自主学习、利用人工智能技术进行数据分析等，能够帮助他们更好地适应数智赋能背景下的学习和生活。

访谈中，学生表示，“现在的大学生已经不是十年前的大学生，信息技术的使用已经成为学习和生活的必然。”从根本上讲，这是信息技术飞速发展的结果。伴随信息技术长大的当代数字原住民大学生已经与信息技术的使用建立了一种天然的联系。同时，教学信息化的深入推进使得当代大学生更早、更深刻地利用信息技术进行全方面的学习和生活。而智能手机、平板电脑等智能设备的普及又大大增加了大学生信息技术使用的机会，大学生提供了更广泛、更便捷的信息技术使用场景，推动了他们信息技术应用及认知水平的不断提升。

2. 大学生的技术焦虑感

从整体上看，大学生的信息技术焦虑感比较低。在 54 名受访学生中，只有 9 名学生感到有些焦虑或者比较焦虑，大部分学生表示不焦虑或者完全不焦虑，“技术的使用已经像吃饭睡觉一样自然了，有什么可焦虑的呢？”但是部分同学的焦虑也并非空穴来风。根据学生访谈，技术焦虑往往与其他方面的焦虑交织在一起。有学生表示，“信息技术发展太快了”，新的软件、应用和工具层出不穷，需要不断学习适应新技术，这引发他们的焦虑感。当信息技术使用的熟练度不够叠加学业压力时，也会让部分学生产生技术焦虑感。有学生表示：“我在使用这些技术时比较焦虑，因为我用的不熟练，经常需要反复搜索、编辑等，而作业又往往比较紧迫，让我比较有压力。”还有个别学生将技术焦虑与屏幕使用时长、社交媒体使用联系在一起，表示由于过度依赖信息技术，导致生活和学业的不平衡，增加了焦虑感。学生的解释反映了一个事实，即学生的焦虑感从来都不是单纯由某一种因素导致的，往往是多种因素叠加在一起而引起的。

3. 大学生对信息技术的有用度认知

不同于李继燕（2014）的调查结果，当前大学生认为信息技术对现有的学校课程学习帮助非常大。具体来说，学生认为信息技术在外语、数学、专业课学习中都发挥了极大的作用，“以 B 站为代表的学习网站就是我们的第二课堂，我们都自称是‘B 站’大学毕业的。”学生认为信息技术对于语文的提升帮助不大。同时，当前大学生依旧高度认可信息技术在个人未来的工作、生活、学校中的作用，但是对学校信息技术教育的有用性持中立态度，认为学校的信息信息技术教育既枯燥又没有实际意义，因为“所教的并不是我们所需要的”。

这一结果符合笔者观察到的现实情况。笔者认为，由于数智技术的发展，海量的数字化资源、丰富的在线学习平台以及多样化的智能学习工具，让学生真切感受到了信息技术为课程学习带来的极大便利。信息技术的快速发展及广泛应用使学生从主观上意识到未来信息技术将在工作、学习、生活中占据重要地位。

4. 大学生的技术使用意愿

随着时间的推移，大学生的信息技术使用意愿越来越强烈。在技术媒介和传统媒介的连续体上，显著靠近传统媒介一端的行为已经所剩无几。当受访者被要求列举更愿意通过纸笔来进行的活动时，绝大多数学生能想到的只剩下“参加考试”一项，因为“考试时需要仔细思考，电脑等容易分心。而且一直以来都是纸笔考试，习惯了”。其余的学习、生活行为，如学习、写报告、算账、同辈/师生交流、做笔记等，学生都倾向于使用技术媒介，因为以“纸笔为代表的传统方式太慢了，平板、电脑等智能设备更方便，而且可以实时借助网络资源。”“网络上的资源非常丰富，甚至比课堂上老师讲的更清晰明了，借助这些设备可以随时弥补课堂学习的不足。”

根据笔者观察，这也确实是实际情况。大学生对信息技术使用的接受度越来越高，已经融入生活、学习、工作的方方面面。即使是学生持有保留态度的“考试”，在某些情况下，也已经采取了在线的形式，对许多学生形成了较大的挑战。在这种情况下，即便学生的技术使用意愿不强，他们也得及时调整自己，逐渐适应教育信息化的要求。

5. 大学生的信息技术知识来源

与10年前相比，在学校教育、朋辈学习、自主学习三种信息技术知识的来源中，变化最大的是学校教育在大学生学习信息技术知识中发挥的作用。学习教育已经不再是大学生信息技术知识的主要来源，甚至可以说学生几乎不从学校教育中获得信息技术知识。在访谈中，学生表示“学校几乎不开设相关的课程”“也没有相关的培训”“学校提供的信息技术教育无从谈起”。自主学习和朋辈学习已经上升为大学生信息技术知识的主要来源。访谈中，大多数学生表示信息技术知识主要来自自主学习。“现在网络资源这么丰富，需要学习哪一方面的技术知识，去网上搜索，自己学习就行了，不需要老师教。”有些时候，学生通过学生之间的互相交流来获得一些信息技术知识，尤其是最新的技术应用，例如如何使用ChatGPT。“刚开始的时候，我就是听说过这个名词。后来我们的舍友胡××，他非常擅长这些东西，我就向他请教，也就学会使用了。”

实际上，随着教育信息化2.0的发展，尽管大多数学校已经不再开设“计算机基础”之类的课程，但是在教育教学中，可以说，信息技术已经无处不在，学生在潜移默化之中接受了信息技术的教育。同时，由于各类在线资源越来越丰富，学生的自主学习能力也越来越强。这一点在信息技术知识的获得上，也不例外。

6. 大学生使用电脑/手机的倾向性

电脑、手机、平板等智能设备已经成为大学生的“新三大件”，极大地丰富、便利了大学生的学习、生活和工作。但是在三者之间也具有一定程度的差异性，导致学生在不同的活动中体现出不同的选择。与10年前相比，电脑当之无愧的主导地位已经被手机所取代。根据学生访谈，对于考试，学生依旧几乎100%倾向于电脑；对于课堂笔记及写报告等需要大量文字的工作，学生更倾向于使用平板，“因为平板是介于手机和电脑之间的，既有手机的移动性，又有电脑的功能性，特别适用于学习”。其余的学习和生活行为，如人际交流、查询信息、付款、邮件等，学生都更倾向于手机。其原因之一在于，现在的“手机”，不管是从功能上还是从形态上都与电脑相似，手机、平板、电脑三者之间的界限已经不再清晰。另一个原因在于，手机和平板的便利性优于电脑，可以安装的应用程序也越来越丰富，更能满足学生对移动学习、泛在学习的需求。

信息技术的发展、教育形态的变化、学生的成长经历等因素共同形成了当前大学生信息技术认知及使用的现状。总结起来，当前大学生信息技术认知及使用呈现出以下特点：（1）大学生的信息技术使用水平越来越高，高度认可信息技术在学习、生活和工作中的作用，对于大多数活动也愿意使用信息技术。（2）大多数学生对技术的焦虑感不强，少数同学的技术焦虑往往混杂了别的因素。（3）手机已经取代电脑，成为当前大学生的“新宠”，用于几乎所有的学习、生活活动。（4）学生的大部分信息技术知识来源于自主学习或同学，学校教育在大学生信息技术知识来源中发挥的作用极其有限。

正如李继燕（2014）指出的那样，信息技术的发展并不能自然而然地带来教育的发展，技术与教育之间存在一个中介变量，即学习者的认知，包括认知能力、方式、特点等（曹培杰，余胜泉，2012）。未来，随着5G、物联网、生成式人工智能等新技术的发展，大学生的信息技术认知及使用必然会呈现出新的特点。作为教育者，我们需要探索新时代学生的认知发展特点。如何充分利用新时代大学生信息技术认知及使用特点，使其服务于更具个性化、数字化、社交化和新颖性的“三化一新”数智化大学英语学习，则是当前大学英语教师队伍应该积极深入研究的问题之一。

2.5 数智赋能背景下大学英语教师及学生信息素养提升策略

通过对大学英语教师及学生的信息素养研究，可以发现当前大学英语教师信息素养仍旧有待提高，学生的信息技术认知及使用也存在不尽如人意的方面。本节将尝试分别为数智赋能背景下的大学英语教师及学生的信息素养提升提出改进策略。

2.5.1 数智赋能背景下的大学英语教师信息素养提升策略

大学英语教师必须紧跟信息通信技术的发展步伐，不断提高信息素养，实现终身学习，才能与时俱进，成为英语教育信息化的推动者。基于数据调查及笔者个人经历，笔者认为，数智赋能背景下，大学英语教师信息素养的提升需要多方的共同努力。

继续提高英语教师对信息素养提升的意识至关重要。意识决定行动。大学英语教师对信息素养提升的意识，不应该只停留在对信息技术重要性的认可上，更重要的是转变教学理念，提高信息敏锐度，增强利用信息技术的主动性和自觉性。这就需要学校管理者多方宣传教育信息化的相关文件，让教师充分意识到信息素养的重要性。

政策层面的支持和鼓励有助于自上而下提升大学英语教师的信息素养。加强对大学英语教师信息技术使用的政策支持与鼓励，将教师的信息素养纳入常规考核中，尤其是将专业发展、职称晋升、信息素养提升有机融合起来。这种自上而下的努力能在很大程度上促进教师的信息技术应用能力的发展；扩大信息技术培训的覆盖面与深度；各级高校，尤其是普通地方院校，应加大资金投入，加强学校的计算机网络建设，更新软硬件配置，为教师的信息技术应用提供外在基础。

目标更明确、更具针对性、更具持续性的信息素养培训是提升大学英语教师信息素养水平的基础。OBE 理念认为，应该首先明确学习成果，然后根据学习成果逆向设计教学活动。在大学英语教师的信息素养培养中也是如此。要做到这一点，就需要在开展培训前，充分了解大学英语教师信息技术应用的特点及痛点。然后根据教师的性别、年龄、教龄等个体差异，制订更为详细、系统的培训计划，采取多样化的培训方式。

多元化的培训方式是提升大学英语教师信息素养水平的保障。应将讲授、演示、实践、研讨等不同方式相结合，并提供相应的操作设备。信息素养的内涵是动态发展的，信息素养的提升也不是一蹴而就的，因而网络化、个性化、有针对性的信息素养培训应当是分阶段持续开展的。要进一步丰富教师发展共同体的内容，将动态发展的信息技术水平与当下大学英语教师的教学或科研面临的问题紧密结合起来，一定程度上解决教师信息技术培训参加意愿不强的问题，提高教师的参与度和学习兴趣。这有助于信息素养培训的个性化、针对性、持续性、实操性，从而提高信息素养培训的效果。

专家型普通教师的技术指导是提升大学英语教师信息素养水平的有力补充。笔者在 2017 年开展过一项调查研究，以性别为切入点，从职称、教龄、年龄、学习经历、学校层次、海外经历等 6 个方面进行纵向同性比较与横向异性比较。研究发现，青年教师，尤其是教龄在 11—15 年或 21—25 年、有海外学习经历的博士男性副教授，自身能力较强，与普通英语教师地位平等，两者在技术需求和面临的问题上有很大的共性，深得普通教师的信任，因此，视他们为英语教师信息技术能力发展的指导者能够促进双方的持续学习与共同成长。

另外，特殊群体要特殊关注。此处，要充分关注、引导、挖掘大学英语女教师信息技术应用需求及意识。从直观上看，女教师占据大学英语教师队伍的很大比例，绝大部分女教师都意识到了提高信息技术应用能力的必要性。但是，女性本身往往对信息技术的敏感度不够，又面临社会和家庭的众多压力，因而经常对信息技术的发展不够关注，也没有时间和精力学习信息技术在教学和专业发展上的应用，内驱力不强。这就需要学校或院系采取多种措施，为大学英语女教师的信息技术应用能力提供便利条件，提高其自主提高信息技术能力的意识。

综上所述，要提高大学英语教师的信息素养水平，需要多管齐下。学校管理者需要制定政策保障，教师自身应提高信息技术应用的意识和主动性，而培训部门应提升信息素养培训的有效性和针对性，并特别关注特殊群体的需求和痛点。

2.5.2 数智赋能背景下的大学生信息素养提升策略

随着信息技术的发展和变革，信息素养的内涵和外延也在不断变化，学生也需要不断更新信息技术知识，提升信息素养水平。笔者认为，可以从以下方面提升学生的信息素养水平。

数智赋能背景下，大学生信息素养提升首先来自信息技术使用的实践。实践出真知。在大学英语教学中，如果授课教师习惯于使用数字化、智能化技术和平台，引导学生搜集或使用数字化资源，通过数字化和智能化工具和平台进行英语学习，学生会在潜移默化之中提高信息技术应用水平。信息素养水平的提升又反过来能促进数智时代的大学英语学习，两者形成另一个相辅相成的良性循环。

其次，要弥补学校教育在大学生信息技术知识来源中的缺失。根据笔者最新调查，大学生的信息技术知识主要来自自主学习和朋辈学习，而学校教育几乎不发挥作用，实为可惜。尽管信息技术发展飞速，新的平台、软件、工具等层出不穷，但是学校可以组织相关部门，制作信息技术应用资源包，包括学生常用技术、软件、平台、工具的使用视频、使用说明、演示文稿等，附以案例教学等，并随时更新，以提高学生对信息知识的理解和应用能力。学生在需要时，可以随时自行查看。这项工作确实比较繁重，但是能让学生系统性地、持续性地学习信息技术知识，提升学生的信息素养。

再次，为学生构建多元化的信息素养教育平台是一个行之有效的方法。综合运用线上与线下资源，如课程网站、学习管理系统（LMS）、社交媒体等，构建一个全面的信息素养教育平台。线上平台可以提供 24/7 的学习资源和服务，线下则可以通过研讨会、工作坊等形式提供更加互动的学习体验。

最后，为学生提供更多的信息技术应用实践机会。鼓励学生参与科研项目、创新竞赛、校企合作等实践活动，应用所学信息知识解决实际问题，以此激发学生的学习兴趣。并且，定期举办科研成果展示、创新作品发布会等活动，让学生有机会展示自己的成果，增强学生的收获感和成就感，进一步增强学生提升信息素养水平的意愿。

第 3 章 数智赋能背景下的大学英语课程体系建设研究

课程体系在大学英语教育中发挥着“纲举目张”的作用，是所有教学活动的总纲，指导和引领着教学的方向和重点。课程体系的建设为确保大学英语教学目标的明确性、教学资源的有效整合、教学方法的创新性、对学习效果的系统评估提供了稳定坚实的支撑。数智技术的飞速发展及教育应用对已有大学英语课程体系形成了巨大的冲击。这就要求大学英语教育者们重新审视和调整课程内容，以适应新的教育环境。

3.1 课程体系概述

3.1.1 课程体系的界定

顾名思义，课程体系是由一系列课程组成的系统。课程是一个多维概念，是指为实现特定学习目标和培养学生特定能力而有组织安排的学习内容、教学方法和评估方式的总体设计（钟启泉，2003）。但是构成课程体系的一系列课程不能是随意组合的“拼盘”或“大杂烩”，而是在学校和专业的培养目标上具有整体上的一致性。巩建闽和萧蓓（2012）从系统的视角指出，课程体系就是“一组相互关联的课程组成的整体”，其中“关联”和“整体”是课程体系的两个基本特征。关联是系统中普遍存在的特性，是指这一组课程在培养人才知识、能力和素质等方面存在着内在联系，它将各门课程粘合成了一个联系紧密的整体。整体性是系统科学强调整体大于部分之和的基本原理，主要应体现为培养目标、课程结构与课程功能，以及课程实施等几个方面。简言之，课程体系就是指一个系统化、有组织的学科或领域内的一系列课程、教学内容和学习活动的结构和安排，旨在确保在某一学科范畴内，学生能够有计划、有条理地获得相关知识、技能和素养。

那么，课程体系里的课程如何进行设置呢？祝珣和马文静（2014）认为，课程设置要包含课程培养目标、内容、实施和评价等要素，构建一个动态演化的体系结构。进行需求分析通常是课程设置的第一环节，也是后面一系列教学活动的出发点。需求分析通常分为两类：学习者需求（学习需求）和社会需求（目标需求）（束定芳，陈素燕，2009）。学习者需求是指学生目前的实际水平与其希望达到的水平之间的差距，而社会需求主要指课程结束后对学生在目标职业或学业情境下的专业水平分析得出的社会或用人单位对相应能力的要求（陈冰冰，2009）。与社会需求相比，学习者需求与学生直接相关，因而更受关注。在完成需求分析后，可以进行“确定教学目标，分级选择教学内容，进行合适的教学安排，选择、改编或编写教学资料，对学生进行分班、设计学习任务和评估方式”等阶段的研究和探索。

3.1.2 大学英语课程体系框架及原则

《大学英语教学指南》（2020版）明确提出，“各高校根据学校类型、层次、生源、办学定位、人才培养目标等，遵循语言教学和学习规律，合理安排相应的教学内容和课时，形成反映校本特色、动态开放、科学合理的大学英语课程体系”，并强调“大学英语教学的主体内容可分为通用英语、专门用途英语和跨文化交际三个部分，由此形成相应的三大类课程”。这就奠定了大学英语课程体系建设的框架。大学英语课程体系首先要保留通用英语的基础地位。通用英语是提升学生英语综合应用能力及批判性思维的基础。虽然经过多年的英语学习，部分大学生已经达到了较高水平，能达到《中国英语能力等级量表》的5—6级，但是还有相当一部分学生徘徊在4—5级水平，甚至是3级水平，确实存在学习通用英语的需求。专门用途英语是大学英语工具性的重要体现之一，可以帮助学生获得在学术或职业领域进行国际交流与合作的相关能力。跨文化交际能力是大学英语人文性的体现。跨文化交际课程的设置有助于帮助学生了解世界文化的多样性和差异性，拓宽国际视野，学习跨文化交际策略，培养对中国文化的理解和阐释能力，服务中国文化的对外传播，提高用中国眼光学习和分析西方文明的能力（文秋芳，2014），是大学英语课程体系的重要组成部分。无论从服务社会经济发展的角度，从促进学生全面发展的角度，还是从传播中国文化的角度，大学英语三大类课程都具有不可替代的作用。

何莲珍（2019）指出高校应根据培养目标明确对学生外语能力的要求，坚持分类指导、特色发展。结合《大学英语教学指南》对校本大学英语课程体系建设的要求，笔者认为，当前的大学英语课程体系建设应该充分体现时代化、校本化及多元化的特色。时代化是指要体现当前深入推进教育信息化2.0的特色，大学英语课程体系要充分反映数字化、智能化的特点。校本化，毋庸置疑，就是结合学校的办学定位、学科特点和人才培养目标，制定开放合理的符合本校实际情况的大学英语课程体系，发展独特的教育理念和实践。多元化是指课程设置内容要丰富，满足不同层次、不同经历、不同水平的学生的需求，提供多样化的学习路径、教学方法和评价体系。由于中小学英语教育的差异、未来学习和职业发展的差异、个体英语学习经历的差异等多方面因素的影响，大学生的英语水平、英语学习的能动性及未来需求等呈现多样化的态势。大学生英语课程体系建设应在了解学生学习大学英语课程前的语言水平，调查学生的语言优势、不足以及学习态度、学习偏爱、需求与期望等的基础上尽量满足不同学生的需求。时代化、校本化和多元化的三个特征互相交织，但是，这种交织也带来了一系列挑战。时代化的要求大学英语课程体系必须具备高度的适应性和灵活性，以迅速响应新技术和新理念的涌现；校本化则需要学校在体现自身特色的同时，不断探索与外部环境的互动与融合，以避免孤立和僵化；多元化则要求在尊重差异的同时，寻找共性，确保大学英语教育的公平性和有效性。

综上所述，大学英语课程体系建设应该建立在综合考虑时代背景、校本/院本特色及学生需求的基础之上。既不可因循守旧，秉持传统的大学英语课程体系不变，也不可全盘推倒，盲目追求高大上，设置一系列花哨的课程，超出大学英语教师队伍的能力范畴，给授课教师和学生造成很大负担，难以落到实处。实际上，最终还是要落到平衡和实用性上，传统与现代、基础与应用、一体化与跨学科之间取得平衡，以更好地满足时代需求和学生发展。

3.2 数智赋能背景下的通用大学英语课程体系

大学英语课程体系探索和建设一直是学界关注的热点。蔡基刚（2002、2012）、王守仁（2010）、王守仁和王海啸（2019）、向明友（2016）等都强调了大学英语课程体系建设的必要性，并且对建设方向、发展思路等都提出了自己的观点。当前大多数院校的大学英语课程体系为在一、二年级开设综合英语课（读写课和听说课），采用“3+1”或“2+2”的课时分配模式，部分院校试点必修课和选修课的学分选修制，少数院校尝试大学英语四年不断线的模式。这些模式为各高校的大学英语课程体系设置起到借鉴作用，但是均不同程度上存在“空心课”“学用分离”“需求分析不足”“课程设置整体性欠缺”“课程效能不足”等问题（王守仁，2012）。

许多学者尝试提出可行的解决方案。韩戈玲和董娟（2011）提出要建立多元生态化的课程体系，促进个性化教学的发展。胡杰辉（2014）提出模块化、菜单式的课程体系。洪流等（2013）则从系统论的视角下提出了课程体系建设方案。中央民族大学将大学英语分为语言基础知识和技能类等四类课程（刘立，黎华，2013）。王宗华和肖飞（2023）探讨了面向新工科的校本特色大学英语多元课程体系建设，将大学英语课程分为必修、限选和选修三类，导学、基础、提高和强化四个阶段，通过个性化教学满足学生的多样化需求。这些方案都丰富了大学英语课程体系，但是适用于普通地方院校的大学英语课程体系研究仍旧比较少见。实际上，普通地方院校在师资力量、学生英语水平及未来学业及职业发展的需求等方面与高水平大学有较大的差距。

詹姆斯·布朗（James D. Brown，1995）认为，需求分析在语言课程设置中应该占据重要地位，在收集和分析需求时，应区别对待三类不同的需求，即社会需求和语言需求、主观需求和客观需求、语言内容需求和学习过程需求。笔者结合当前大学英语教学中存在的问题，参考同类同层次院校的课程设置，对 2018 级、2019 级约 8 000 名本科生进行了问卷调查，大致了解学生的英语学习需求、学习目的和动机、对不同类型课程的倾向性等，形成了大学英语课程体系，包括两个阶段：基础阶段和提高阶段，概况如图 3-1 所示。

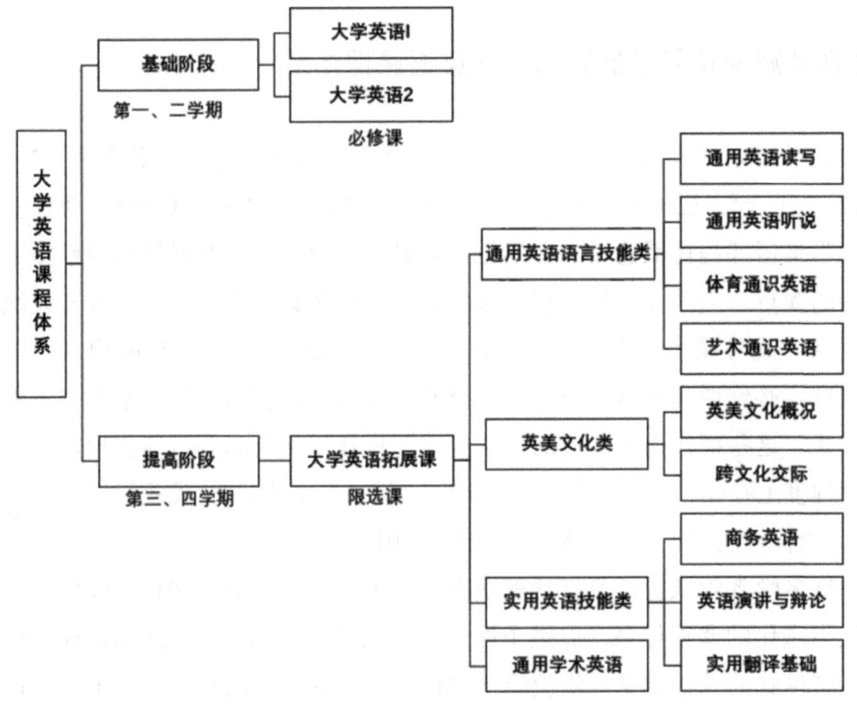

图 3-1　通用大学英语课程体系

在基础阶段，全体学生都需要学习大学英语 1 和大学英语 2 两门课程，每学期 56 学时。这两门课程为必修课，以教材为主线，采用项目式、任务式等教学方法，旨在进一步巩固和提高大学生的英语基础知识，满足学生对提高英语语言技能的需求，增强学生听、说、读、写、译的能力，同时开阔视野，加深对不同国家文化的了解，增强跨文化交际的意识和素养。

在提高阶段，大学英语课程分为 4 大板块，共 9 门主线显性课程，为限选课。开设这些课程的目的在于帮助学生巩固和提升他们已经掌握的基础英语技能，将基础英语技能应用于学术、商务和跨文化交流等真实情境中，提高学生的英语综合应用能力和跨文化交际能力。各门课程每学期 32 课时，每周 2 课时。除体育通识英语与艺术通识英语分上、下两学期外，其余课程采取单学期循环制，即学生只能选择一次。学生根据自己的语言水平、兴趣爱好、未来发展方向等选择选修的课程。

以上两个阶段的显性课程是通用大学英语课程体系的主体。实际上，大学英语课程体系还包含一系列的隐性课程和辅助教学活动。这些隐性课程和活动虽然不直接体现在课程设置中，却对学生英语能力的提升和全面发展起着潜移默化的作用。隐性课程和活动的形式丰富多样，如英语角、英语演讲比赛、英语戏剧表演等英语实践活动，国际志愿者活动等国际交流与合作项目，英语学习讲座及研讨会等。通过这些隐性课程和辅助活动的补充，大学英语课程体系更加完善，不仅注重学生语言技能的提升，还关注学生的个人发展和全人教育，使学生在全球化的背景下具备更强的竞争力和适应力。

在通用大学英语课程体系的构建与实施中，数智技术的融合与应用已成为推动教育教学创新的关键因素。该技术不仅在显性课程的教学实施中发挥着至关重要的作用，同时也在隐性课程及辅助活动中展现出其独特的价值，对大学英语的教学资源、教学方法、教学模式、教学手段等方面产生了深远影响，不仅优化了教学过程，还促进了教育资源的最大化利用，提升了教学效果，为学生提供了全面而深入的学习体验。同时，这也对教师的教学理念和技能提出了新的要求，推动了教师专业成长和教学创新。

3.3 数智赋能背景下通用英语语言技能课程体系的建设

在大学英语课程体系中，通用英语语言技能类课程占据重要位置。由于各省市实行不同的高考方案，英语的考核方式和比重差异较大，直接结果就是学生入学时英语水平已经呈现两极分化，这导致学生的需求存在很大差异。笔者研究发现，有部分学生，尤其是普通地方院校学生对听、说、读、写、译等语言技能的提升需求仍旧非常强烈。即使进入大学二年级的学习，相当数量的学生仍旧期望对英语语言技能进行进一步巩固和提高。具体到每一个学生而言，各自在通用英语语言技能上的基础水平、侧重点、兴趣点又不尽相同。有的学生出于对四六级考试等的应试需求，更倾向于进一步强化英语读写水平的提升。另外一些学生则由于有就业、出国留学等方面的需求，更需要进一步提高英语听说能力。为了满足学生的多样化需求，宜将通用英语读写和通用英语听说分开设置。同时，鉴于体育生和艺术生是本科生中比较特殊的群体，其英语基础比较有限，在学习及将来工作中应用英语时的专业性又比较强，这部分学生同样还面临着四六级考试、考研、出国留学等带来的英语学习压力，因而也需要单独开设相应的英语课程，从而既提升学生的英语基础技能，又增强他们的专业英语应用能力。开设相应课程满足了学生英语语言技能学习的个性化需求，但是存在语言技能平衡发展的问题。

为了解决该问题，笔者将数字化资源、在线课程纳入到课程体系中。首先是重视网课课程资源的建设，引入精品在线课程，将网络课程纳入课程设置，网络学习作为课堂英语技能学习的有效补充，实现了英语语言技能的均衡发展。基于此，笔者（李继燕，2021）构建了通用英语语言技能课程体系，其课程设置与核心技能概况见图 3-2。该体系综合考虑了学生的个性化需求，能够破除过往大学英语教学千人一面的局势，符合向明友（2016）对大学英语课程体系应具有多样性、系统性和致用性的认知，能有效倒逼大学英语教学从单一教授英语语言知识和技能的单门课程进化成为蕴含科学特质的系统。

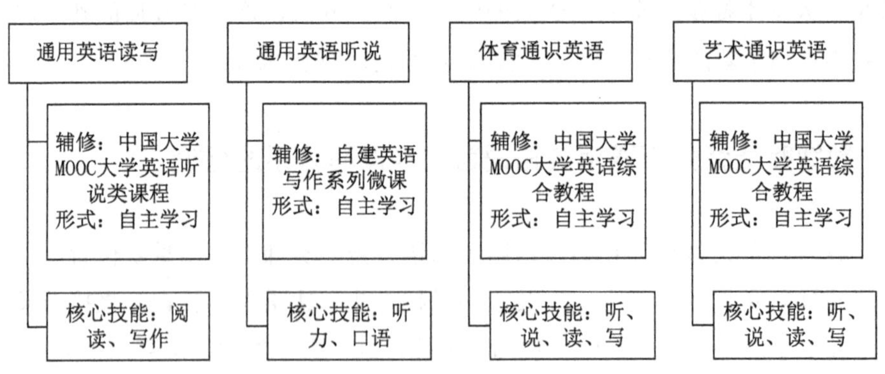

图 3-2　通用英语语言技能课程体系

通用英语语言技能课程体系各具体课程旨在培养学生的英语学习策略，为水平一般的学生补基础，有侧重地培养学生听、说、读、写、译等基本语言技能，同时教给学生词汇、篇章及语用等语言知识。对于水平较高的学生则要优化其学习策略，增加他们的社会、文化、科学等基本知识，增强英语综合应用能力，进一步提升综合文化素养。这样的课程设置，兼顾了英语学习的工具性和人文性，既考虑到了不同层次学生的需求，又能够帮助一般水平学生快速突破，实现精准的大学英语教育。

通用英语语言技能课程体系的各具体课程采用传统的课堂面授与现代化的网络教学相结合的“1+1”教学模式。其中，面授课程是学生主修课程，网络课程是辅修课程。以通用英语读写课程为例。为了避免学生只关注英语阅读、写作能力的提升，忽视英语听力和口语的提高，要求学生在课下自己辅修中国大学 MOOC 上的大学英语听说类课程。辅修课程由教师推荐，全班统一。对于辅修课程，学生采取自主学习的模式。只要完成相应的学习视频和布置的作业，就可以给出自主学习成绩的满分。为了避免给学生增加过多的负担，布置的作业量不大，难度也不大，趣味性较强。主修课程的教学流程如下（图 3-3）。

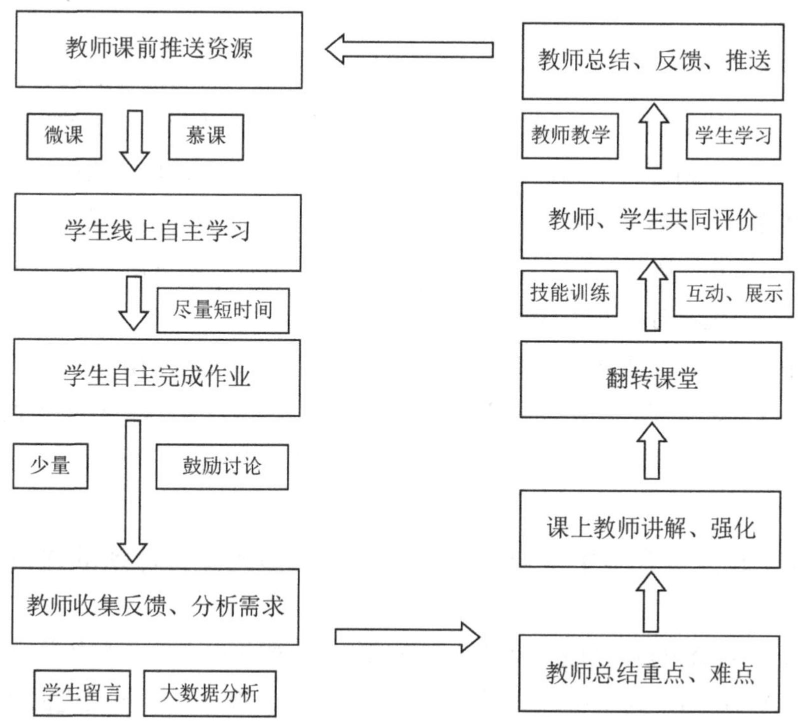

图 3-3　课程教学流程

在教学实践中，根据各具体课程教学内容的特点，充分考虑学生在英语水平和学习风格上的个体差异，灵活选择恰当的有效的教学方法，改进教学效果，提高学习效率。课堂教学主要采用任务式、项目式等教学方法，以教师为主导，以学习为主体，重视学以致用。

在教学手段上，将现代信息技术应用于教学实践。教师根据课程及学生需求，通过自建系列微课，或者选用精品慕课，利用优质在线资源拓展 SPOC 教学等方式，满足学生对学习自主性、移动性和随时性等的要求，促进学生的主动学习、自主学习和个性化学习。

大部分学生从整体认可通用英语语言技能课程体系的设置，对课程设置、教学方法与手段、教学模式、评价方式的评价都较高，认为自己所选择的课程能有效提升自己英语学习的弱项，针对性强。尤其是体育和艺术专业的学生，几乎所有学生都认为课程的开设既能保证自己英语学习的惯性，还能一定程度上增强对体育行业部分术语的认识，对于保持学习兴趣和积极性有较好的推动作用。

但是，也应该正视其中存在的问题。部分学生认为通用英语语言技能课程体系的设置尽管针对性强，但是也存在不能全面提高英语水平的问题。课程效能不足的问题得不到根本的解决。选择通用英语语言技能课程的学生基础相对薄弱，更需要全面提高英语综合应用能力。但是，读写课程一定程度上忽略了听说，听说课程一定程度上忽略读写。尽管有网络在线课程的补充，但是由于学生学习自主性不够，所起到的作用有限。

课程体系的设置应该坚持既各自独立又相互联系的原则，共同组成一个完整、互补、交叉、动态的体系。如何设置更加科学、合理、有效的通用英语语言技能课程体系，满足学生的需求，仍需要不断探索、尝试。

3.4 数智赋能背景下中外合作办学大学英语多元课程体系的建设

大学英语课程体系还涉及另一个特殊的学生群体：中外合作办学的学生。在加入 WTO 后，为了引进国际优质的教育资源，吸纳和借鉴先进的课程设置、教育理念、教学方法、教学内容和管理经验，推动我国的教育现代进程，帮助中国的教育体系更好地适应全球化的趋势，2003 年 3 月 1 日，国务院公布了《中华人民共和国中外合作办学条例》。自此，中国的对外合作办学已经走过了20年。在这20年里，中外合作办学机构和项目如雨后春笋般涌现出来。截止到2023年12月份，据教育部公开数据，我国现有中外合作办学机构和项目共计将近1 500项。这些项目和机构采用的模式不尽相同，如2＋2，1＋2＋1，3＋1等，还有1到2年的留学培养时期。在国内学习时采用全英文或双语授课，学生须在指定时间内（如1年或2年）达到雅思或托福的相关分数或通过外方的语言能力测试，才有资格申请到国外学习或升入高一级学习。

这些中外合作办学和机构有力地促进了中国与其他国家之间的文化交流，增加了相互之间的了解和沟通，通过借鉴和吸收国际先进教育理念和经验推动了中国本土的教育改革，为我国培养了大批具有国际视野和跨文化交际能力的高素质人才，也为促进中国国际话语体系的构建贡献了重要力量。

中外合作办学项目和机构分为本科教育和硕士及以上层次教育。此处，只讨论本科中外合作办学。本科中外合作办学具有一个显著不同于普通本科的特点：对学生的英语能力的要求显著高于普通本科生。据统计，目前的中外合作办学的国外合作伙伴以英语国家为主，其中以美国、英国、澳大利亚、加拿大四个英语国家的合作项目最多。有些合作伙伴尽管不是英语国家，但是官方语言（或之一）是英语，或者是合作办学中外方授课语言为英语。换言之，英语是大多数合作办学项目或机构的授课语言。例如，燕山大学与波兰的西里西亚技术大学的合作办学机构：燕山大学西里西亚智能科学与工程学院（Silesian College of Intelligent Science and Engineering，Yanshan University），尽管波兰并非英语国家，英语亦非其官方语言，但是波方的授课语言为英语。在课程设置上，中方会设置英语类课程，旨在提高学生的英语综合应用能力和跨文化交际能力，为后续的外方全英文授课奠定语言基础。外方会有专门教师负责部分公共课和专业课的授课，授课语言为英语。尽管在外方授课时，有些机构和项目会配备中方教师，但是这对大学生仍然形成了不小的挑战。

可见，英语教学在中外合作办学中起着至关重要的作用。英语教学质量的高低直接关系到合作办学的成与败。由于在招生录取时，中外合作办学项目和机构降分招生并不少见，导致学生生源较差，综合英语水平不高，且学习的积极性和主动性不够。一方面是合作办学对英语要求更高，另一方面是学生英语水平不足，如何提高这部分学生的英语综合应用能力和跨文化交际能力，更好地满足学生的专业课学习需求和未来的学业和职业发展需求，是一个重要的课题。

3.4.1 数智赋能背景下的中外合作办学院本大学英语多元课程的理论依据

在中外合作办学中，英语教学的重要性毋庸置疑（王黎生，2010）。各高校都是根据自身特点在摸索中不断探索着适合自己的英语教学路子。王琼（2009）从人本主义学习理念角度出发，强调学生的主体地位，倡导根据学生不同的需求调整英语教学模式。李桂山和冯晨昱（2009）通过对双语教学模式的影响因素进行实证分析，从发展的角度提出了一种融合了过渡式、半外型、依托型和全外型教学模式的全新的双语教学模式。以上研究聚焦中外合作办学的英语教学模式研究，但是没有涉及英语课程体系建设的研究。林金辉和刘梦今（2014）指出，中外合作办学项目质量保障的基础在于内部教学质量的保障。构建合理、开放的大学英语课程体系，对于研究如何提高合作办学英语教学质量有重要的意义。笔者认为，建立一个大学英语理论课程体系、大学英语自主学习体系、大学英语实践课程体系相结合的“三位一体”的多元大学英语课程体系是一条行之有效的路径。

理查德·瑞安（Richard Ryan）和爱德华·德西（Edward Deci）1985 年首次提出的自我决定理论（self-determination theory）可以为“三位一体”的多元大学英语课程体系的构建提供有力的理论支撑。自我决定理论强调自主性的重要性，将外部动机划分为外部调节、内摄调节、认同调节和整合调节四个阶段，认为外部动机的四个阶段处在内化程度不同的连续体上。该理论还强调满足基本心理需求的重要性，即要满足学生对自主、胜任和归属的基本心理需求。当这些基本心理需求得到充分满足时，会激发学习者的学习主动性和积极性，增强学习者的内在学习动机（见第一章第四节）。自我决定理论被用于大学英语教师转型动机研究（章木林，邓郦鸣，2020）、学生学术英语能动性投入研究（范玉梅，龙在波，2022）、英语学习动机与元认知策略（王晓静，2014）研究等，它同样适用于合作办学大学英语课程体系建设研究。

中外合作办学项目和机构的学生具有英语水平层次不同，英语学习需求多样化、个性化的特征。基于自我决定理论构建的合作办学多元大学英语课程体系，可以满足不同层次学生的英语学习需求。它可以为不同需求的大学生提供不同层次的丰富选择，同时借助网络在线学习平台，提高了师生、生生之间沟通交流的意愿，有助于满足学生对自主、胜任和归属的基本心理需求，激发学生的内在学习动机。

3.4.2 数智赋能的中外合作办学院本大学英语多元课程体系

正如前文所述，大学英语课程体系的建设应充分考虑时代背景、校本/院本特色及学生需求。笔者在 2023 年秋季学期，以燕山大学中外合作办学机构——燕山大学西里西亚智能科学与工程学院以及燕山大学中外合作办学项目——燕山大学欧洲学院的全体学生为调查对象，就大学英语课程体系建设进行了问卷调查和访谈，旨在充分了解学生英语语言的优势及不足、学习态度、学习偏爱、需求与期望等信息。在此基础上，依据《大学英语教学指南》（2020 版），了解合作办学对学生英语水平的要求，参考国内其他高校的大学英语课程体系建设成果，笔者构建了集大学英语理论课程体系、大学英语自主学习体系、大学英语实践课程体系相结合的“三位一体”的院本大学英语多元课程体系，见图 3-4。

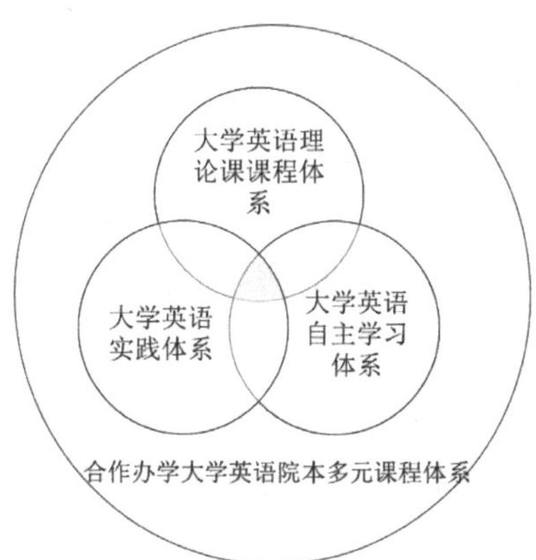

图 3-4 “三位一体”合作办学院本大学英语多元课程体系

该课程体系要满足学生学习需求呈现多元性、贯穿性、专业性的需求。

同时，英语课程要科目设置合理，教学目标及内容要具有内在关联性及整体性，教学进程及学时安排合理，既关照不同起点学生不同时期的个性化通用英语学习需求，又为外教授课的专业课程搭建脚手架，彰显院本特色，提升中外合作办学水平。要实现以上目标，需考虑以下四个问题。

（1）大学英语多元课程体系中英语课程的设置与层级

由于合作办学的学生英语水平多元化，部分课程由外教全英文授课，升学、求职意愿也呈现多样化。因此，三位一体的大学英语多元课程体系首先要考虑应设置哪些课程、分为几个层级设置，这是大学英语多元课程体系的主体框架。

（2）大学英语多元课程体系中英语课程的内在关系

构成课程体系的相互关联的课程的内容之间应具有关联性和整体性。因而，构建大学英语多元课程体系时，如何把握不同类别及层级的英语课程在教学目标、教学内容等方面的内在关联性，服务于提升学生综合英语应用能力、跨文化交际能力、全英文授课接受能力的整体目标。这是大学英语多元课程体系建设的主体内容。

（3）大学英语多元课程体系中英语课程的进程及课时分配

英语课程的进程及学时分配是课程体系建设的另一重要方面。课程进程及分配既要符合学生的英语学习规律，又要满足学生的需求，同时还需在相对稳定的培养方案框架内进行。这是落实大学英语多元课程体系的基础。

（4）大学英语多元课程体系如何服务于外教全英文授课课程教学

中外合作办学项目中，学生经常自第二学期开始就有外教全英文授课课程，如何在大学英语多元课程体系中纳入相关内容，搭建学生对相应全英文授课课程学习的脚手架，提高学生的接受度，提升外教课程的教学效果，这是大学英语多元课程体系的特色所在。

为回答以上四个问题，笔者对三位一体的大学英语多元课程体系进行了进一步的细化、丰富和完善，形成了内容翔实、关系明确、落实方便的课程体系。

1. 数智赋能的大学英语理论课课程体系

大学英语理论课课程体系是三位一体多元课程体系的主体。该体系中设置哪些课程是大学英语多元课程体系建设的首要问题。詹姆斯·布朗（James D. Brown，1995）认为，需求分析在语言课程设置中应该占据重要地位，在收集和分析需求时，应区别对待三类不同的需求，即社会需求和语言需求、主观需求和客观需求、语言内容需求和学习过程需求。经过实地调研，结合中外合作办学培养方案，笔者认为，学生在英语学习上，共存在六类不同的需求：英语学习一贯性的需求、巩固和提高英语综合应用能力的需求、提高跨文化交际能力的需要、理解外教全英文专业课授课的需求、满足本科毕业出国留学 / 考研的英语水平需求、满足个人英语水平及兴趣的需求。同时，发现学生的英语基础、学习能力、学习目标、认知风格、学习经历、个性心理等方面都存在差异，致使他们英语学习的态度和动机迥异。为全方位满足学生需求，提升英语学习动机，所构建的大学英语理论课课程体系见图 3-5：

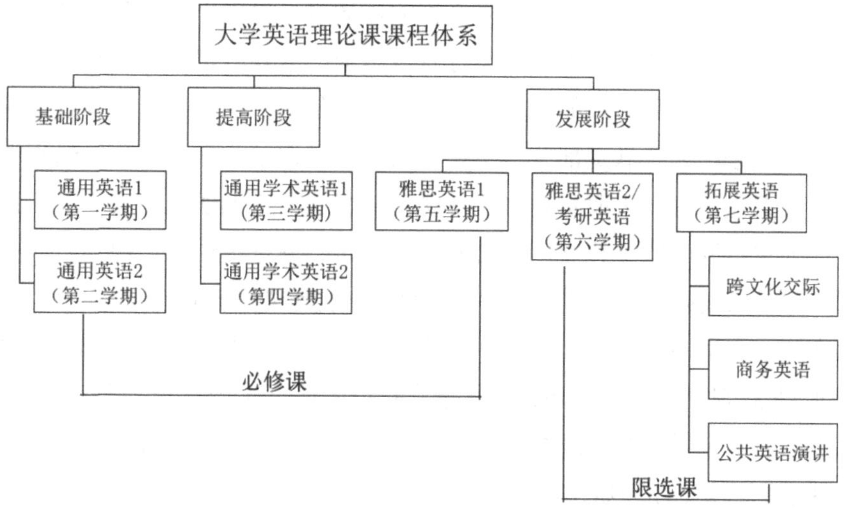

图 3-5　中外合作办学院办大学英语理论课课程体系

在大学英语理论课课程体系中，学生需在前七个学期修不同的英语课，目的在于保持英语学习的连贯性，提高英语综合能力和跨文化交际水平，以保证学生在本科毕业出国留学或考研时，英语能够保持较高的水平。其中，第一、二学期是基础阶段，学生学习通用英语 1、2，进一步提高听、说、读、写、译的英语语言技能，提升英语综合应用能力和跨文化交际意识，以满足中外合作办学对英语语言能力的需求，同时为学习第三、四学期的通用学术英语和部分外教授课的专业课打下语言基础。此阶段学习以教材为主线，以语言技能提升和跨文化交际意识和能力的培养为主要内容。

第三、四学期是提高阶段，学生学习通用学术英语 1、2，提高批判性思维，为将来的文献阅读、论文写作等奠定基础。第三学期主要进行通用学术英语的理论学习，重在引导学生学习学术英语词汇和术语，熟悉学术论文的结构，了解摘要、文献综述、研究问题、研究方法、文献引用等的写作方法，培养进行学术英语展示的勇气和信心。第四学期则以学术英语实践为主，依托双创项目、各专业三级项目或教师指定项目开展全流程学术英语实践。

第五、六、七学期是发展阶段，为学生未来的学业深造、职业发展等奠定基础。在第五学期的雅思英语学习实现分级教学，在英语能力测试的基础上将学生分为基础班和提高班。之所以第五学期开雅思课，是考虑到雅思分数的有效期限及学生可能需要反复考试才能通过。第六学期的雅思学习，学生可视自己需求上课。如果已经通过雅思培训、达到一定水平或根本不需要考雅思，可以考虑免修。如果觉得有需求，但是水平还不够，可以继续深入学习雅思英语。为了满足部分学生在国内考研的需求，学生也可以选修考研英语相关课程，可以采取系列讲座 + 练习的形式。第七学期是大学英语拓展课，此处重点开设跨文化交际、公共英语演讲、商务英语三门课程。学有余力的学生可以根据个人兴趣爱好、未来职业发展等选修相应的课程。

在这七个学期的英语学习中，前五个学期的英语课是必修课，课时较多，88 学时到 32 学时不等，以保证全体学生获得适量的英语输入，保持英语学习的状态。后两个学期的英语课为限选课，课时较少，大概为 24—32 学时，旨在保持学生的英语学习状态。

在大学英语理论课课程体系中，数智技术的赋能主要通过教学方法、教学模式、教学手段隐性地体现出来。《大学英语教学指南》（2020 版）指出，大学英语教学要将现代信息技术全面、深度融入教学与学习过程。因此，大学英语理论课课程体系的所有课程均需重视数智技术的教学应用，基于在线教学平台开展混合式教学，体现数智赋能背景下的大学英语课程体系的时代性。教师通过智慧学习平台，为学生提供适合其水平和需求的数字化教育资源、智能化学习工具等，支持学生的个性化学习路径，实施智慧课堂教学，提高学生学习的参与度、互动性、积极性和满意度。就教学方法而言，前四个学期及第七学期的英语学习以产出导向法为理论指导，采用项目式教学，增强学生的学习动机，提高学生的参与度和积极性。第五、六学期，采用任务式教学法，增强学生学习的针对性。

如前文所述，大学英语课程体系需要彰显时代化、校本化和多元化的特征。笔者所构建的大学英语理论课课程体系建立在本校中外合作办学的人才培养目标、学生实际需求的基础上，利用智慧学习平台、数智化工具等开展混合式教学，体现了时代化和校本化的特征。其多元化特征则需要从大学英语实践体系上来彰显。

2. 数智赋能的大学英语实践体系

大学英语实践活动主要是指课堂外的英语实践活动，以输出为主。将大学英语实践体系纳入中外合作办学大学英语多元课程体系有三个原因。首先是当前合作办学学生的英语学习“量”不足。尽管合作办学重视英语学习，且设置了较多的英语课时，但是对于提升综合英语能力来说，仅靠课堂学习是不够的，学生还需在课后付出更多的努力，才能更好地巩固和提升英语语言技能。

其次，当前合作办学英语教学的输出量不够。如果没有足够的输出，所学的语言技能就无法得到充分的练习，也就难以提高学生的语言表达能力和跨文化交际能力。鉴于中外合作办学项目的学生将来会面临更多的国际沟通与交流，英语教学更需重视输出。然而，由于课时有限，学生水平层次不同，合作办学的大学英语课堂教学难以满足学生对英语输出的客观需求。

再次，合作办学学生的英语学习动机不强，尤其是课后学习积极性和主动性不高。根据自我决定理论，当学生的胜任、自主和归属的基本心理需求得到充分满足时，更容易激发学生的内在学习动机。尽管当前的合作办学大学英语教学已经能够意识到英语输出的重要性，但是课堂教学中的输出活动往往一致性较高，难度、形式、主题、内容等多是由教师指定的，即使少数时候由师生协商决定，也是一致性较高，趣味性、灵活性和多样性不足。实际上，由于学生的成长经历、家庭环境、入学时的英语水平、学习风格、学习动机等各不相同，对于英语输出活动的难度、形式、主题、内容等都有不同的需求。而一致性较高的课堂英语输出活动不能够充分满足全体学生自主、胜任、归属的心理需求，不易调动学生英语学习的积极性。

因而，笔者尝试构建一个多元化的大学英语实践体系，增加学生的英语输入和输出，提高学生英语学习的兴趣和动机，增强英语综合应用能力，培养学生的跨文化交际意识和能力。笔者所构建的大学英语实践体系见图 3-6。

大学英语实践活动体系所包含的活动均为限选活动，即在大学英语为必修课的前五个学期期间，学生需在提供的活动范围内选择参加某一种或几种英语实践活动。该体系具有多元化、自主性的特点。从图 3-6 可以看出，该体系包含的实践活动形式多样，难度梯度合理，主题丰富，目标明确，为学生提供了创造性、有趣且有挑战性的学习环境，可以建立学生的能力感，提供有意义的学习体验。学生可以根据自己的语言优势 / 劣势、兴趣爱好、个人需求等，从中自主选择自己想要参与的英语实践活动。这增强了学生英语学习的自主性，有助于满足学生对胜任、自主、归属的基本心理需求，从而激发学生的学习动机，使学生摆脱“无动机”（Amotivation）的学习状态，并且通过外部调节、内摄调节、认同调节和整合调节等调节方式，逐渐将外部动机（Extrinsic Motivation）转变为内在动机（Intrinsic Motivation）。

在大学英语实践体系中，数智技术的赋能主要体现在大学英语实践活动的组织方式、内容创新和智能化评价上。在组织方式上，大学英语实践活动打破了传统课堂教学的时间和空间限制，变得更加灵活和个性化。比如由于数智技术的应用，可以基于在线学习平台如高教社的 iSmart 平台开展英语视频演讲大赛、英语阅读大赛等，学生可以各尽其能，充分调动学生参与的积极性。在教学内容上，可以为大学英语教育提供丰富的资源和工具，为学生创造传统教学模式下无法实现的英语实践活动。例如，为了提升学生的跨文化交际能力，开展“我有一个外国朋友”这样的国际交流项目，学生可以充分利用哔哩哔哩、X（原 Twitter）、Tiktok 等社交平台与外国学生建立联系，进而提升跨文化交际能力。而虚拟仿真实验室则为大学英语实践活动提供了全新的平台。在大学英语实践活动的评价上，数智技术的应用，如自动批改系统、学习分析工具和智能反馈平台等，可以使得应用实践活动成果的评价更加迅速、精准和高效。例如，在英语写作大赛中，利用外语社的 iWrite 系统，可以从多个维度对学生的写作内容进行高效、客观的评价和反馈。

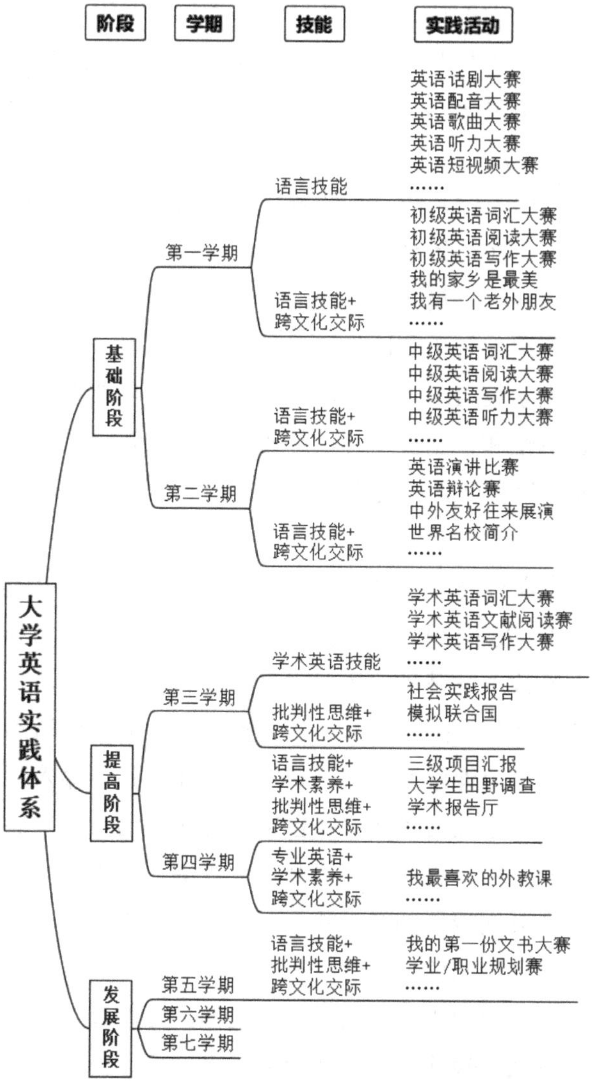

阶段 学期 技能 实践活动

- 大学英语实践体系
  - 基础阶段
    - 第一学期
      - 语言技能：英语话剧大赛、英语配音大赛、英语歌曲大赛、英语听力大赛、英语短视频大赛……
      - 语言技能+跨文化交际：初级英语词汇大赛、初级英语阅读大赛、初级英语写作大赛、我的家乡是最美、我有一个老外朋友……
    - 第二学期
      - 语言技能+跨文化交际：中级英语词汇大赛、中级英语阅读大赛、中级英语写作大赛、中级英语听力大赛……
      - 语言技能+跨文化交际：英语演讲比赛、英语辩论赛、中外友好往来展演、世界名校简介……
  - 提高阶段
    - 第三学期
      - 学术英语技能：学术英语词汇大赛、学术英语文献阅读赛、学术英语写作大赛……
      - 批判性思维+跨文化交际：社会实践报告、模拟联合国……
    - 第四学期
      - 语言技能+学术素养+批判性思维+跨文化交际：三级项目汇报、大学生田野调查、学术报告厅……
      - 专业英语+学术素养+跨文化交际：我最喜欢的外教课……
  - 发展阶段
    - 第五学期
      - 语言技能+批判性思维+跨文化交际：我的第一份文书大赛、学业/职业规划赛……
    - 第六学期
    - 第七学期

图 3-6　数智赋能的中外合作办学院办大学英语实践体系

3. 数智赋能的大学英语自主学习体系

中外合作办学大学英语多元课程体系还包括大学英语自主学习体系。大学英语自主学习体系是指基于智慧学习平台的学生自主学习，教师提供数字化英语学习资源，通过智慧学习平台的教学工具或社交网络来提供即时 / 非即时的反馈、鼓励和指导，为学生创造一个鼓励探索和自我发现的学习氛围。该体系的设计同样是为了弥补课堂英语学时有限、输出不够、个性化不强等问题。其主要目的在于帮助学生学习英语知识，提高学生的听、说、读、写等英语语言技能，增强学生的跨文化交际素养和能力，培养学生自主学习的习惯和能力，见图 3-7。

大学英语自主学习体系凸显了数智化技术的教育应用，体现了大学英语体系的时代化特征。在该体系中，自主学习内容主要分为四种类型：教材配套在线学习资源，教师收集、整理并推送给学生的数字化资源，教师自建的数字化资源以及利用数智化英语学习工具进行的学习。在每个阶段，自主学习内容均服务于大学英语理论课学习和实践活动。从教学方法上看，鉴于部分学生的学习自主性和自觉性不强，可通过数智化教学工具，建立师生互动平台，通过打卡、随堂小测、主题讨论等形式检验学生学习效果。

在中外合作办学大学英语课程体系中，大学英语理论课课程体系、大学英语实践体系、大学英语自主学习体系构成了“三位一体”的多元课程体系，体现了时代化、校 / 院本化和多元化的特征。该体系将中外合作办学的大学英语学习分为三个阶段——基础阶段、提高阶段和发展阶段，贯穿学生英语学习的前七个学期。在每个阶段，都为学生提供丰富的实践活动和多元的英语自主学习内容，与理论课学习形成一个有机整体，强调输入与输出的平衡发展。在教学目标上，这些实践活动和自主学习内容均与理论课教学目标保持一致，旨在夯实学生的语言基础，提升其英语综合应用能力、跨文化交际能力和外教专业课全英文授课的接受能力，最大限度满足合作办学对英语水平的要求及对未来学业和职业发展的需求。在教学内容上，大学英语自主学习体系是大学英语理论课课程体系的拓展和延伸，并通过大学英语实践活动展示出来。在教学方法和模式上，强调数智技术的应用，实施混合式教学，尤其是在理论课学习和自主学习过程中，通过使用智慧学习平台和工具，加强师生沟通，为学生提供反馈和意见，为学生的个性化学习提供便利条件，提高学生学习的参与度和积极性。在教学评价上，三者纳入同一个评价体系，即对大学英语实践活动、自主学习和理论课学习的评价均同属于大学英语课程的评价范畴，进一步深化大学英语的形成性评价。

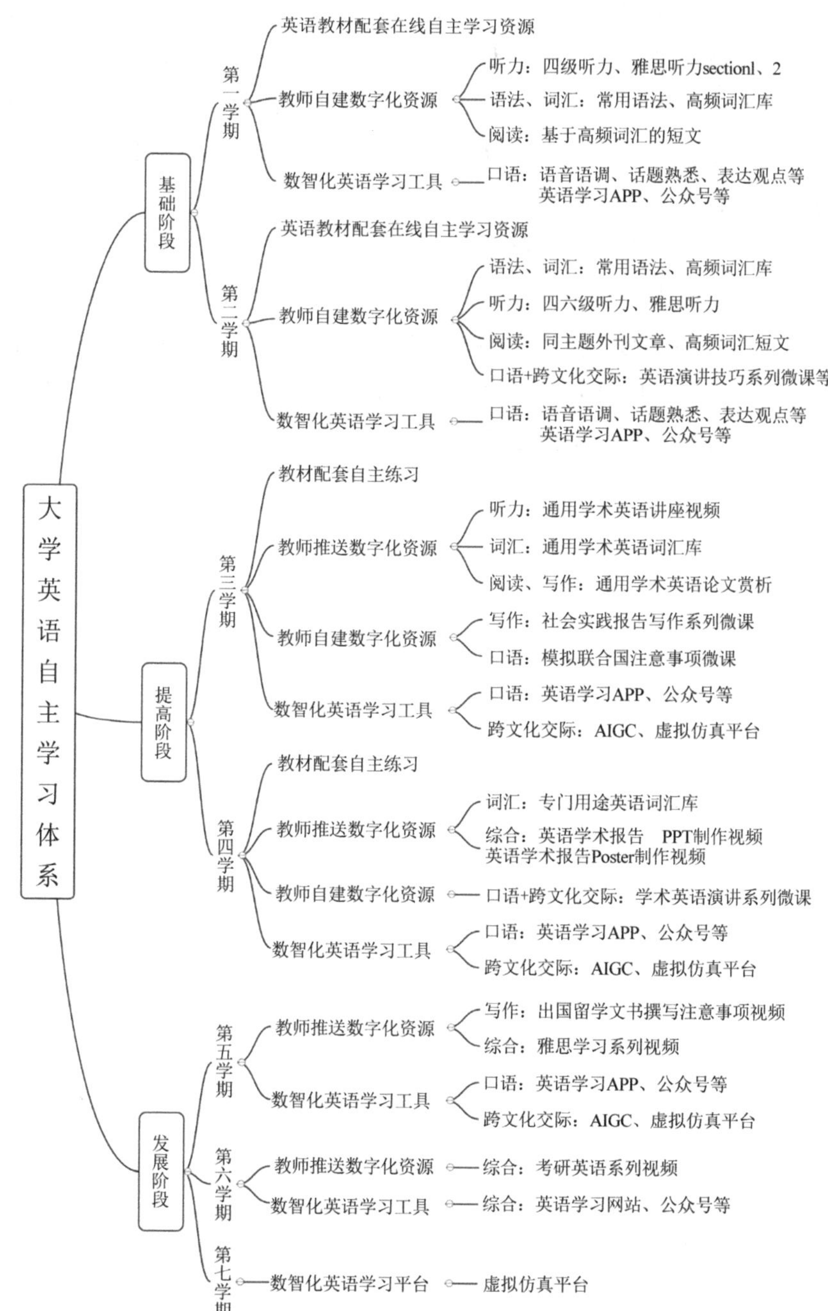

图 3-7 数智赋能的中外合作办学院办大学英语自主学习体系

大学英语多元课程体系中，在实践活动和自主学习中，有一个部分需要特别指出，那就是基于合作办学专业，提供专门用途英语词汇库等用以自主学习，开展专业英语词汇大赛、专业学术演讲厅等活动，以提升外教专业课全英文授课接受能力。在大学英语教师难以胜任专业课英语授课的情况下，这种侧面供给的方式也不失为一种有益的尝试。

尽管“三位一体”的大学英语课程体系是为中外合作办学项目和机构而设计的，但是实际上，这种课程体系也可以拓展至普通院校普通专业的大学英语学习。这需要普通院校大学英语教学管理部门、大学英语教师和学生的高度配合，并为之付出努力。这种尝试必将有益于学生综合英语水平的提高、跨文化交际能力的培养和专业英语接受度的提高。

第 4 章 数智赋能背景下的大学英语课程思政教学研究

2016 年 12 月，在全国高校思想政治工作会议上，习近平总书记提出了“实现各类课程与思政课同向同行、协同效应”的总体要求。自此，课程思政建设取得了长足的发展。各高校迅速兴起了以“使各类课程与思想政治理论课同向同行”“深入挖掘课程中的育人元素”等为导向的新一轮教学改革热潮，对课程思政建设的意义、地位、路径等都有了更为深入的认识。就大学英语教学而言，其人文属性决定了在大学英语课程教学中融入课程思政教育理念既有必要性、特殊性，也具备一定的学科优势。

数智赋能的背景下，大学英语课程思政建设面临着如何使现代信息技术与课程思政教学有效融合的新任务，面临着如何提升外语教师课程思政建设能力的新挑战。这要求大学英语教师在建设教学资源、设计课程内容、组织课堂活动时，不仅要深入挖掘和整合课程思政教学内容，使之与语言学习紧密结合，还需要借助基于数智技术的智能学习系统和数据分析工具来监测学生的学习进度和思政教育效果，从而不断优化课程设计，确保思政教育的质量和深度。

本章将在简介大学英语课程思政发展历史和内涵的基础上，探讨数智赋能背景下的大学英语课程思政教学设计，研究数智技术支持下的大学英语课程思政教学研究共同体建设，并开展混合式教学模式下的大学英语课程思政教学实践，以期为数智时代的大学英语课程思政教学提供参考。

4.1 大学英语课程思政的发展历史及内涵

4.1.1 大学英语课程思政的发展历史

课程思政作为一种教育教学理念，是在非思政课程中将专业知识传授和思政教育相结合，在课程中贯穿思想价值引领的主线，发挥课程的育人功能，建立各类课程同向而行的机制，共同促成立德树人目标的实现（孙有中，2020；肖琼，黄国文，2020）。大学英语课程思政的发展历史与我国课程思政教学发展一脉相承，并体现出了外语的学科特点，其基本发展历史见图 4-1。

2020 年 5 月 28 日，教育部印发了《高等学校课程思政建设指导纲要》，明确指出，全面推进课程思政建设是落实立德树人根本任务的战略举措，课程思政建设是全面提高人才培养质量的重要任务，明确了课程思政建设目标要求和内容重点，指出公共基础课程要重点建设一批提高大学生思想道德修养、人文素质、科学精神、宪法法治意识、国家安全意识和认知能力的课程，潜移默化中坚定学生理想信念、厚植爱国主义情怀、加强品德修养、增长知识见识、培养奋斗精神。

为落实立德树人根本任务，推进大学外语课程思政建设，《大学英语教学指南》（2020 版）在课程定位与性质、课程设置、教学内容上都对大学英语课程思政建设做出了明确指示。在大学英语课程定位与性质上，明确提出：大学英语教学应主动融入学校课程思政教学体系，使之在高等学校落实立德树人根本任务中发挥重要作用。大学英语在课程设置上，应该以立德树人为根本任务，以提高课程质量为抓手，对标一流课程建设的要求，体现高阶性、创新性和挑战度，将课程思政理念和内容有机融入课程。在教学内容上，指出教材内容应自觉融入社会主义核心价值观和中华优秀传统文化，引导学生树立正确的世界观、人生观和价值观，并能及时反映世界科技新进展，吸收人类文明优秀成果，为培养具有前瞻思维、国际眼光的人才提供有力的支撑。

为了发挥大学外语课程的育人作用，提高人才培养质量，高等学校大学外语教学指导委员会于 2021 年 10 月成立了《大学外语课程思政教学指南》研制工作组，开展《大学外语课程思政指南》研制工作，围绕坚定学生理想信念，以爱党、爱国、爱社会主义、爱人民、爱集体为主线，结合大学外语课程教学实际，从政治认同、家国情怀、文化素养、专业知识、道德修养5个方面确立了《大学外语课程思政指南》内容重点（赵雯，刘建达，2023）。

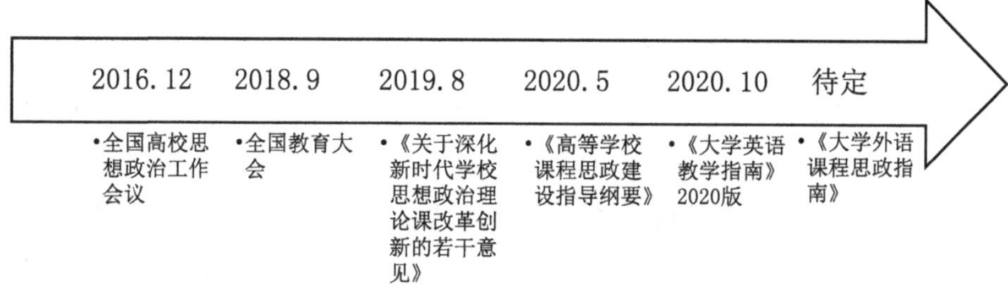

图4-1　大学英语课程思政发展历史

4.1.2 大学英语课程思政的内涵

徐锦芬（2021）指出，要理解大学英语课程思政的内涵，首要的是明确课程思政的根本任务。《高等学校课程思政建设指导纲要》指出，“全面推进课程思政建设是落实立德树人根本任务的战略举措”。可见，课程思政的要义在于“立德树人”，突出课程的育人功能和以学生为中心的理念。落实到大学英语上，课程思政就是要将育人的内容、要求、原则有机融入到大学英语教学中，与课程知识的建构系统科学地融合。具体来讲，“立德”要求大学英语教学关注学生语言学习过程中的内在成长与发展，重视教学的思想、情感和价值观维度，并将德育贯穿教学目标设定、教学素材编写、教学活动设计与实施、教学评估等所有环节。“树人”就是指要在大学英语教学中创造机会，帮助学生提升知识水平、能力与意识，以更好地认识自身和他者，更好地理解中国和世界文明与思想文化，实现塑造、改变和发展学生的目标。

习近平总书记指出：“要用好课堂教学这个主渠道，满足学生成长发展需求和期待，其他各门课都要守好一段渠、种好责任田，使各类课程与思想政治理论课同向同行，形成协同效应。”课程思政就是要深入挖掘并运用各门课程和教学方式中蕴含的思政教育元素，有效引导教师发挥课程育人的主体作用，切实把思想政治教育贯穿于教学实践的全过程，实现各门课程协同育人。此处要明了课程思政与思政课程的关系。思政课程与课程思政既有联系，又有差异。肖琼和黄国文（2020）对两者在实质、定位和实现形式上的差别进行了总结。他们指出，思政课程是指高校思想政治理论课，是大学生思想政治教育的主渠道，其中思想政治教育内容是“刚性的”、显性的；而课程思政是一种教育教学理念，是实现全员全程全方位育人理念的重要途径，思想政治内容融入教育是“弹性的”、隐性的。大学英语教学是全方位思政育人中不可或缺的一种途径，大学英语课程思政须结合专业特色和属性，发挥其独特优势；同时，大学英语教师须更新教学理念，增强思政教学素养；此外，课程思政的“弹性”属性意味着大学英语教师可以充分发挥能动性和创造性，将思政隐性融入教学各个环节。这就意味着，大学英语课程思政教学要隐性教育和显性教育相结合，以隐性教育为主。

王学俭和石岩（2019）认为，课程思政的结构是立体多元的。课程思政本身就意味着教育结构的变化，即实现知识传授、价值塑造和能力培养的多元统一。现实的课程教学中往往由于各种原因导致这三者被割裂，课程思政从某种意义上来说正是对这三者重新统一的一种回归。落实到大学英语教学上，课程思政结构的立体多元性是指将思想政治教育（思政）融入到英语教学的各个层面和环节中，形成一个全方位、多层次、多角度的教育体系。这种结构强调的不仅仅是语言知识的传授，还包括价值观的塑造、文化素养的提升以及批判性思维能力的培养。通过将不同主题与领域的内容融于大学英语教学，实现教学内容的立体性；采用多种教学方法，如案例分析、角色扮演、辩论、小组讨论等，鼓励学生积极参与，通过教学方法的多元性来深化学生对思政内容的理解。要对学生实行全面的评价，不仅评价学生的语言运用能力，还要评价他们的价值观念、道德品质和社会责任意识，反映学生在思政教育方面的收获。通过社会实践、志愿服务等活动，让学生将所学知识应用于实际，培养解决实际问题的能力，同时在实践中加强思政教育。

简而言之，大学英语课程思政的核心是教师在大学英语教学过程中发挥能动性，要以教师队伍为主力军，以课程建设为主战场，以课堂教学为主渠道，以学生发展为中心，挖掘大学英语的特色和优势，培养学生的综合语言能力、文化意识和思维品格。

4.2 数智赋能背景下的大学英语课程思政教学设计原则

经过近十年的探索与实践，大学英语课程思政教学已经到了一个关键的转型期。为了提升课程思政教学效果，必须摒弃以往散漫、随机、缺乏明确目的的教学方式。而是应当朝着更加系统化、有针对性、具有实践导向的方向发展。这就需要教育者在大学英语课程思政教学中，要坚持以价值引领为导向，落实立德树人根本任务，以协同育人为目标，与其他各门课程同向同行，实现三全育人根本目标，以系统性教学设计为质量保障，使各个教学要素、教学过程各个环节都能紧密相连，形成一个有机的教育整体，保证课程思政教学的育人效果。在坚持以上基本原则的基础上，在教学设计和实施中要更加注重整体框架的规划，明确课程思政教学的核心目标，并通过系统的教学计划和内容设计确保这些目标得到全面覆盖。本节将重点阐述如何进行大学英语课程思政设计。

教学设计起源于教育理论指导下对学习要素的分析，落脚于实践中教学问题的合理解决，是推动大学外语教学改革的关键环节（毛伟、盛群力，2016）。做好外语课程思政的实践抓手就是教学设计。传统的大学英语教学关注英语知识与能力的培养。课程思政对此提出了更高要求，教师需要超越学科知识设计，深挖课程思政内涵，回归课程育人本质，回答“如何做到知识传授、能力培养与价值引领相统一”的问题。

大学英语课程思政设计应当重视在语言学习中为学生的人格发展和价值养成创设独特的学习体验，使其在润物细无声的语言学习中感受思政教学目标的浸润，实现显性外语学习和隐性思政教育相统一。数智技术的赋能则为大学英语课程思政教学设计提供了新的方法和机遇，如更丰富的课程思政教学内容和手段、更具个性化的课程思政教学、更加精准的课程思政评价、更加情境化的课程思政体验等。

笔者认为，数智赋能背景下的大学英语课程思政教学设计应当遵循三项基本原则：价值引领、协同育人；系统设计、融入技术；创新内容与形式、持续改进与反馈。

1. 价值引领、协同育人原则

在大学英语教学中，价值引领是课程思政建设的核心，其本质在于将社会主义核心价值观贯穿于教学内容与过程之中，以此培养学生坚定的世界观、人生观和价值观。这一原则不仅是大学英语课程思政建设的精神纲领，也是实现教育目标的关键所在。在知识传授与能力提升的同时，价值观的引导应自然融入，确保学生在掌握英语语言技能的同时，能够在思想道德层面得到同步提升。因此，将价值观教育与英语语言教学相融合，是大学英语教学的应有之义，对于培育具有全面素质的社会主义建设者和接班人具有至关重要的作用。

协同育人是指大学英语课程思政教学应与思政课程共同促进学生的全面发展，不仅提升英语语言技能，还要注重学生道德修养和文化素养的培养。

协同育人原则是指在大学英语教学中，课程思政教学与思政课程教学之间互补整合，形成协同效应，不仅关注语言技能的培养，还要与思政课程的教育目标相协调，共同促进学生的道德修养和文化素养提升。这就需要大学英语课程思政与思政课程在教学目标上保持一致性，在教学内容上相互补充，在教学方法上形成互动，建立良好的沟通机制，如教学研讨、教学经验交流、教学资源共享等，真正实现课程思政与思政课程同向同行、同频共振、协同育人。

2. 系统设计、技术融入原则

系统设计是指大学英语课程思政教学应该进行系统设计，全面考虑课程目标、内容、方法、评价等方面，形成有机统一的教学体系，确保教学活动的连贯性和有效性。胡杰辉（2021）指出，外语课程思政系统的教学设计需要遵循四个原则：教学目标的精准性、内容组织的体系性、流程设计的渐进性和评价反馈的整合性，以解决外语思政目标设定脱离文本、思政内容和语言教学内容互相独立、思政元素直接灌输给学生、缺乏对具有价值导向内容的有效评价等外语课程思政教学中的典型问题。

技术融入意味着将数字化和人工智能技术深度融合到大学英语课程思政教学的全过程、全环节中。这包括但不限于利用在线平台和智能教学软件来提供定制化的思政教学素材，如融入社会主义核心价值观和中华优秀传统文化的阅读材料与视频内容，通过智能分析工具来跟踪学生的思政学习进度和理解深度，运用人工智能口语和写作评估系统提高学生英语表达能力，并确保他们的英语输出符合正确的价值观导向。

数智技术不仅可以用作大学英语教学工具，更是大学英语思政教学的有力支撑。例如，通过虚拟现实（VR）技术模拟真实世界的场景，学生可以进行跨文化交际的实践，体验不同文化背景下的价值观和行为规范，从而加深对多元文化共融和中国特色社会主义理念的理解。

3. 创新内容与形式、持续改进与反馈原则

创新教学内容与形式是大学英语课程思政育人效应的根本保证。灌输式的、生硬的、形式化的、教师单向性的大学英语课程思政教学会削弱课程思政教学的效果和影响力，无法形成正确的价值引导，导致学生对思政教学失去兴趣，甚至产生厌恶感。大学英语课程思政教学可以充分融入数字化技术和人工智能技术，整合数字化思政教学资源，涵盖中国的发展成就、优秀传统文化、社会主义核心价值观、东西方文化比较等领域，为学生提供多角度、多维度的学习材料，通过创新教学资源，进而创新思政教学内容。

还可以利用数智技术创新教学形式。通过大数据分析学生的学习行为和成绩，为每个学生定制个性化的学习计划和思政教育内容，确保教学内容与学生的兴趣、需求和能力水平相匹配。运用在线讨论板、虚拟仿真、角色扮演等互动式教学工具，让学生在模拟的跨文化交流场景中实践和体验，增强学生的参与感和体验感，从而提高课程思政教学的吸引力和实效性。结合线上数字化资源和线下传统课堂教学，采用混合式教学模式，线上自主学习语言知识和思政要领，线下则通过讨论、演讲、辩论等形式，深化学生对思政内容的理解和认同。还可以利用在线学习平台的多重功能，建立多元化的评价体系，不仅评价学生的语言技能，还要评价学生的思政素养和跨文化交际能力，将自评、互评、教师评价等多种评价方式和项目作业、口头报告等多样化的评价内容有机结合起来。

持续改进与反馈原则是指，在大学英语教学实践中不断地评估、调整和优化课程思政教学策略、内容和手段，是适应课程思政教学的时代发展、提升思政教学质量、满足学生需求、促进学生全面发展的重要途径。数智技术

为大学英语课程思政教学的持续改进与反馈提供了有力支持。通过利用数字化平台收集与分析数据、应用人工智能技术优化教学过程、建立有效的反馈机制以及注重持续学习与专业发展等措施，可以不断提高教学效果和质量，推动大学英语课程思政教学的创新发展。

4.3 数智赋能背景下的大学英语课程思政教学流程

一个科学、系统的思政教学流程不仅能够确保教学活动有序进行，而且能够有效地整合教育资源，提升教学效果，实现知识传授与价值引领的双重目标，促进学生的全面发展。在数智赋能的时代，教师可以充分利用数字化和智能化技术，创新教学方法，实现教学内容与思政教育的有机融合，从而更好地培养学生的语言技能、批判性思维以及社会主义核心价值观。胡杰辉（2021）认为，外语课程思政系统的教学设计需要遵循四个原则：教学目标的精准性、内容组织的体系性、流程设计的渐进性和评价反馈的整合性。在此基础上，笔者结合个人教学观察及实践，认为大学英语课程思政教学应遵守整体教学设计、思政元素挖掘、设计融入方法、实施课堂教学、评价思政教学效果的步骤，具体见图 4-2。

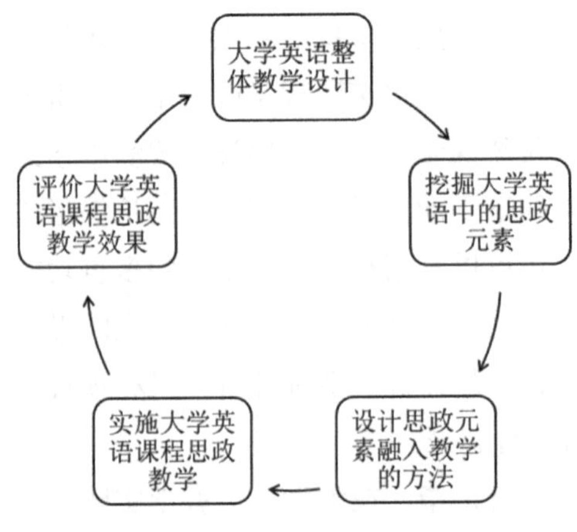

图 4-2　大学英语课程思政教学设计

4.3.1 大学英语整体教学设计

大学英语课程思政教学是大学英语教学中不可或缺的一环，它与英语语言技能的教学相辅相成，共同构成了一个统一的教学体系。然而，课程思政教学并非一个独立于语言教学之外的模块，而是需要与英语教学的其他组成部分紧密融合，以确保教学目标的全面实现。因此，大学英语课程思政教学的起点应该是大学英语的整体教学设计。教学设计旨在创设一个有效的教学系统，是一个根据教学对象和教学目标，确定合适的教学起点与终点，有序安排教学诸要素，形成教学方案的过程。因此，教学设计必须解决四个核心问题，即应该达到哪些目标（教学目标）、提供哪些教育经验（教学内容）、如何有效地组织这些经验（组织流程）、如何确定这些目标正在得到实现（效果评价），四个维度有机协调、互为一体（Tyler，1949；盛群力，2010；胡杰辉，2021）。

因此，课程思政教学设计应该始于该课程精准设定的教学目标，这是整个教学设计的起点，也是灵魂，要基于文本、高于文本，在深度挖掘语言素材的基础上提炼而成。在数智化背景下，还要将数智化工具和平台的应用纳入教学设计中，如在线课程、互动式学习软件和智能分析系统，从而丰富教学手段，提高教学互动性和实效性，确保思政教育与英语教学的有机结合，共同促进学生的全面发展。

4.3.2 大学英语课程思政要素的挖掘

大学英语课程思政教学同时包含两部分内容：旨在英语知识传授和能力培养的学科内容部分和旨在价值塑造的思政内容部分。这两个部分要有机融合在一起，在价值塑造的关照下，赋予学科内容学习更深层次的内涵。这就要求深入挖掘课程思政元素。赵雯和刘建达（2022）阐述了大学外语课程思政 5 个方面的重点内容：政治认同、家国情怀、文化素养、宪法法治意识、道德修养。这 5 个方面为大学英语课程思政教学指明了主线和方向。文秋芳（2021）指出，外语教学内容中挖掘育人元素要依照“理解育人目标—分析教学内容—设计课程教学方案”的序列进行，参见图 4-3。

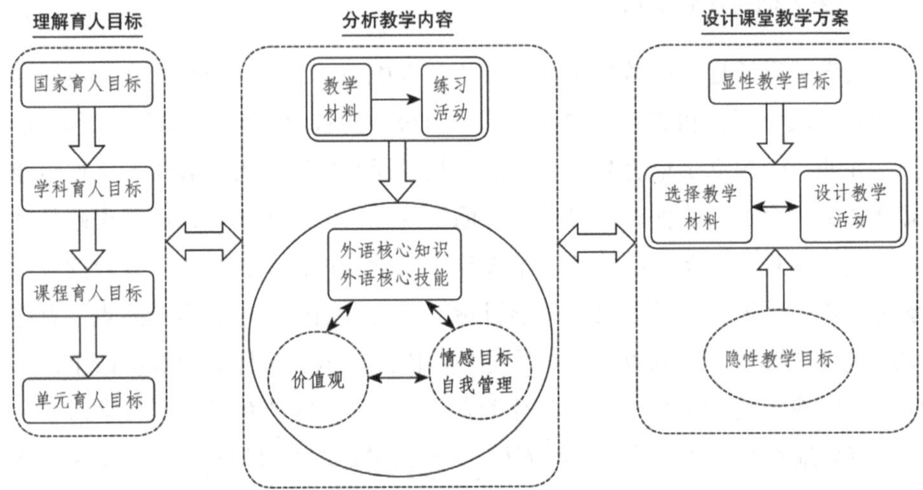

图 4-3　外语教学内容中挖掘育人元素的步骤（文秋芳，2021）

笔者认为，在挖掘具体的课程思政元素时，应基于大学英语教学内容，从文本主题和语篇由上至下地挖掘思政元素，充分考虑六个方面的内容：思想性、时效性、稳定性、知识性、趣味性和可评价性，见图 4-4。

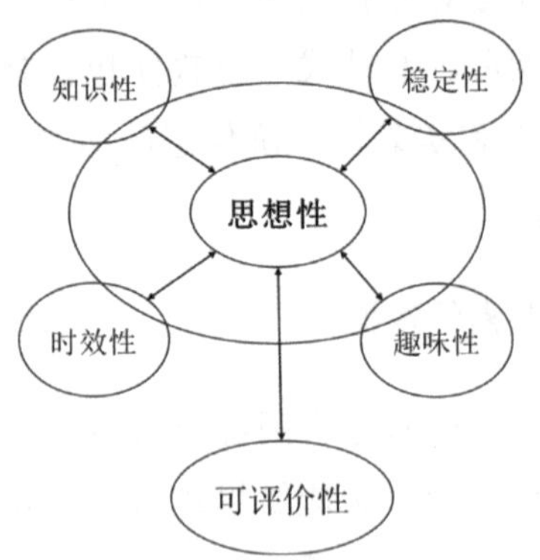

图 4-4　挖掘课程思政元素的原则

首先，挖掘课程思政元素时要保证其思想性，确保实现价值引领。思想性是灵魂，是核心。在利用数智技术搜集或生成课程思政元素时，要特别警惕潜在的意识形态偏差和信息失真。必须确保所选内容与社会主义核心价值观相符，传递积极向上的信息，引导学生形成正确的世界观、人生观和价值观。

其次，要考虑思政元素的时效性和稳定性。大学英语教学中，通常以案例为载体实现课程思政教学。时政要素的时效性使其非常适合融入与家国情怀、关注中国问题等有关的思政要素。为保证课程思政教学的系统性和稳定性，思政要素必须具备足够的经典性，只有这样才能确保教学不因教师等因素的变化而改变，从根本上保证教学效果。

再次，知识性也是挖掘思政元素时必须考虑的因素之一。大学英语教学首先是语言教学，其根本任务在于培养学生的英语语言能力，而课程思政教学则旨在塑造学生的价值观和世界观。将知识性与思政元素相结合，不仅能够丰富教学内容，还能够在提升语言技能的同时，实现对学生思想道德素质的培养。

从次，也不可以忽视思政元素的趣味性。学生不喜欢思政元素的“硬融入”，生硬的、无趣的思政元素用于大学英语教学只会适得其反。要选择那些能具体、形象、生动地阐释抽象的价值观念、理论概念、价值观念的思政元素，提高思政教育的吸引力和感染力，使学生在轻松愉快的氛围中接受思政教育，达到更好的育人效果。

最后，大学英语教学的思政元素还要落脚于可评价性。可评价性关系到是否能够评价课程思政教学活动是否实现了既定的教育目标，为思政教学效果提供了监控手段，有利于及时发现教学过程中的问题和不足，为教师提供反馈。要想有效评价思政元素的育人效果，思政评价就要融合到知识与技能的评价中去，要采用隐性评价和显性评价相结合的方法，以隐性评价为主。

融合“六性”原则以塑造理想的大学英语思政教学元素确实是一项极具挑战性的任务。在这一过程中，以“思想性”作为核心指导原则，能够将至少两个或更多的维度有机结合，从而形成较为完善的思政教学元素。这种综合性的思政元素不仅能够促进学生的价值观念教育，还能够在提升英语语言技能的同时，实现对学生综合素质的全面培养。

4.3.3 大学英语教学中课程思政的融入

正如《高等学校课程思政建设指导纲要》指出的那样，全面推进课程思政建设，教师队伍是主力军，课程建设是主战场，课堂教学是主渠道。何连珍（2022）进一步解释，认为课程教育教学、课堂教育教学是课程思政建设的基本载体，是推进课程思政的“主渠道”，可以从“把握好”“引导好”“反馈好”的“三好”入手。在“主站场”上，课程思政要有机融入大学英语教学，既不能过于随意，任课教师随机就某个话题说几句，也不能过度拔高，显得过于生硬，更不能思政教学与语言教学相分离，形成“两张皮”。赵雯和刘建达（2022）指出，融入是思政元素由外向内地融入大学外语教学内容，或者教学内容自内向外与思政元素结合，取得“润物无声、盐溶于水”的效果。笔者认为，在具体的教学实践中，课前、课中、课后都是实施大学英语课程思政教学的“战场”，需要教学方法、教学过程、教学手段等方面的共同作用。

思政元素融入大学英语教学，可以采取多种模式，如翻转课堂、混合式教学等。其中，混合式教学是数智赋能背景下的课程思政教学的常用模式。混合式教学拓展了大学英语学习的空间和时间，能够细化课程思政的教学目标，线上线下优势互补，有助于学生实现自主学习。同时，还可以使学生对课程思政教学内容和目标有更深入、更直观、更感性的理解和认识。

课前，教师在深挖思政元素的基础上，通过智慧教学平台向学生推送数字化思政教学资源，方便学生课前熟悉教学内容，反馈教学难点与重点，教师收集学生的学习需求。课中，师生除了就语言学习的重难点展开讲解、讨论、练习、展示等活动以外，还可以就学习资源中蕴含的世界观、人生观、价值观、优秀传统文化、家国情怀、时代精神、政治观念、文化差异等展开讨论与展示，搭建实现价值引领的脚手架。课后，推送课上同主题的学习材料、作业、测验等，帮助学生进一步深化和拓展对课程思政元素的认识和理解。由此，形成一个课前、课中、课后的课程思政教学闭环，见图 4-5。

胡杰辉（2021）指出，外语思政教学要突出流程的渐进性，即要遵循最近发展区（Zone of Proximal Development，ZPD）原则，考虑学习者当前水平和潜在发展水平（学习目标）之间的距离，基于学习者当前的状态和学习任务目标，细化学习活动设计和学习步骤设计，为学生提供两个层面的支架——语言学习支架和思政教学支架。混合式教学使得为不同英语水平学生提供两个层面的支架成为可能。经过精心的准备，教师可以提供不同的数字化思政资源，便于不同水平的学生自主学习，而在课上，也可以开展基于学生英语水平的讨论、练习等，实施对分课堂，实现对不同层次学生的价值引领。

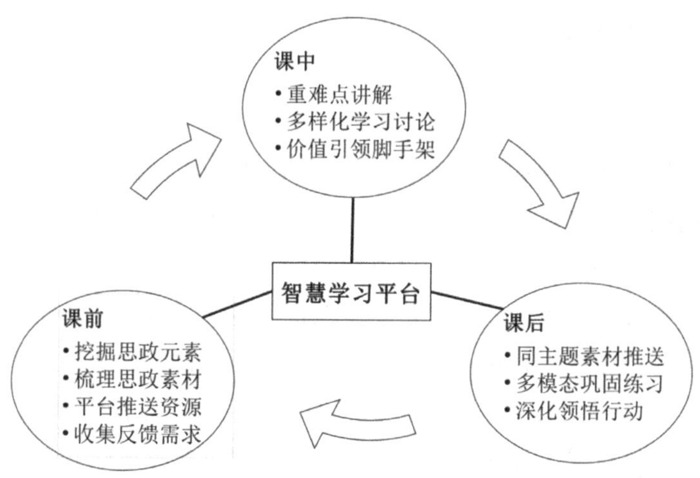

图 4-5　大学英语课程思政教学流程

思政元素融入大学英语教学的方法也可以多样化，如任务式、项目式、合作式等。这些方法体现的是以教师为主导、以学生为主体的教学理念。将这些方法用于大学英语课程思政教学，有助于将思政育人内容融入实际任务和项目中，通过具体的案例和实践，深化学生对思想政治理论的理解，使其更加生动具体、易于理解。在这个过程中，学生收获的不仅仅是知识，更是借鉴问题的能力，这有助于培养学生正确的价值观和人生观，引导其形成积极向上的思维方式。还有助于培养学生的批判性思维，使其对信息更加敏感，能够辨别信息的真伪，形成独立、理性的批判性思维能力，增强团队合作能力，实现“三全育人”的育人目标。

4.3.4 大学英语课程思政教学评价

课程思政教学效果的评价是大学英语课程思政教学的难点。思政元素大多数时候并不是显性的教学内容，而是隐性的教学内容，所针对的也是价值观、爱国情怀、优秀传统文化、情感态度等相对抽象的教学目标，如何对其评价就成为难点之一。“十年树木，百年树人。”立德树人、价值塑造是一个复杂的、长期的甚至是漫长的过程。在教学中，“立德树人”的根本任务是否能够完成，难以通过一个简单的评价量表、测验等实现。这是复杂问题简单化的表现。它需要的是一个长期的、动态的评价。

数智技术的赋能则可以在一定程度上提供有效的解决方案。胡杰辉（2021）指出，外语教学课程思政的评价反馈要突出整合性的特点，即将课程思政教学评价整合到语言知识和技能的评价中。另外，如前文所述，大学英语课程思政教学宜采用显性评价和隐性评价相结合的方法，以隐性教学为主。数智技术的应用则可以实现显性评价和隐性评价相结合、语言教学效果评价与思政育人效果评价相结合。它通过大数据分析、个性化评价、过程性跟踪以及情感态度分析等手段，为评估学生在价值观、爱国情怀、优秀传统文化和情感态度等抽象教学目标上的成效提供了科学支持。这些技术不仅能够收集和分析学生的学习行为数据，提供针对性的反馈，还能够模拟教学场景，预测教学策略的效果，优化反馈机制，从而实现对学生思政素养的长期培养和动态评价。通过整合显性教学和隐性教学的评价方法，数智技术强化了评价的整合性特点，使得立德树人、价值塑造这一复杂且长期的教学目标得以在动态和持续的过程中得效实现。

4.4 数智赋能背景下的大学英语教师课程思政胜任提升研究

当前，大学英语教师的课程思政意识明显提高，思政育人效果显著向好。但是，在教学实践中，仍旧存在整体发展不平衡、实施体系不完善、资源整合不充分、长效机制不健全、教师课程思政胜任力不足等问题，迫切需要进一步深化大学英语课程思政建设。俞明祥（2021）认为，要充分融合课程思政的共性和外语教育的个性，从完善顶层设计“施工图”、加强教师队伍“主力军”、凸显课程建设“主战场”、发挥课堂教学“主渠道”、优化制度保障“指挥棒”、营造浓郁氛围形成声势“大合唱”六个方面深耕厚植、绵绵用力，持续推进外语课程思政建设。可见，要进一步推进大学英语课程思政建设，既要提高大学英语教师个体的课程思政胜任力，以增强其对课程思政的把握和对学生的引导能力，又要发挥学校管理部门的引领作用和教学资源的整合效益，以建立完善的支持体系和长效机制，共同促进外语课程思政建设的全面发展。

大学英语教师的个人课程思政胜任力至关重要。作为大学英语教学的主要实施者，教师思政育人水平和能力直接影响着课程思政育人的效果。鉴于当前大学英语课程思政教学中存在的一系列问题，如不平衡、不完善、不充分等，如何提升教师的课程思政胜任力是一个紧迫的问题。

在数智赋能的时代，提升大学英语教师课程思政胜任力的途径多种多样。一些常规的途径包括：（1）进行课程思政教学培训和学习，这是比较直接的途径。通过参与各种线上或线下的课程思政教学研讨会、研修班、讲座和课程，教师可以深入了解最新的课程思政教学理论与实践，从同行那里获得灵感和信心，不断提升自身的课程思政胜任力。（2）不断提高个人的教学素养与能力。课程思政胜任力是教师教学能力的重要组成部分，当大学英语教师能够全面提升个人教学素养与能力时，辅以一定的培训和学习，教师的课程思政胜任力也会相应地提升。（3）利用数智技术下的在线平台和多媒体工具，搜集课程思政教学资源，设计互动性强的课堂活动，如在线讨论、模拟情景等，这些活动不仅能够提高学生的参与度，还能在实践中培养学生的批判性思维和社会责任感。（4）构建课程思政教学研究共同体，为大学英语教师共享课程思政教学资源、交流教学经验提供有力的平台，共同提升思政教育的能力和水平。

笔者认为，在以上途径中，最为迫切的是进一步深化数智赋能的大学英语课程思政教学研究共同体建设，通过整合信息技术和人工智能的优势，为大学英语课程思政教学质量提升提供思想引领、人力保障、资源保障和技术保障，推动大学英语教学与思政教育的深度融合，构建一个开放、协作、创新的教学研究平台。

4.4.1 数智赋能背景下的大学英语课程思政教学研究共同体建设

在数智赋能的背景下，大学英语课程思政教学研究共同体的建设是一项系统工程，涉及共同体建设的目标、架构及路径等多个方面。建设该共同体的根本目的在于，通过技术融合、内容创新及师生共同参与等，搭建一个开放、协作、共享的课程思政教学研究平台，促进教师的专业成长，实现课程思政教学的系统化、规范化和科学化，进而培养具有国际视野、扎实英语能力和坚定社会主义核心价值观的复合型人才。

该共同体建设还需要一个科学合理的组织架构。笔者认为，该共同体应由三类关键成员组成：思想政治教育的指导者、思想政治教育的引路人以及大学英语教学的研究实践者。

首先，为了确保课程思政教学的正确方向和高效实施，必须强化思想政治教育指导者的作用。这些指导者需在宏观层面上加强指导和监督，致力于构建完善的课程思政工作体系与教学管理体系。为此，有必要将学校或学院的党委纳入共同体的组织结构之中，以形成党委统一领导、党政齐抓共管、教务部门牵头抓总、相关部门联动、院系落实推进的课程思政建设工作格局，确保共同体工作的特色鲜明、富有成效。

其次，思想政治教育的引路人主要由马克思主义学院的教师组成，他们负责为共同体内的其他成员提供理论指导，确保课程思政教学的正确性和深度。这些引路人需保证课程中思政元素的深入挖掘和恰当运用，避免教学内容偏离正确的政治方向。

最后，大学英语教学的研究实践者，即大学英语教师，是共同体实施课程思政教学的主体力量。他们在思想政治教育指导者和引路人的指导下，具体执行大学英语课程的思政教学工作。指导者和引路人为这些教师提供顶层设计，明确"施工图""路线图"和"时间表"，强化思想引领，确保教学工作沿着正确的政治方向稳步前行。

通过这样层次分明、协同合作的组织架构，大学英语课程思政教学研究共同体将能够有效地推动思政教育与英语教学的深度融合，为培养具有社会主义核心价值观的高素质人才奠定坚实基础。

4.4.2 基于课程思政教研共同体的大学英语教师课程思政胜任力建设

大学英语教师课程思政胜任力决定了大学英语课程思政教学的效果，是大学英语课程思政教学研究共同体建设的主要内容。当前部分大学教师的课程思政胜任力不足的现象仍不少见，经常出现育人目标不明确、育人方法生硬、课程思政元素不清晰、课程思政评价缺失等问题。在数智赋能的背景下，大学英语课程思政教学研究共同体建设为大学英语教师课程思政胜任力的提升提供了互动交流的平台，共建共享资源、持续的培训机会和合作创新的空间。

课程思政教学的交流互动首先来自共同体内部。思想政治教育指导者和思想政治教育引路人可以通过讲座、工作坊、联合备课会等线下的方式与大学英语教师开展互动交流，增强教师的参与度和互动性。也可以借助数智技术，建立课程思政教学研究共同体微信群等在线工作群，为大学英语教师提供数字化资源，如课程思政要点讲解视频、文本、演示文稿等，方便教师反复学习和研究。大学英语教师之间也可以分享各自在数智化背景下的实践经验，探讨教学中遇到的挑战，共同解决问题。

共同体成员之间“共建共享”，共同促进大学英语课程思政教学质量提升。共同体成员共同商讨教学设计，确定大学英语课程的语言能力目标与课程思政教学目标，挖掘思政元素，分享教学经验，更新教学理念和方法，设计教学创新案例，探索新的数智化教学工具等。还可以共享、优化各种教学资源和经验，包括教案、思政案例等。教学研究共同体内的共建共享资源和经验可以促进成员之间的互相学习，提高大学英语教师的课程思政胜任力，实现共同提高大学英语课程思政教学质量的目标。这种“共享共建”还体现在将教学研究共同所积累的经验和资源与本校全体大学英语教师分享，以优秀的共同体成员为代表，通过在校内开设讲座、座谈会、交流会等方式，与非共同体成员交流，加深全体大学英语教师对课程思政教学的认识，提升课程思政元素的挖掘能力和课程思政教学能力，共同提升大学英语思政教学水平。

除了内部交流外，大学英语课程思政教学研究共同体的发展还会向外延伸，采取“走出去”“请进来”相结合的方法。“走出去”有两层含义。第一层含义是，共同体可以组织团队成员到课程思政教育教学高地高校去现场调研座谈，吸取兄弟院校大学英语课程思政教学的经验。第二层含义是，经过归纳、总结、凝练、组织，教学研究共同体将自建的经验与其他院校分享，在交流、碰撞当中不断进步。“请进来”主要是指请相关专家来共同体内开展讲座、工作坊等，解读课程思政最新的发展趋势和经验，更新大学英语课程思政教学的理念和方法，切实深化大学英语教师对课程思政的认识，提高思政育人水平。在这个“走出去、请进来”的过程中，数智技术可以发挥多重作用。首先，它能够通过在线平台和数字工具支持“走出去”策略，使得共同体成员能够进行远程调研和虚拟交流，突破地理限制，更广泛地吸收和学习其他高校的先进经验。其次，数智技术可以促进课程思政教学资源的共享和管理，通过构建数据库和在线社区，共同体成员可以轻松分享思政教学材料、研究成果和最佳实践，从而加速知识的传播和创新。利用人工智能和大数据分析，还可以对思政教学效果进行评估和优化，确保思政育人持续提升。最后，“请进来”策略也可以通过数智技术实现，邀请远程专家进行在线讲座和研讨，扩大教育资源的覆盖范围，同时为教师提供更加灵活和便捷的学习方式。

4.4.3 数智赋能的大学英语课程思政教学研究共同体建设实践

课程思政教学研究共同体是提升课程思政教学能力的重要举措。笔者所在学校——燕山大学高度重视课程思政教学与研究工作。经过近 5 年的努力，笔者主持申报的“大学英语课程思政教学研究示范中心”获批，成为燕山大学首批课程思政教学研究示范中心之一。

该中心依托燕山大学外国语学院而设立，联合里仁学院基础教学部开展工作，是大学英语课程思政理论研究、实践推广及培训交流的平台。主要成员包括教学管理专家、大学英语教学骨干教师、马克思主义学院教师等。学院党委及课程思政领导小组负责审议中心的规划、方案等；以教学管理专家为主体的教学指导委员会负责为中心的业务开展提供指导；核心成员负责大学英语课程思政理论、建设研究与应用，并负责教师交流、观摩和培训；其余成员负责实践教学的推进和评估；马克思主要学院教师负责为本中心的课程思政教学把握理论方向及高度。

该中心以“技术融合、共建共享、启智赋能”为建设理念，聚焦大学英语课程思政建设的重点、难点和前瞻性问题，充分利用数智技术，对大学英语课程思政理论、模式、内容、方法、创新等进行深入调查研究，开展多种形式的大学英语课程思政研究与实践，构建多层次课程思政建设研究体系；组织开展各级各类课程思政研究和学术交流研讨活动等，提升大学英语教师的课程思政胜任力。

经过广泛的实践探索与深入研究，本中心在以下四个关键领域取得了显著成就：一是提升了大学英语教师的课程思政胜任力；二是建设推广了优质的课程思政教学资源；三是实现了教学、竞赛和研究的有效融合；四是建立了完善的课程思政评价体系。

1. 提升教师课程思政胜任力

课程思政教学中，教师是“主力军”。该共同体的首要任务是提升教师的课程思政教学能力，确保他们能够在教学过程中有效地融入思政元素，引导学生形成正确的价值观和世界观。为此，共同体致力于构建一个支持性的平台，通过组织专业培训、分享最佳实践、提供教学资源和开展合作研究等方式，促进教师专业成长和教学创新。共同体还需关注教师的持续发展，鼓励他们不断更新思政教学理念，掌握最新的数智技术的教育应用，定期开展教学研讨和反思活动，促进教师之间的相互学习和交流，共同解决思政教学中遇到的问题，提高大学英语思政教学质量。

2. 建设推广优质的课程思政教学资源

优质思政教学资源的建设和应用既有助于提升大学英语教师的课程思政教学效果，也可以辅助提升教师的课程思政胜任力。中心组织专门团队和专家，积极开展课程资源的开发和整合工作。经过研究和分析优秀的大学英语思政资源，结合我校实际情况，开发出适合我校大学英语课程思政教学的优质资源，包括教学课件、教学大纲、教学案例、教学视频、教学文献等，涵盖我校各门大学英语课程思政教学的核心内容和重要话题。通过定期组织教学观摩、课程评估和教学反馈活动，建立教师评价和反馈机制，促进教师自我反思及成长。

通过在智慧学习平台学习通上建立资源共享平台，可以将开发的优质资源进行整理和分类并向全校英语教师开放，教师可以在平台上自由获取和使用这些资源。同时，中心定期组织交流、评估和反馈活动，介绍和演示优质资源的使用方法和教学效果，邀请教师和学生对使用的资源进行评价和建议，根据需求对所建资源进行持续性优化和改进。最后，校际资源推广。与市内高校英语教学部进行深度合作，推广所建课程思政资源，互相借鉴，从不同视角不断优化大学英语课程思政资源。

3. 教－赛－研融合发展

教－赛－研的有机融合能够有效推动大学英语教师课程思政胜任力的提升，推广教学经验，实现团队和个人的协同发展。中心自成立以来，实现了以大学英语为中心的大学英语课程群课程思政教学的全覆盖，大学英语、大学英语拓展课及校级通识选修课均撰写了涵盖课程思政主线的教学大纲，并付诸教学实践。例如，在大学英语拓展课“英语演讲与辩论”中，以培养学生的家国情怀，批判性思维，正确的世界观、人生观、价值观为课程思政育人目标的主线，遵循 POA 理论的全人教育理念，从产出任务的话题、输入材料的选择、教学活动组织形式、课堂语言的使用等方面入手，挖掘教材中的思政元素，实现语言教育与思政教育的融合。

在教学实践的基础上，以赛促教，鼓励青年教师积极参加各级各类课程思政教学比赛，走出去，在深挖细思中加深对大学英语课程思政教学的认识。中心成员多次在校级、省级甚至国家级课程思政教学比赛中获奖。其中，大学英语拓展课“跨文化交际”总结课程思政教学经验，成功入选 2021 年度河北省课程思政示范课程，授课教师入选课程思政教学名师和教学团队。先后成功获批 8 项以课程思政教学为主题的教改项目，并积极推动教学研究与实践，荣获多门校级课程思政示范课程认定，获得多项校级、省级课程思政教改项目支持，为推动大学英语课程思政教学的发展作出了重要贡献。与此同时，积极将《习近平谈治国理政》及《理解当代中国》系列教材纳入到大学英语课程思政课堂教学的主战场中去。

4. 完善课程思政评价体系

课程思政教学效果评价是课程思政教学的难点之一。本中心以问题导向为切入点，从为何评（why）、评什么（what）、如何评（how）、谁来评（who）、谁被评（whom）、何时评（when）六要素出发，提出了大学英语课程思政评价建设应遵循的原则，包括：评价目标层次化（why）、评价内容多维化（what）、评价方式多样化（how）、评价主体多元化（who）、评价对象交互化（whom）、评价时机阶段化（when）。通过走访调研、理论梳理、预设方案、教学实践、完善方案等，在理论—实践—理论这一研究理念引导下，构建操作性较强的大学英语课程思政教学效果评价体系，见表4-1。

表4-1　大学英语课程思政教学效果评价体系

一级指标	二级指标	三级指标	评价方法
评价主体	教师自评	教师对课程思政教学内容、方法、效果及自身思政育人能力的反思	自评问卷 反思日志
	学生评价	学生自评及生生互评，侧重对思政内容的理解和认同感、思政教学感受、趣味性、参与度、互动性	问卷调查 访谈 课堂观察
	同事评价	同事间互评，侧重课程思政教学设计、方法、内容及实施效果等	同行评议 教研讨论
	管理层评价	学校或院系管理层评价，关注课程设计规范性、资源支持等	访谈 课堂观察
	社会及家长评价	外部利益相关者反馈，反映社会认可度和实际效果	访谈
评价内容	课程设计与过程	教学资源中思政内容的选取与融入、课程目标与思政目标的结合程度、教学活动与思政育人的关联性、实施思政育人的方法等	文件审查、课堂观察、教学日志等
	学生表现	知识掌握：学生对语言及思政知识的掌握程度 价值观念：学生在思想觉悟、道德品质、爱国情感、社会责任感、公民意识等方面的成长和提升 能力提升：批判性思维、创新思维等能力在思政育人中的体现 情感态度：学生学习兴趣、参与度、情感认同等非智力因素 行为表现：在日常生活、社会实践中的行为准则和道德表现	问卷调查 师生访谈 小组讨论 案例分析
	课程效果	学生对课程思政内容的接受度和认可度 学生在课后对思政内容的应用情况 学生对社会问题的关注度和思考深度	问卷调查 师生访谈
评价对象	个体评价	学生个体学习态度和行为的变化、对课程思政的接受和反馈	个人档案 访谈
	群体评价	学生在群体性活动中的思政表现、课程思政育人效果整体的表现和发展趋势	小组活动记录
	长期评价	毕业后的社会责任感和道德行为	跟踪调查
反馈与改进机制		建立持续反馈渠道，确保评价结果能及时反馈给教师和学生，用于教学改进和个人发展	教师研讨
		定期评估评价体系的有效性和适应性，并优化调整	

该中心取得了一定的成绩，但是还有许多值得反思、改进之处。首先，数智技术的融入不够深刻。随着数智技术的发展，虚拟现实、ChatGPT 等生成式人工智能等已经成为大学生学习不可或缺的工具之一，如何充分利用这些数智工具实现对学生的价值引领是一个非常突出的问题。其次，大学英语课程思政教学评价体系的落实和优化问题。正如反复提到的，大学英语课程思政教学评价是个难点，如何落实和优化评价体系，使得教师在脱离团队协商之后也能独立实施课程思政教学评价，是我们需要改进的一个难题。最后，大学英语课程思政教学成果的凝练问题。当前我们已经取得了一系列的建设成果，但是仍旧存在“感性认识充分、理论成果不足”的问题，尤其是高水平的理论成果还非常欠缺，需要本中心继续推进师资队伍的建设，制定更具针对性的、多样化的大学英语课程思政教学与研究培训，推动教学方法和教学资源的创新，助力中心教师凝练研究结果、发表高水平论文。

4.5 数智赋能背景下的大学英语课程思政混合式教学

随着社会发展进入数智化时代，数智赋能教育是一项重要发展趋势，为大学英语教学带来了新的挑战和机遇。混合式教学是数智赋能背景下，现代信息技术与传统教学模式有机融合的产物，既保留了传统教学模式的精髓，又充分发挥了现代信息技术的优势，实现了教学方式的创新。在数智赋能背景下，混合式教学在本质和功能上与大学英语课程思政教学相契合，为当前大学英语课程思政教学存在的问题提供了解决思路。

4.5.1 混合式模式赋能大学英语课程思政教学的逻辑

岳曼曼和刘正光（2020）指出，混合式教学的本质内涵包括理论基础的融合性、使用环境的兼容性和知识的重组性，这契合课程思政“三全育人”的育人理念与创新能力培养的育人目标。另外，混合式学习强调学习共同体建设与合作式学习，这对于培养学生的团队精神、合作与共同体意识等都能起到潜移默化的影响。可见，混合式教学在育人理念、育人目标、育人环境、育人路径等宏观层面与课程思政具有高度的契合性。李文洁和王晓芳（2021）

进一步论证了混合式教学赋能课程思政的内在逻辑，认为混合式教学的功能定位与课程思政建设的价值诉求高度吻合。课程思政的政治价值、思想价值和混合式教学的政治属性一致，都旨在提升学生的政治觉悟，树立正确的思想观念，实现教育价值和社会价值，其内在逻辑见图 4-6。

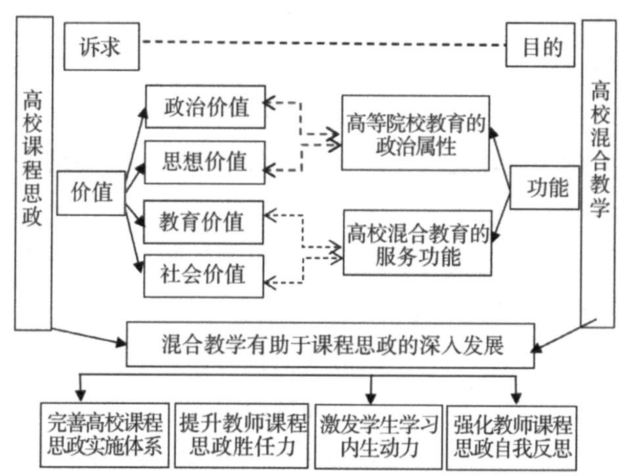

图 4-6　混合式教学赋能课程思政的内在逻辑（李文洁，王晓芳，2021）

就大学英语而言，课程思政教学与混合式教学在内在逻辑上也是高度契合的。混合式教学的首要目的是提升教学效果，实现知识传授和能力培养，同时还注重培养学生的创新能力、批判性思维、团队合作精神等，这与大学英语课程思政教学的目标是一致的，即在传授英语语言知识、培养英语语言能力和跨文化交际能力的同时，提升学生的政治觉悟，树立正确的思想观念，培养学生良好的思想政治素质和道德品质。通过混合式教学，学生能够在多元化的学习环境中锻炼这些能力。

混合式教学的兼容性特点为大学英语课程思政教学提供了一个灵活的学习环境，不仅支持传统的课堂教学，也支持在线学习和自主学习，使得思政教育能够更加贴近学生的实际生活，更有效地融入到日常学习中。通过线上线下相结合的方式，混合式教学为学生提供了多样化的学习路径。这与大学英语课程思政教学的路径相一致，即通过多种教学方法和活动，引导学生在实践中学习和体验，从而更好地理解和吸收课程思政教学的内容。

可见，大学英语课程思政教学与混合式教学在育人理念、目标、环境、路径以及政治属性和价值诉求等方面具有高度的一致性。这种一致性使得混合式教学成为实现大学英语课程思政教学目标的有效途径，有助于培养学生的全面素质，特别是在思想政治教育方面。

混合式教学还能够为大学英语课程思政教学面临的一些问题提供解决思路。首先，混合式教学有助于实现大学英语课程思政目标体系的细化，根据课程内容和学情分析，设计并落实更加具体和个性化的学习目标，一定程度上解决当前大学英语课程思政教学目标不清晰、大而全、过于抽象等问题。其次，混合式教学还可以通过在线学习平台，实现推送多层次、多模态的数字化思政教学资源，不仅满足了学生的个性化学习需求，可以更好地引导学生深入思考和探索，还能使课程思政教学更具生动性和趣味性，激发学生的学习兴趣，提高他们课程思政教学的参与度和互动性。

混合式教学还可以充分利用课前线上预习、课中深化领悟、课后巩固练习相结合的方式。课前，学生通过教师推送的数字化资源，预习相关语言知识，了解思政要素；课上，师生通过讲解、讨论、练习、展示等多种方式，共同深入地讨论和领悟思政教学的内容，使得所学语言知识和思政内容内化于心；课后，学生通过教师推送的练习和作业进一步巩固所学知识，并付诸实践，使得所学内容外化于行。这种有机的组合促使学生在不同环节更加全面、深入地理解大学英语教学的内容，增强课程思政教学的直观性和实效性。

综上所述，混合式教学模式可以为大学英语课程思政教学注入新的活力。通过数智技术的应用，有助于实现思政教学目标细化、资源推送个性化、学习路径多层次化，使课程思政教学更贴近学生需求、更灵活多样，进一步增强了其直观性、实效性和吸引力。

4.5.2 混合式模式赋能大学英语课程思政教学的路径

混合式教学可以从课程设计、目标定位、教学内容、教学方法、教学流程等多层次、多方面、多角度来为大学英语课程思政教学赋能，见图 4-7。

首先，混合式教学为实现大学英语教学全员、全过程、全方位的三全育人目标提供了丰富的数字化思政教学资源。在对育人目标、学情、教情进行详细分析的基础上，教师可以准确掌握学生对课程思政的接受度以及接受课程思政教学的方式，深挖能够与大学英语语言教学和能力培养有机结合的课程思政元素。混合式教学融合了传统教学模式和在线学习的优势，既能发挥传统教学中系统性强、师生情感交流充分、互动性强等优点，又能发挥在线学习的资源共享性、时空拓展性、个人定制化等优点，可以充分发挥教师的主导作用和学生的主体地位，为以学习为中心提供了充足的条件。

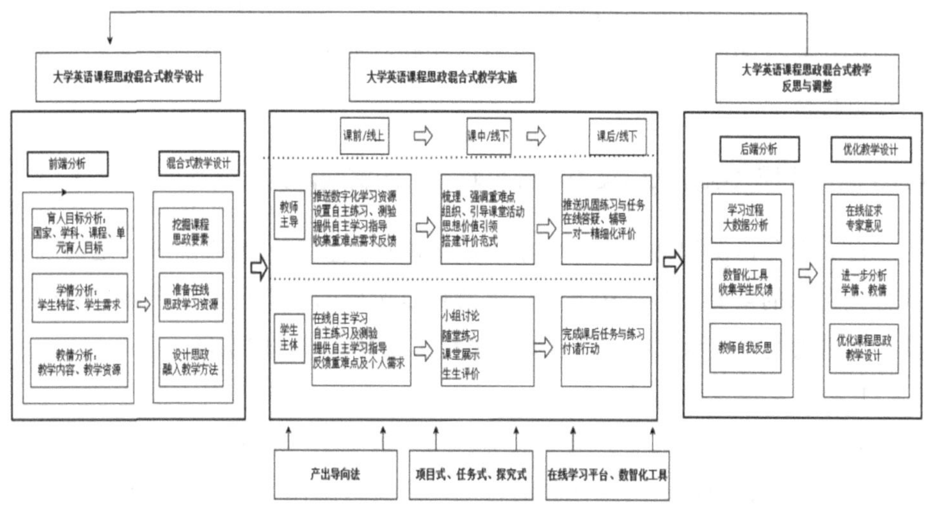

图 4-7　混合式教学赋能大学英语课程思政教学的路径

其次，在先进教学理论的指导下，如利用中国特色外语教育理论——产出导向法，混合式教学模式能充分利用项目式、任务式、探究式等教学方法，更好地实现了语言学习与思政教育的有机融合，有助于培养学生的语言能力、思辨能力以及社会责任感，为大学生全面发展提供了更为有效的路径。例如，在大学英语的常见主题“国际合作与交流”中，教师可以设计跨文化交际项目，通过语言产出（如撰写报告、制作 PPT、进行演讲）来展示他们对国际关系和中国外交政策的理解。在这个过程中，学生提升了英语语言技能，加深了在中外文化、意识形态及政治政策等方面的认识，坚定了对中国的政治认同感，增强了跨文化交际能力，有助于学生“讲好中国故事”，在实践中将大学英语思政教育目标内化于心、外化于行。

再次，在线学习平台、数智化工具支持下的大学英语混合式课程思政教学，可以在课前、课中、课后借助各种嵌入平台或独立开发的智慧教学辅助工具，检验学生语言知识和技能以及课程思政教学目标的掌握情况，从而实时进行调整，有助于落实系统化、个性化的课程思政教学目标。

最后，混合式教学为大学英语课程思政育人目标的达成度提供了较为全面的反馈数据，为优化大学英语课程思政教学设计提供数据和事实支撑。通过分析在线学习平台提供的大学英语课程思政教学大数据，结合学生在学习过程中给予的反馈和提出的需求，可以分析混合式教学各个环节中大学英语课程思政教学的效果，修改和完善混合式教学的方法和手段，优化大学英语课程思政教学设计。

4.5.3 混合式模式赋能大学英语课程思政教学的实践研究

在大学英语课程体系中，大学英语拓展课是重要的组成部分，是实现思政育人目标的重要平台。接下来，笔者将以所授的大学英语拓展课——公共英语演讲为例，展示混合式教学如何赋能思政育人目标的实现。

1. 公共英语演讲课程简介

公共英语演讲面向非英语专业本科二年级学生，属于大学英语的拓展类课程，具有知识面广、实践性强的特点，主要目的在于培养学生公共英语演讲的能力，提升其批判性思维，增强跨文化交际意识，为培养具备国际胜任力的高水平毕业生奠定语言基础。这与习近平总书记多次强调的要“讲好中国故事”高度契合。在百年未有之大变局的国际环境之下，培养具有“外国语、中国心、世界眼”的大学生是大学英语教学的重要目标。“外国语、世界眼”通过本课程的知识目标和能力目标来实现，而“中国心”则通过价值目标来实现。除却引导学生掌握英语演讲与辩论的基本知识，提升其公共英语演讲能力外，本课程的价值更体现在其价值目标上：提升学生思考自身经历、中国传统文化和社会时事的意识；培养学生的科技担当精神，提升家国情怀塑造；树立正确的世界观、人生观和价值观。

本课程涵盖英语演讲的四大方面，包括：（1）演讲的准备环节，即如何选择题目、中心思想、分析观众；（2）讲稿写作，如何进行有效的开篇、组织观点、支撑观点、结尾、语言使用；（3）三大类演讲，即说明性演讲、说服性演讲和特殊场合演讲；（4）演讲呈现方式，包括如何充分利用研究者的声音、肢体语言和表情等。具体内容分析见图 4-8：

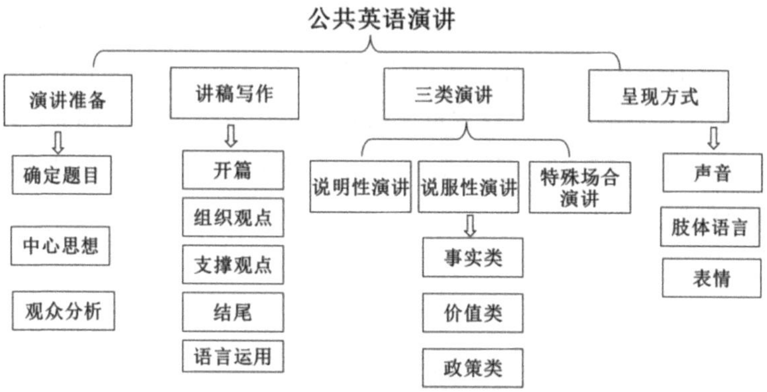

公共英语演讲

演讲准备：确定题目；中心思想；观众分析

讲稿写作：开篇；组织观点；支撑观点；结尾；语言运用

三类演讲：说明性演讲；说服性演讲（事实类；价值类；政策类）；特殊场合演讲

呈现方式：声音；肢体语言；表情

图 4-8　公共英语演讲教学内容概况

在数智化时代背景下，为实现以上目标，笔者深入挖掘课程思政元素，将“双创项目”和“志愿服务”与课程教学有机结合，在自建数字化课程资源的基础上开展混合式教学，以期实现全过程、全方位育人的目标。

2. 基于 POA 理论的公共英语演讲混合式课程思政教学流程

POA 理论强调以学习中心、学用一体、全人教育的教学理念，基于输出驱动、输入假设、选择学习、以评促学的教学假设，采用以输出驱动、输入促成、师生共同评价为主体的教学流程（文秋芳，2015，2017）。该理论操作性强，对于解决教学实践中的“学用分离”“育人与育才结合不紧密”问题，促成全人教育，实施大学英语课程思政教学有重要的指导意义。笔者以 POA 理论为指导，基于自建校本化微课资源，构建并实施混合式教学，取得了良好的教学效果。

校本化微课资源是在进行学情分析和教学反馈的基础上建设而成的，细致深入，针对性更强，并且不断优化、调整，有助于学生进行在线自主学习，充分吸收繁多的演讲概念及方法，加深对思政育人素材的认识。校本化微课资源特别强调思政教育的融入，注重选择高质量的语言素材，既包括思想境界高、弘扬正能量的语言材料，用于陶冶学生的情操、帮助建立正确的思想价值体系，也包括反映国内外社会和政治热点话题的语言材料，用于培养学生的家国情怀、拓宽学生的国际视野。经过精心设计与深入挖掘，凝练思政元素，不仅能让学生掌握英语语言知识，还能加深学生对国家发展、法律法规、历史文化、道德规范等的认识，实现学与用、育人与育才的有机统一。同时，辅以国家级精品慕课，满足部分学生的个性化拓展学习的需求。另外，还针对各个章节建立了习题库，用以在线自主学习测试及随堂测验。

基于POA理论的混合式教学是在融合数字化教学资源基础上，结合学生习惯使用信息技术进行学习的学情分析，依托智慧教学平台学习通开展实施的，具体流程见图4-9。

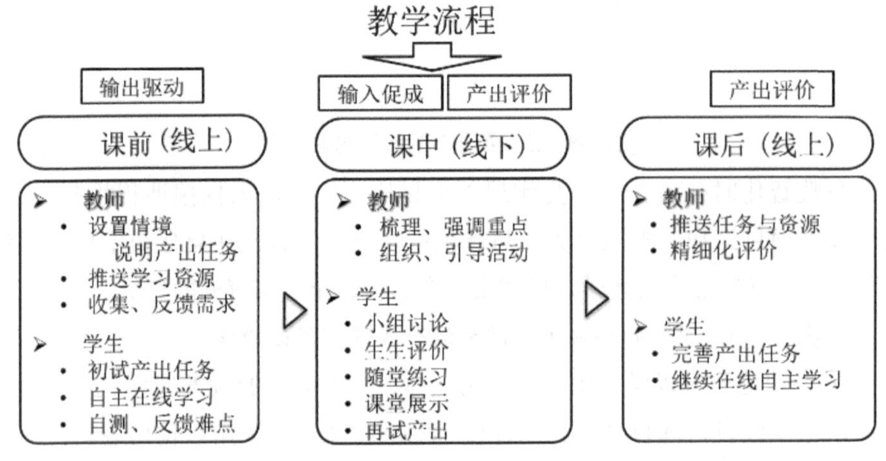

图4-9 基于POA理论的混合式教学流程

根据此教学流程，课前，教师设置情境，说明产出任务，推送自主学习资源，通过发放问卷、设置讨论区等收集反馈意见。教师在设置情境和产出任务时，不仅注重英语语言知识和技能的学习和应用，还巧妙地融入思政教育元素，如通过选取与社会主义核心价值观相关的实际案例，引导学生思考和讨论。在推送自主学习资源时，教师精心挑选既符合学生水平和需求，又能体现思政教学目标的多样化材料，如国家发展成就、历史英雄人物、法律法规解读等内容，确保学生在个性化学习过程中，能够深入理解和吸收思政教育的精髓。鼓励学生在讨论区就思政相关话题进行交流和反思，从而在课前学习阶段就培养学生的批判性思维和社会责任感。也鼓励学生在完成产出任务和自测时，探索和表达对课程所涉及的思政元素及理念的理解和见解，教师通过收集这些反馈意见，可以及时调整教学策略，确保思政教育在混合式教学中得到有效实施。这样的课前学习环节不仅为课堂教学打下坚实基础，也为学生的全面发展和思政素养的提升创造了条件。

在混合式教学的课中学习环节，教师在课堂上不仅梳理和强调英语演讲的相关重点难点，更通过精心设计的活动，如角色扮演、辩论赛、案例分析等，引导学生深入探讨英语演讲素材背后的思政内涵，激发学生的思考，使他们能够在实际语境中理解思政元素。鼓励学生在小组讨论和课堂展示等活动中积极表达自己对课程思政元素的理解和见解，教师则扮演引导者和观察者的角色，通过及时的反馈和指导，帮助学生将思政要素与语言知识结合，确保思政育人的深度和广度。此外，教师可以充分利用技术手段，如在线投票、实时反馈系统等，来增强课堂互动和学生参与度，不仅增加了课程思政教学的生动性和有趣性，也使得教师能够实时捕捉学生的学习状态和思想动态，从而更有效地进行针对性的教学和指导。由此，可以将课程思政教学与公共英语演讲教学相融合，不仅提升了学生的英语演讲能力，也有助于促进思政教学内化于心，实现知识传授与价值引导的双重目标。

在课后学习中，由于数智技术的赋能，课程思政教学可以通过多种形式和渠道得以实现。教师在课后不仅推送与公共英语演讲相关的学习任务和资源，如思政主题相关的阅读材料、视频讲座、讨论题目等，而且通过在线平台提供个性化的指导和反馈，确保学生能够针对思政教学内容进行深入的思考和理解。在课后的产出任务中，鼓励学生将思政教学内容与个人经验相结合，将思政理念具体化、实践化，这不仅促进了学生对思政元素的深入理解，也培养了他们将理论知识应用于实际情境的能力。教师的点对点评价至关重要，不仅关注学生对英语演讲知识和技能的掌握程度，也重视学生对思政教学内容的理解和应用。这种精细化的评价方式使得教师能够及时发现学生在思政认识上的不足，并提供相应的指导和支持，帮助学生在思想上得到成长和提升。在课后学习中，持续的师生交流与沟通是关键，它不仅加强了学生对该课程思政教学内容的领悟，还促进了思政教育的内化与外化。学生通过不断的实践和反思，逐渐将思政内容内化于心、外化于行，使其成为指导自己学习、工作和生活的重要价值观和行为准则。

3. 基于 POA 理论的公共英语演讲混合式思政教学实践

在分析国家育人目标、学科育人目标的基础上，笔者分析了本课程的育人目标，结合课程教学内容，认为本课程的思政育人目标主线为培养学生的家国情怀，批判性思维，正确的世界观、人生观、价值观。结合单元教学内容，构建了课程思政元素体系，并且遵循 POA 理论的全人教育理念，从输入材料的选择、产出任务的话题、教学活动组织形式、课堂语言的使用等方面入手，实现全面育人的目的，见图 4-10，并于 2019 年秋季学期到 2022 年春季学期开展教学实践。

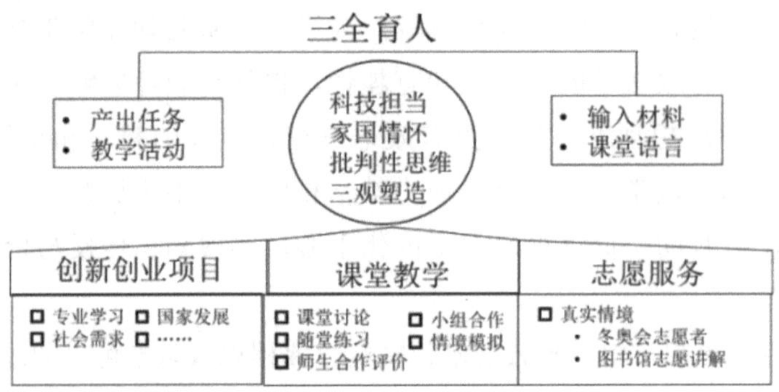

图 4-10　公共英语演讲课程思政体系

为实现以上课程思政教学目标，在课前，教师通过学习通推送学习资源，既包括相应的微课资源，又包括一些补充的学习材料，如习近平主席、傅莹、刘欣、杨澜等人的经典演讲，政府工作报告英语版，黄文秀等人物。学生进行在线自主学习、自测及反馈。基于此，学生既能学习英语演讲的相关知识，又能不断审视自己，培养家国情怀、科技担当和爱国主义精神。思政教学内容不是局限于某一个章节的，而是贯穿了整门课程教学实践，课程中的主要思政教学内容及其与章节的对应关系见表 4-2。

表 4-2　公共英语演讲课程思政教学内容及目标

课程知识点	思政教学内容	思政教学目标
General introduction —the Power of Public Speaking	宋美龄美国国会演讲； 杨澜申奥演讲； *Video China*《我们报道中国奇迹》	培养家国情怀； 培养批判性思维
Overcoming stage fright	做一个诚信并且自信的演讲者	培养学术诚信； 培养正确三观； 培养批判性思维

（续表）

课程知识点	思政教学内容	思政教学目标
Choosing a topic	CCTV《智慧中国之智慧前行》； 演讲案例——轻松学习阅读汉字	培养爱国情怀； 培养科技担当精神
the Central idea of Public Speaking	一个中心、两个基本点	增强政治认同
Beginning and ending the speech	我的中国梦——彭丽媛联合国教育演讲	培养家国情怀
Organizational pattern	政府工作报告英文版； 中国的希望工程 Keeping Hope Alive； CCTV 英文《我们报道中国奇迹》	培养家国情怀； 批判性思维
Supporting the speech	当今中国之年轻人——杨澜 TED 演讲	加强自我认知
Using language in public speaking	古音《诗经》、宋音《水调歌头》； CCTV 英文《中国抗疫志》； 历届政府工作报告中英文对照版	弘扬传统文化； 加强政治认同； 培养爱国精神
Informative speech	创新创业设计说明大赛； 华为 P30 新品发布会	培养科技担当精神
Persuasive speech	Is China a power?——傅莹牛津大学演讲 Why AI is incredibly smart and shockingly stupid——Ted 演讲	培养爱国精神； 批判性思维； 关注时事

除资源推送、自主学习及需求反馈外，在课前环节中，教师还会要求学生初试产出任务。在产出任务设计上，将“Report on College Students’ Entrepreneurship and Innovation Project（大学生双创报告）”作为主产出任务之一，鼓励学生将“双创项目”与自己的专业学习、国家发展、社会需求等结合。这种真实情境下的产出任务不仅极大地提高了学生的学习热情和动力，还能有效引导学生关心社会需求、国家发展和个人成长，助力了高阶思维的发展。为了降低产出难度，将主产出任务分解为几个前后关联的子产出任务，子产出任务融合在一起，构成完成的产出任务。

在课中，数智技术支持的智慧教学成为连接线上与线下教学的重要桥梁。基于混合式教学，教师可以进一步丰富教学活动组织的形式和内容。通过线上与线下相结合的方式，教师能够更有效地组织课堂讨论、小组合作、情景模拟和师生合作评价等活动，从而提升教学效果。例如，在“特殊场合演讲 Speeches on Special Occasions”一章的教学中，将“冬奥会场景”和“校史馆讲解”等多个场景纳入教学内容。学生可以通过教师在学习通平台提供的相关学习资源进行自主学习，如冬奥会的历史资料、演讲技巧的视频教程等，供学生在课前自学。线下课堂上，教师可以组织学生进行实际的模拟练习，如模拟冬奥会场景的演讲，或者进行校史馆的讲解演练。将志愿服务纳入课堂，不仅让学生在真实或接近真实的情境中练习，提升了学生的观众分析能力、特殊场合演讲能力、跨文化交际能力等综合素养，还在这种情境之下增强了民族自豪感和爱国主义情怀，进一步培养了其“中国心”，同时增强了学生的学习热情和动力。

在教学语言的使用上，特别注重语言使用的引导性，培养学生的批判性思维，引导学生树立正确的世界观、人生观和价值观。例如，在“数据的使用”一章的教学中，要服务于主产出任务之一——说明性演讲，也就是学生的双创报告，提升学生的学习动力。在输入材料上，使用多模态的学习材料，包括政府工作报告及杨澜的 TED 演讲，培养学生的爱国主义情怀。同时，在讲解数据使用的注意事项时，honest，credible，objective，ethical 等词反复出现，于无形之中培养学生正确的价值观。

课后的线上学习也是实现课程思政育人目标的重要环节，这是课程思政育人效果“内化于心、外化于行”的最后一步。在课后的线上学习为学生提供了自主探索、内化吸收、付诸实践的机会，不仅能够帮助学生回顾、巩固课堂内容，还能够引导他们思考更深层次的价值、文化、爱国等问题，并指引学生的个人行动。学生通过学习通提交思政主题主产出任务的子项目后，教师会对学生的产出任务进行点对点的精准评价，不仅对学生的英语演讲知识掌握和技能运用进行反馈，更在细微之处加强对学生思想动态的引导与塑造，从而在课后线上学习这个最后一环中实现课程思政育人的目标。

第5章 数字技术支持下的大学英语教学实践与研究

数智化时代不仅改变了信息获取和传递的方式，同时也重新定义了教育的本质和目标。在这样的时代背景下，大学英语教育站到了一个新的十字路口。如何更好地利用数智技术使其赋能大学英语教学，是当前大学英语教学面临的一个重要课题。笔者尝试从多个维度探讨数智技术在大学英语教与学中的运用，以期为大学英语教学的发展提供有益的洞见和创新性的实践建议。数智技术通常包含数字化技术和智能技术两大部分，在教育教学中有广泛的应用。为了方便阐述数智技术如何赋能大学英语教学，笔者将其分为两部分：数字技术如何赋能大学英语教学和人工智能技术如何赋能大学英语教学。

对于数字技术在大学英语教学质量提升中发挥的作用，笔者尝试从大学英语的资源建设、教学方法、教学手段及教学模式四个方面展开论述。

5.1 数字技术支持下的大学英语资源建设及实践

数字技术的发展及教育应用使得教学资源的获取和应用变得更加便捷高效，同时也为高等教育注入了新的活力。在这样的背景之下，探讨数字技术支持下的大学英语资源建设及实践具有重要意义。建设优质的大学英语数字化资源具有重要意义，它不仅有助于提升教学效率和效果，满足学生个性化学习需求，还有助于拓展学习空间和时间，促进教学创新和改革，并且有助于解决教育资源不均和地域差异带来的教育不公平问题，从而推动教育的现代化和提升教育质量的进程。微课作为一种新型的大学英语数字化教学资源，具有内容精炼、形式灵活和访问便捷的特点，备受广大师生的关注。探讨数字技术支持下的微课资源建设及应用符合当前教育信息化发展趋势，具有重要的实践意义。

5.1.1 大学英语新型数字化资源——微课

随着信息技术的飞速发展，各种形式的数字化资源层出不穷，如电子书籍、在线课程、教学视频、微课、电子题库、虚拟实验室等。其中，微课自21世纪初问世以来就因为其独有的特点而广受教育界关注。胡铁生（2011）将微课的特点总结为四个方面：主题突出、指向明确，资源多样、情境真实，短小精悍、使用方便，半结构化、易于拓展。作为传统课堂学习中的重要补充和资源拓展，微课受到了越来越多教师的关注。特别是随着学生碎片化学习方式的盛行、手持智能学习终端的普及以及现代信息技术的飞速发展，基于微课的移动学习、远程学习、在线学习、泛在学习等也随之而发展。

在当前的大学英语教学中，教学课时压缩、学生水平分化、涉及的语言知识及技能繁多复杂等问题交织在一起。微课由于其针对性、灵活性、互动性等，也受到了大学英语教师的高度重视，相继推出了大量的微课资源，其内容和主题涵盖课程导入、知识讲解、练习巩固、语言技能训练、文化拓展等。这些资源被推送到各种教学网站和平台上，形成了海量的微课资源库。教师输入关键词就可以轻松找到大量匹配教学内容的微课资源，这有效减轻了大学英语教学的备课压力，拓展了教学内容和资源，提升了大学英语教学质量。对部分教师来说，这也是一个再学习的过程，提升了教师的教学能力。

微课作为一种紧凑、专注的教学资源，不仅可以直接用于课堂教学，提供精准的知识点讲解，而且可以促进学生自主学习和课外拓展，辅助教师进行高效的教学设计和个性化辅导，同时它的可共享性有助于教育资源的广泛传播和优质教学经验的交流，进而推动教育方法的创新和教学效率的提升。因而，许多教师基于微课开展教学研究，设计课堂教学（王素雅，孙川，罗波，2023），构建教学模式（李晓东，曹红晖，2015；朱京，苏晓军，2015），实施教学实践，传播教学经验，取得了良好的教学效果。

5.1.2 自建大学英语微课的优势、原则及技术问题

根据笔者的观察和经验，发现部分教师倾向于从网络上寻找大学英语微课资源，认为这省时省力，还能基本满足英语教学需求。这种观点有一定的合理性，但是无可否认的是，自建微课具有网络微课资源无可比拟的优越性。但是，微课建设也并非轻而易举的，教师需要综合考虑多方面因素。部分教师之所以更倾向于网络资源，一个重要原因就是自建微课有难度，既有微课设计和组织的困难，也有技术方面的困难。在此，笔者将介绍微课建设中应遵循的原则，以及如何处理技术问题，以促进大学英语教师建设优质的微课资源。

1. 自建大学英语微课的优势

胡小勇、詹斌和胡铁生（2007）指出，决定资源应用的效益不在于其数量的多寡、容量的大小、类型的多样，而在于能否实现最大效度的实用性，即能否满足用户的“适需使用、适时使用、适量使用”需求。尽管当前网络上有海量的大学英语微课资源，教师可以轻易获得，但是笔者认为，在可能情况下，大学英语教师可以选择性地自建微课。

自建微课更能满足学生个性化学习的需求。学生在学科知识、学习习惯和英语水平等各方面均存在个体差异。任课教师才是最了解自己学生的实际情况的。在自建微课时，教师能够根据特定的教学目标和学生的特定需求，调整难度、深度和方法，量身定制微课内容。这有助于更好地满足学生的个性化学习需求，帮助教师根据学生实际情况进行差异化教学，提供更为贴近实际教学场景的资源。这也是校本化大学英语课程建设的一部分。优质微课资源还可以突破校本化课程的限制，在更大范围内共享，进而推动教育公平。

自建微课更易体现教师的个人风格，是与学生建立紧密联系的有力工具。在微课的创作过程中，教师可以通过语言表达方式、授课语速以及课程内容的安排等方面展现个人风格。这种个人风格的融入使微课不仅仅是知识传递的工具，更能促成教师与学生的互动，学生能够更直接、深刻地感知到教师的独特魅力，增强对学习的兴趣与认同感。

自建微课可以帮助教师更新教育理念、教学内容等。现代信息技术在飞

速发展，国家教育政策也随着时代的变化而在更新，所采用的大学英语教材、教育方向也会更新或再版。而网络上的微课资源可能存在过时的情况。自建微课资源可以根据最新的教学要求和趋势，及时更新课程内容和方式，使其与教师的教学理念相符合，并保证教学内容的时效性和准确性。

自建微课可以加深教师对教学内容的理解。制作微课时，教师需要更深入地研究和理解教学内容，简洁、清晰地传达信息，反复自我评估教学内容的准确性和深度，这能够加深教师对知识点的理解，同时也是提高英语教师教学能力的一种有效途径。特别是如果教师就某门课程建设一系列的微课，就更能把握该课程教与学的规律，为后期的教学研究奠定基础。

这并不意味着所有英语教师都得自建微课。有些教师可能没有足够的时间来制作高质量的微课，不熟悉微课制作技术或缺乏相关培训，或者网络上已经有了质量比较高的微课资源，教师也无需强迫自己建设微课资源。值得注意的是，使用网上微课资源时，必须进行恰当的梳理和筛选，保证所选用的微课资源最大限度地匹配教学目标、学生的学习需求、教师教学风格等，关注微课资源的可靠性和适用性，并根据实际教学情况对选用的微课资源进行优化调整。

2. 微课建设的原则

随着教育信息化的发展，大学英语微课建设的标准和内容也在不断更新和演化，但是有一些基本原则是要坚守的。当前，大学英语微课建设要以育人为核心、以立德为根本，以提高学生用外语讲好中国故事的能力、跨文化交际能力和自主学习能力为主要目标，针对外语某一知识点、技能点或问题点进行教学设计。笔者认为，当前大学英语微课建设遵循思想引领、设计为先、内容丰富、过程完整、观感良好的原则。

（1）思想引领原则

在新时代，立德树人是教育的根本任务。大学英语微课建设也不例外，首先要考虑其思想性。思想性是指课程内容和教学方法中所蕴含的价值观、道德观和世界观，它对于培养学生的综合素质和批判性思维能力至关重要。保证微课建设的思想性，需要在课程设计和素材选择等多个方面下功夫。这要求教师们在设计微课之前，就应当明确该微课建设的目标不仅仅是传授知识，还应实现其思想和价值引领的功能，而且这些目标应该贯穿微课设计的整个过程。因而，要选择具有启发性的教学素材，通过案例分析、互动思考等方式，挖掘教学素材中蕴含的思政元素，激发学生对价值观、优秀传统文化、政治认同等的深入思考。

（2）设计为先原则

教学设计决定了微课建设是否成功。教学设计往往始于选题。选题要体现“微”的特征，宜小不宜大，在5—10分钟内呈现出结构化的内容。如果选题太大，就会出现大而空的问题，每个方面都点到即止，但无法对重点内容进行深入详细的解释，也就失去了微课制作的意义。例如，有老师尝试以“Citation in Academic Writing”作为微课选题。这显然不是一个好的选题。尽管“引用”在学术英语写作中非常重要，也相对独立，但是这个选题过大，写成一本专著来详加阐述也不为过。微课选题应源于对教学需求的深刻理解。那些学生感觉难学、教师感觉难教却又在知识体系中占据重要地位的问题，是教学中常见的、典型的或有代表性的内容或问题，这些是比较理想的选题。但是，这些选题并非都适宜制作成微课。相对独立、自成体系的知识点更适合制作成微课。

微课设计还需同时考虑教学目标是否清晰明了。教学目标是整个微课设计的指挥棒，所有的教学内容、教学流程等都要服务于教学目标实现。因而，需要深入思考教学内容在整个知识体系中的地位，要进行深入的学情分析，突出教学重点。如果导入过长或嵌入视频过长，会导致“头重脚轻”，重点不突出，所制作的微课也就难说质量上乘。教学方法的使用也是微课设计的重要方面。教学方法要深入浅出、形象生动、精彩有趣、启发引导性强。

（3）内容丰富原则

微课在教学内容上要体现以学习为中心、以学习者为本的教学理念。需要考虑教学内容的组织与教学步骤的安排是否符合外语学习规律，是否富有逻辑性，是否适应学生的认知水平与特点。这也体现了学情分析的重要性，以及教师自建微课的意义。微课的教学内容还要考虑对教学主题的安排是否主线清晰、重点突出、逻辑紧密。要保证教学内容能够切实达成教学设计的目标要求，传播知识点、培养技能或解决疑难问题。同时，要保证微课的教学内容科学无误、内容正确、表述无误。

（4）过程完整原则

微课的教学过程应该是完整的，包括了导入、主体、小结、练习等环节。微课在时间安排上也要突出“微”的特点，主题导入要迅速，把时间留给教学重点，在有限时间内将知识点与问题阐述清楚。阐述过程中，逻辑主线要清晰，要紧紧围绕教学目标，使用充实而又准确的教学材料、精练而又简洁的语言，就知识点展开讲解、示例或练习。环环紧扣，层层递进，以达成教学目标。小结部分则要收尾快捷，对讲授的知识归纳总结，加深学生对所学知识点内容的印象，起到画龙点睛的作用。如果能在结尾处设计一个思考题或者作业练习等，与课程教学目标紧密相连，与教学内容遥相呼应，激发学生的思考，促进学生知识的内化吸收，将会是微课的完美结束。

（5）观感良好原则

微课是以视频为主要载体的教学资源，因此，其视频的观感效果影响着整个微课的质量。微课的良好观感首先建立在满足技术性规范的基础上：视频图像画质清晰、图像稳定、声音清楚、声音与画质同步；多媒体元素应用得当，界面安排科学合理，无学习干扰因素；整体设计形象直观、层次分明、简单明了，教学辅助效果好；视频声音清晰，发音标准，语速适当，有节奏感，语言富有感染力。新颖的形式、生动的语言素材及有趣的动画都可以提升观感度，调动学生的兴趣和积极性。

3．微课建设中的技术问题

微课制作需要基于一定的技术和工具。“工欲行其事，必先利其器。”良好的技术和工具有助于制作出更优质的微课。但是有的教师认为需要一些绚丽的动画、丰富的人物甚至教师出镜才能制作优质的作品。实际上，这是一个误解。微课制作应该遵循内容至上的原则。炫丽的微课制作技术只能是锦上添花。无论技术多么先进，微课的核心仍然是教学内容和学习体验。

微课制作的方法和工具有很多，技术难度各不相同。常见的微课制作步骤为：制作 PPT 课件→撰写微课脚本→脚本录音→将制作的课件录屏→将录音和录屏黏合到一起→制作字幕→所有元素合成→完成微课。随着视频制作技术的发展，这样的步骤已经有些落伍，但是仍旧能够满足微课制作的需要。

大学英语教师在制作微课时，仍旧应主要考虑微课的思想性、教学设计、教学安排等方面，创新内容呈现方式，满足学习者在碎片化时间和多元空间里多样性、个性化的学习需求。如果能紧跟时代潮流，不断更新制作技术，那自然是再好不过的。

常见的微课制作软件和工具，除了基础的PPT录屏外，还有喀秋莎万彩动画大师、Articulate Storyline、Adobe Audition（AU）、Microsoft Stream、Adobe Premiere等。这些软件和工具在功能上各有侧重。PPT是最基础也是最常用的工具之一，适用于制作简单的微课，可以通过添加动画、音频和视频来丰富内容。万彩动画大师是动画制作软件，适合制作动画风格的微课，可以创建角色、场景和动画效果。Adobe Audition（AU）是一个专业的音频编辑软件，可用于编辑微课中的音频处理。Adobe Premiere Pro则是一个视频编辑软件，具有丰富的视频剪辑和特效功能，适合制作高技术水准的微课视频。教师可以根据教学目标和自身的技术水平，选择合适的微课制作软件和工具。随着技术的不断发展，可能会有新的软件涌现，因此，需要持续关注行业动态。

不管使用哪种软件或工具，制作微课时，以下事项都值得注意：

首先，要精心设计画面，尽量图文结合、简洁清晰，避免过于拥挤。一个比较常见的问题，是一个页面上有大量的文字，造成信息过载，导致学生学习时抓不到重点。同时，要注意通过动画呈现同一画面上的信息的出现逻辑顺序，避免一股脑地呈现，导致学生的“眼睛”和“耳朵”不在一个节奏上。因此，设计微课时要充分考虑细节，包括但不限于字号、字体、颜色搭配、动画效果、配图等，只将重点信息呈现在画面上，其余的文字通过解说来展示，并且搭配合适的图片或动画，提升画面的观感，增强学生的学习兴趣。

其次，语言要清晰、凝练，通俗易懂。为了让学生能够明白微课所讲内容，有的教师可能反复强调，导致语言过于冗长，淹没了重点。要避免冗余的信息和过于复杂的句子结构。尤其是使用英语讲解时，语言要简练、直截了当，语速要适中，有适当的语调变化，确保信息清晰地传递给学生。在解释关键概念、学习重点时，尽量采用通俗易懂的语言，避免使用过于专业或难以理解的术语。另外，将语言与图表、图像、动画等视觉元素结合起来，有助于帮助学生更好地理解微课呈现的信息。特别注意的是，在使用第三方的图片、音频、视频等多媒体素材时，要具有合法的版权，避免侵权问题。

最后，要保证音、画、字幕的质量。微课的解说要发音清晰，确保录制的音频质量良好，尽量消除噪声。使用英语时，为重难点提供字幕或注释，这对英语听力水平不够的学生或在无法开启声音的环境中学习的学生特别重要。如果可能，整合一些互动元素，如问题集、测验、案例分析等，可以提高学生的参与感和互动性。

5.1.3 大学英语微课资源建设实践

如前文所述，与网络上搜集的微课相比，自建微课有其独特的优势。笔者也在教学实践中依托所教课程“公共英语演讲”开展英语微课资源建设。

微课建设应该始于学情分析。笔者所在学校的学生英语能达到中国英语能力等级量表的4—5级水平，听说读写基础较好，具备一定的英语视听说能力，能进行中等水平的英语听说活动，习惯于将信息技术应用于学习，但是对演讲结构、组织、类型等认识不清，有效分析、组织、展示演讲的能力不足，表达深刻观点能力不足，不能充分适应高强度的深度在线自主学习。经过综合分析本课程教学重点及难点，融合多本演讲教材内容，通过“找（存在的问题）、讲（理论知识）、析（成功案例）、做（自主练习）”四步走有机结合的方式，制作系列微课。该系列微课涵盖了公共英语演讲的主要知识点，各个知识点相互独立又共成体系，旨在改善当前演讲课上理论讲解耗时过多，严重挤占课堂展示、反馈和修改时间的现状。

“找、讲、析、做”四步走的教学方法能实现“做中学、学中做”的教学理念，培养学生的批判性思维能力、演讲实践能力和沟通能力。能够满足广大学生对提高英语演讲能力的需求，扩大公共英语演讲课程的受众面，从整体上提高学生的英语表达能力。系列微课资源见图5-1。

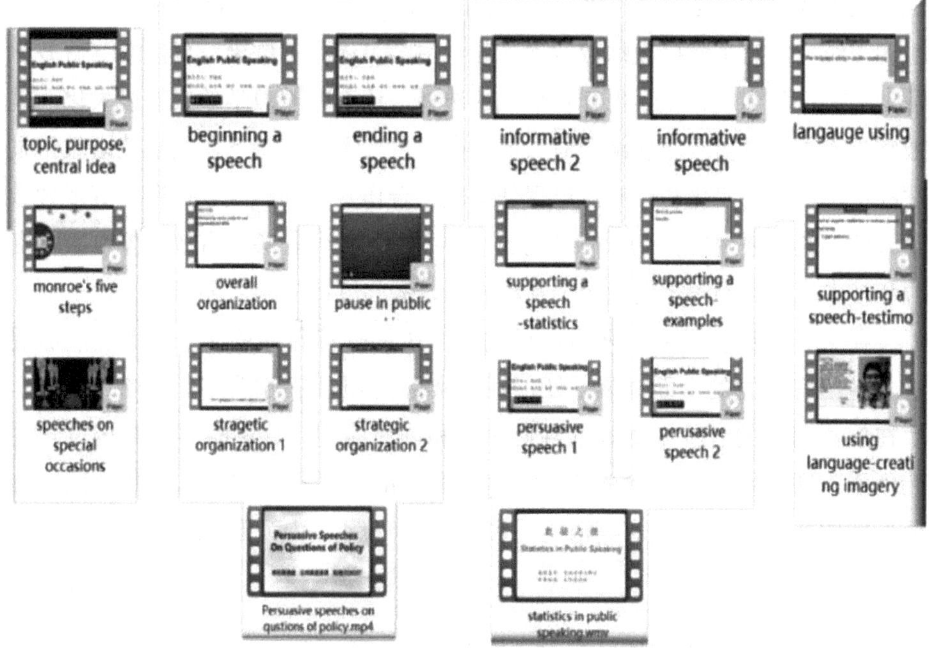

图 5-1 大学英语微课资源建设实践

部分要点的教学内容比较复杂，如说服性演讲。制作微课时，会对这些教学内容进行解构，将大主题或难点拆解为更小、更易解释的子主题，确保每个微课只聚焦一个特定子主题或技能，对其展开深入的讲解，帮助学生对教学内容有更深层次的理解。拆解知识点后，必须确保微课之间的逻辑顺序通畅，帮助学生逐步构建起整体概念。

微课资源本身不能自动转化为学生的知识和能力，单纯的微课资源推送只会增加学生的学习负担，无法有效地促进知识的吸收和技能的提升。教师需要精心设计和组织后续的课堂教学活动，才能保证学生能够从这些数字化资源中获得学习效益。笔者基于微课资源尝试开展 SPOC 翻转课堂教学和混合式教学，具体内容见 5.4。

5.2 数字技术支持下的大学英语教学方法研究及实践

教学方法是教师和学生在教学过程中为了实现教学目标、完成教学任务而采取的方式、办法与途径，包括教师教的方法、学生学的方法以及两者之间的协调与统一。它是连接教师教学理念与学生学习体验的桥梁，直接影响着教学活动的设计和实施、教学内容和形式的选择，还影响着教学效果的最大化，是数字技术与教育实践成功结合的关键。在数字技术的支持下，大学英语教学方法经历了显著的变化和创新，出现任务式、合作式、项目式、探究式等多种教学方法。通过采用现代化、信息化的教学方法，教师能够更有效地整合数字资源和技术工具，为学生创造一个互动性强、参与度高的学习环境。

在大学英语教学中，采用项目式教学法具有特殊的意义。它不仅能够促进学生语言能力的全面发展，还能通过实际的项目任务模拟真实场景，让学生在解决问题的过程中锻炼批判性思维和创新能力。这种教学法强调以学生为中心，通过团队合作完成项目，培养学生的沟通技巧和协作精神，同时使他们能够在实践中深化对英语文化和语境的理解，从而更好地适应国际化的人才需求。

5.2.1 数字技术支持下的项目式大学英语教学研究

《大学英语教学指南》（2020 版）充分肯定了信息技术在大学英语教学中发挥的作用，鼓励将信息技术应用于大学英语教学，并且明确指出，大学英语课堂教学可以采用项目式等教学方法。可见，项目式大学英语教学实践与反思具有重要的现实意义。

项目式教学（Project-based Learning）有深厚的理论基础，它扎根于建构主义理论和实用主义理论，提倡在教师指导下的、以学习者为中心的学习，既强调学习者的认知主体作用，又不忽视教师的指导作用。Kraft（2005）就PBL 教学模式与设计提出了 17 条标准、8 个基本要素。美国巴克教育研究所（Buck Institute for Education，BIE，2015）认为项目式学习是一套系统的教学方法，是对复杂、真实问题的探究过程，也是精心设计项目作品、规划和实施项目任务的过程。该研究所提出了项目式学习的 7 条黄金评价标准，认为项目式学习始于一个具有挑战性的问题，其特征之一就是真实性，在开展过程中，学生的声音和选择得到充分的尊重；对于最终产生的公共成果，学生之间、教师要对其进行评价，并促进成果的修改；最终要对整个项目进行反思，促进项目改进。有效的项目式学习能够整合学习内容与学习目标，培养学生的综合能力，倡导以学生为中心，学生是自己学习的决策者，强调基于团队的合作学习与充分考虑个体学情的个性化学习。在这个过程中，教师发挥多重角色作用，如领导者、管理者、教练、观察者、促进者，重在发掘和调动学生的互动性和潜力，促进自主学习和合作学习。

大学英语学习具有语言实践需求高、语言技能综合发展、学情多层次等特点，这使得项目式教学成为大学英语教学的一种有效方法。自 20 世纪 70 年代中期起，国内外语言教育界就对项目式学习进行了深入的研究。美国国家外语资源中心（NFLRC）将 PBL 拓展为 PBLL（Project-based language learning）。许多研究者就 PBLL 的结构、要素、师生角色、成果导向、评价等展开实践研究（如 Markham，2011；Evan & Cindy，2017；Lee & Lim，2012；Dar etal，2018 等）。Beckett & Miller（2006）认为，项目式学习（Project-based Learning，PBL）糅合了探究式教学和任务型教学的特征，以项目为主线，以任务为驱动，强调在教师的引导下，以学生为主体、以问题为中心，在他人的帮助下，利用必要的学习资料，解决现实问题，获得知识和技能，包括提出问题—分析问题—解决问题—成果汇报—反思与评价五个基本阶段。项目式学习具有强大的理论基础，包括建构主义学习理论、多元智能理论、实用主义教育理论、发现学习理论等，其中最有代表性的是建构主义学习理论。建构主义认为学习是一个能动建构的动态过程，是学习者本人在教师和同伴的帮助下，在真实情景中以协作会话的形式自觉主动地建构知识意义的过程（刘景福，钟志贤，2002）。

国际上关于项目式教学的理论研究和实践探索推动了国内相关理论研究的发展（王海啸，夏珺 2015；张文忠，2015），提出以创新能力培养为目标的本土化的 iPBL 概念；也推动了应用研究（高艳，2010；刘松，普映山，2015）和教学效果的实证研究（陈晓丹，2013；杨鑫，2021）发展等。教学实践表明，PBL 不仅有助学生知识和技能的掌握，还能全面提升学生的综合素养。

5.2.2 数字技术支持下的项目式大学英语教学实践

纵观国内外三十多年的项目式教学实践研究，可以发现，项目式教学在语言学习的多个方面起到积极的作用，如学习动机、学习自主性、批判性思维、语言技能等。在信息化的浪潮下，项目式学习必然离不开信息技术的支持。尤其是以互联网为代表的数字技术能够在项目式学习的情景创设、资源提供、深入交流、学习过程的记录与评价等方面起到积极的作用（冯永华，曾巍，2006）。但是，这些研究的周期多为一个学期，很少汇报项目式教学的历时变化。为了解项目式大学英语教学中，学生对数字技术支持下的项目式英语学习的认识产生了怎样的历时变化、哪些方面值得肯定、哪些方面需要改进，笔者进行了历时 2 学年、4 个学期的教学实践。

1. 数字技术支持下的项目式大学英语教学设计

在笔者的一项研究中（李继燕，2018），以所在学校的大学英语实践班学生为研究对象开展教学实践。该班级共 31 名学生，其中男生 20 人，女生 11 人。使用教材为《新视野大学英语》（第三版），包括读写教程和视听说教程，每个单元后的项目是学期项目的重要来源，项目概况见表 5-1。

在实施项目式教学的 4 个学期中，每学期 16 周，共计 64 学时。每学期实施 3 个项目。为保证项目按时、有效地完成，项目设计综合考虑了时长、形式、展示方式、课内与课外、知识性与趣味性等多个因素。每学期都涉及口头表达类、读写类和趣味类三类项目。项目式教学与正常教学相辅相成，是对正常教学活动的深化、补充和延伸。口头表达类项目，如演讲、调研报告、辩论等，持续时间较短，多在 2—3 周；其形式来自教材的推荐，是对课堂教学内容的深化和拓展。读写类项目旨在扩大学生的阅读量，提升阅读速度和深度，加强写作训练，持续时间较长，与其他项目同时进行，是对课堂教学的有益补充。情景对话、戏剧大赛、电影配音、微电影等项目能有效调节课堂学习气氛，增强学生英语学习的活力与兴趣。每学期约 4 课时用于项目介绍及成果展示，对正常教学不产生实质性冲击。

根据学生对项目式学习的熟悉程度与项目难度，项目式教学分为三个阶段：初级阶段、中级阶段和高级阶段。初级阶段旨在让学生熟悉项目式学习的组织形式、实施流程和评价方式，中、高级阶段的项目难度逐渐增大，更重视学生的英语应用能力，具体见表 5-1。写作、辩论类项目采取教师评价方式，其余项目师生共评，其中师评占 80%、生评占 20%，每组学生评价其他

3 组。每学期的项目实施步骤基本相同，见图 5-2。

表 5-1　项目式大学英语教学实践安排

阶段	学期	项目形式	时长	学习形式	备注	评价方式	展示形式
初级阶段	第一学期	情景对话	3 周	合作学习	教师展示示例短片，2—3 人一组，根据既定情景，组织不少于 10 个话轮的对话	师生共评	课上，2 学时
		*简本阅读概述	8 周	自主学习	床头灯 5000 词和书虫 6 级系列，分 4 次阅读并撰写故事梗概，上传批改网，人机共评，进一步修改	师评	课后
		故事编写讲述	3 周	合作学习	教师给出第一句话，包括 who、when、where，小组自行编写并修改，小组代表课堂展示故事	师生共评	课上，2 学时
中级阶段	第二学期	模仿演讲	2 周	自主学习	教师讲解成功演讲的特征，学生自行确定约 3 分钟的模仿演讲，小组成员分析所选演讲的优点（节奏、气势、思想等），形成中文日志	师生共评	课上，2 学时
		*小说阅读与概述	1—2 周	自主学习	教师提供故事性、可读性较强的小说列表，学生从中自由选择；分 6 次完成阅读，分别撰写小说梗概并上传至批改网，根据意见进一步修改	师评	课后
		电影配音	4 周	合作学习	拟配音电影应：8—10 分钟、角色分配合理、语速适中、发音清晰、以对话为主，学生之间配合紧密，学生的语速、语音、情绪都要紧跟电影	师生共评	课上，2 学时
	第三学期	英语演讲	3 周	自主学习	主题来自教材，学生自拟演讲内容，时长约 3 分钟。初稿上传批改网，人机共改。要求结构完整、有内容、有个人经历，注意演讲风格	师生共评	课上，2 学时
		调查报告	6 周	合作学习	主题来自教材或自拟，学生自行编写调查或访谈问题、收集分析数据、撰写报告、制作 PPT 并展示。	师生共评	课上，2 学时
		短剧大赛	6 周	合作学习	主题来自教材三个单元：*life stories*、*war and peace*、*the art of parenting*，也可自拟。学生自行设计情节，编写剧本、台词	师生共评	课后
高级阶段	第四学期	辩论	2 周	合作学习	主题来自教材 *Nature: To worship or to conquer*。分 2 场进行（7 人 vs 8 人、8 人 vs 8 人），一人开场立论，一人总结陈词，其余人自由辩论	师评	课上，2 学时
		*读写看说一体化	8 周	自主学习	教师确定读本：*Tuesdays with Morrie*，学生分 3 次完成阅读并撰写梗概，观看电影，就其中一个主题（共 14 个）撰写个人反思，经修改后课堂展示	师生共评	课后 + 课上 2 学时
		微电影	6 周	合作学习	微电影 5—10 分钟，主题来自教材或学生自拟，学生自行设计微电影情节，分配角色，编写、翻译、熟悉剧本，拍摄、剪辑视频，编辑台词	师生共评	课上 2 学时

注：带 * 的阅读与写作类项目多与其他项同时进行。

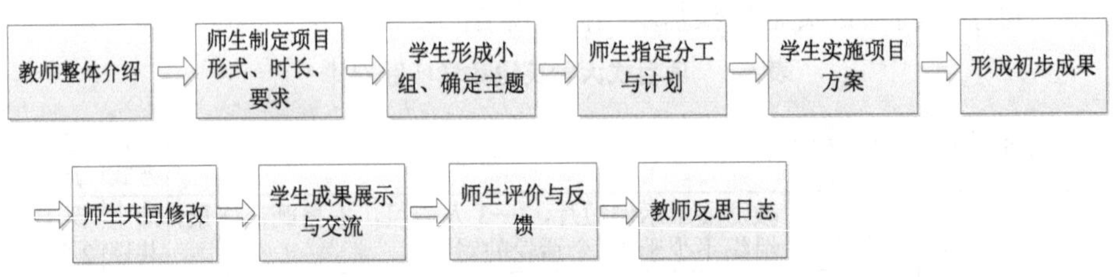

图 5-2　大学英语项目式教学实施步骤

为了解学生对项目式教学认知的历时变化及需要改进的方面，笔者采取定性与定量分析相结合的方法进行研究。其中，以定量分析为主，采用调查问卷的形式进行，调查问卷设计参考 Kraft（2005）的项目式学习通用评价标准，共 36 个题目，包括学习动机、学习效果、综合能力、教师支持、信息技术支持五个方面。问卷采取李克特五级制，1=“完全不赞同”，5=“完全赞同”。为保证学生能认真对待，问卷调查在学期末课堂上进行，所得数据用 SPSS19.0 分析。定性分析以访谈和教师观察形式进行。访谈为半结构化个别访谈，旨在探讨现象数据分析背后的原因，每学期末在对调查问卷数据进行初步统计分析后进行。教师观察贯穿教学实践中，发现学生英语应用能力、态度等的变化。根据课堂观察，综合考虑英语水平、学习态度、学生意愿等因素确定受访学生。

2. 数字技术支持下的项目式大学英语教学效果

对于项目式大学英语教学的效果，笔者尝试从学习动机、语言学习与运用、综合能力、教师支持、数字技术支持等方面展开。

（1）学习动机

学习动机是学习者探寻学习活动意义和价值的内部驱动力。Dŏnyei(2009）指出，项目式教学通过语境化的真实任务，有助于促进学生“做中学”，激发学习热情和动机。实践表明，学生认可项目式学习对提高英语学习动机的实际效果，每学期总体均值在 3.63—3.84。其中，动机水平最高的是第一学期，而后略呈逐步下降的趋势。

学习动机分为内部动机与外部动机。内部动机指学生进行的学习活动是出于内在的兴趣和愿望。根据表 5-2，从历时的角度看，学生的内部动机水平（Q1—Q6）呈下降态势，第三学期内部动机水平最低。具体来说，学生对具体的项目形式（Q1）持续地高度认可，均值接近或大于 3.8；比较认可其评价方式（Q3），均值 3.6—3.8。项目形式新颖，难度逐渐加大，符合学生的认知发展规律，集趣味与知识发展于一体，成绩评定注重学习的过程性，由师评、生评、自评组成，能充分调动学生的参与度和主动性，因而项目形式和评价方式获得了学生的普遍认可。

学生对学习过程（Q5）的认可度相对较低，均值 3.4—3.6。学习周期长、大量的阅读与写作、网络技术操作、同伴比较带来了很大压力，项目有难度，需要付出很大的精力，对学习过程的认可度不高。

学生对提高学习兴趣（Q2）的认可度呈下降趋势，第三学期显著低于第一学期（$P < 0.005$）；项目式学习带来的成就感（Q3）和自我肯定的喜悦感（Q5）保持较为稳定的水平。这一现象看似矛盾，实则在情理之中。第一学期，有趣充实的学习模式、极高的师生与生生互动提高了学生的学习热情，但是随着对学习模式的熟悉，对项目式学习提高英语学习兴趣的认可度随之下降。尽管如此，克服困难完成项目所带来的成就感和自我满足感还是不容置疑的。

外部动机是指学习活动所受的外部刺激与激励。外部动机（Q7—Q9）总体上呈现较高水平，但同样第三学期外部动机水平最低。具体说来，第一、二学期，学生的同伴竞争意识（Q7）和赢得师生认可的意识（Q8）较强，第三、四学期则明显降低，其中获得师生认可的意识显著下降（$P < 0.005$）。访谈显示，这与学生意愿密切相关。大一新生展示和改变自己的意愿强烈，第三学期之后，许多学生认为师生之间已经形成固定认识，获取师生认可的意愿降低。学生对获得将来工作上的认可（Q9）持有稳定的、较高的评价，均值 3.76—3.93，可见工具型动机仍是支持大学生英语学习的重要动机类型（周燕，高一虹，2006）。

表 5-2　学习动机

问题（编号）	T1	T2	T3	T4
我非常喜欢这些项目实施的形式（Q1）	3.93	3.85	3.79	3.81
项目式学习很大程度上提升了我的英语学习兴趣（Q2）	3.87	3.72	3.53	3.67
我非常喜欢项目式学习所采取的评价方式（Q3）	3.84	3.76	3.65	3.63
项目式学习给我带来了很大的成就感（Q4）	3.75	3.73	3.58	3.65

（续表）

问题（编号）	T1	T2	T3	T4
我非常享受项目式学习的过程（Q5）	3.63	3.56	3.42	3.44
项目式学习给我带来肯定自我的喜悦感（Q6）	3.62	3.63	3.63	3.67
在项目式学习中我想表现得比其他人更好（Q7）	3.98	3.83	3.71	3.77
在项目式学习中我希望获得老师和同学的认可（Q8）	4.02	3.88	3.66	3.61
项目式学习能让我在将来的工作中自如地使用英语（Q9）	3.93	3.84	3.76	3.87
合计	3.84	3.77	3.63	3.68

（2）语言学习与运用

根据布鲁姆认知领域的目标分类，学习活动不应局限于记忆、理解等低层次领域，更要重视较高层次的应用、分析、评价、创造领域。获得语言能力，不仅要分解语言知识，更需要综合使用这些知识的实践活动（Nunan，2006）。项目式学习作为一种深度学习模式，不仅有助于知识的识记与理解，而且通过综合性和实践性项目，能有效促进新旧知识的融合，促进新知识的发展和应用（余渭深，2017）。

实践表明，项目式英语学习能有效促进部分语言技能的发展，提高英语的综合应用能力。对于项目式学习对英语语言技能与应用效果学生持有稳定的态度，没有显示出明显的历时变化。表 5-3 显示，学生普遍高度认可项目式英语学习对阅读（Q10）、写作（Q11）、口语（Q12）的提升作用，一定程度上认可对词汇（Q14）的提升作用，对听力（Q13）和翻译技能（Q15）提升作用的认可度最低。学生高度认可项目式学习对提高英语陈述与交流能力（Q16），学习深度和广度（Q17），语言使用的灵活性、熟练性和准确性（Q18）的作用，均值在 3.75—3.90 之间。

项目式学习中的大量深度阅读有效提高了阅读速度、理解深度，提供了写作素材。项目式写作练习与教材写作指导相结合让学生对作文“不犯愁”，在既定的框架下“有话说”，这尤其体现在日常口语活动和期末考试作文中。很多学生的作文从第一学期的空话、套话逐渐进步成了有结构、有观点、有内容的短文。项目成果最终都要进行口头展示，这有效锻炼了学生在公众场合的英语表达能力，尤其是即兴表达能力。语言输入和输出活动对词汇学习的影响是潜移默化的，但是由于从未进行专门的词汇讲解、练习和考察，因而学生认为对词汇的提升作用不高。项目式学习中并没有以听力或翻译为成果导向的活动，学生亦很少自主选择音视频材料或翻译材料来辅助完成项目活动，因而对听力和翻译技能的提升程度最低。学习项目提供了更为真实的语言使用环境，将语言学习与真实的交流任务融为一体，学生需要不断用英语解决真实问题，学生需要大量的课外学习和准备，进行中英文表达，教师、网络、同伴反复对成果内容提出修改意见，这无疑增强了学生的英语陈述和交流能力，加深了语言使用的深度和广度，提高了英语使用的灵活性、熟练性和准确性。

表 5-3　语言学习与运用

问题（编号）	T1	T2	T3	T4
项目式学习有效促进了英语阅读能力的发展（Q10）	3.80	4.01	3.91	4.01
项目式学习有效促进了英语写作能力的发展（Q11）	3.82	3.91	3.95	3.95
项目式学习有效促进了英语口语交流能力的发展（Q12）	3.95	4.11	4.17	4.04
项目式学习有效促进了英语听力的发展（Q13）	3.68	3.65	3.71	3.59
项目式学习有效促进了英语词汇的发展（Q14）	3.77	3.79	3.73	3.68
项目式学习有效促进了中英文翻译能力的发展（Q15）	3.52	3.57	3.60	3.47
项目式学习有效锻炼了中英文语言陈述和交流能力（Q16）	3.83	3.86	3.89	3.83
项目式学习有效提高了英语学习的深度和广度（Q17）	3.78	3.82	3.83	3.81
项目式学习增强了英语使用的灵活性、熟练度、准确性（Q18）	3.76	3.88	3.81	3.90
合计	3.78	3.85	3.83	3.80

（3）综合能力

大学英语教学不仅要提高学生的英语语言技能，同时还肩负着开发学生适应未来社会和工作所需知识和能力的重要使命。项目式教学不仅是一种基于内容的教学方式，它还有更大的教育价值，能够开发学生的综合实力（王守仁，2013；余渭深，2016）。

根据表 5-4，从整体上看，学生持续高度认可项目式学习对综合能力的提升作用，均值保持在 3.8—3.9 之间，没有体现出明显的历时变化。这也是项目式英语学习五个方面中均值最高、最稳定的方面。具体来说，学生认可度最高的是项目式学习对自主学习能力（Q19）、团队合作能力（Q20）、沟通交流能力（Q21）的提升作用，均值在 4 左右。这一结果在意料之中。对于解决实际问题的能力（Q22）、信息搜集与整理能力（Q23）也持有积极的态度，均值在 3.7—3.9。对于批判性思维的发展，学生尽管持有正面的评价，但是均值不高，仅在 3.4—3.5。教师不能有效设计利于学生批判性思维发展的项目活动，这是造成学生批判性思维发展不够的重要原因（陈晓丹，2013）。

访谈中，许多学生表示对项目式学习最认可的方面是综合能力的提升。项目式学习是做中学的过程，学生需要按照既定计划独立完成自己的任务，同时与其他成员密切合作。这既需要自主学习，也需要团队合作与交流沟通。学习项目是课堂学习与现实的结合，学生需要拓展课堂所学的知识和能力，深入思考分析所收集的资料，因而实际问题解决能力和信息搜集分析能力都有提升。不仅如此，学生在访谈中还表示项目式英语学习增强了问题思考的开放性、思维的逻辑严谨性、英语学习与专业知识或生活工作相结合的能力和跨学科思维能力。学生已经充分意识到了综合能力的提升对未来学习、生活与工作的重要性，认为项目式英语学习能一定程度上弥补当前教育缺乏相应训练的缺憾。

表 5-4　综合能力

问题（编号）	T1	T2	T3	T4
项目式学习有效提高了英语学习的自主性（Q19）	4.01	4.03	4.01	3.98
项目式学习有效增强了我们的团队精神（Q20）	4.06	4.09	4.05	4.05
项目式学习有效促进了师生、生生的交流和沟通（Q21）	3.92	3.97	4.07	4.01
项目式学习有效提升了用英语解决真实问题的能力（Q22）	3.77	3.84	3.95	3.91
项目式学习有效提高了搜集、整理、筛选资料的能力（Q23）	3.73	3.79	3.89	3.81
项目式学习有效促进了批判性思维的发展（Q24）	3.55	3.58	3.49	3.53
合计	3.86	3.90	3.91	3.87

（4）教师支持

根据建构主义学习理论，学生是意义建构的主体，教师是学生建构知识的忠实支持者、引导者和帮助者，给予学生多种形式的支持。项目式学习中不能忽视教师的主导作用，教师应向学生提供有力的支持和指导（高艳，2010）。

根据表 5-5，学生从整体上认可教师支持，但是认可度呈下降趋势，第二学年均值明显低于第一学年，均值依次为 3.84、3.78、3.70、3.64。笔者进一步将教师支持分为情感支持（Q25—Q27）和教学支持（Q28—Q30）。学生持续高度认可教师所给予的情感支持，四个学期的均值都在3.8左右。访谈中学生表示，项目式英语学习中，教师给予了学生极大的信心和鼓舞，尤其在第一学期，对学生无条件的信任和期望极大地提高了学生的学习动力。建立良好的师生关系，给予学生充分的情感支持，是英语学习中的关键因素之一。

学生对教师给予的学习支持（Q28—Q30）的认可度逐学期下降。第一学期，学生对教师提供的各项学习支持的评价最高，教师指导、评价、组织作用的均值分别为3.87、3.79、3.85。随后的学期中，学生对教学支持的评价逐渐下降，尤其是第四学期显著低于第一学期（P=0.007）。这是由学生对项目式英语学习的熟悉程度和自主学习能力决定的。第一学期，绝大多数新生完全不了解项目式学习，教师不得不在英语学习中提供大量指导，形成支架，并且组织引导学生实施项目，积极利用评价和反馈作用提高学习效果。随着学生对项目式学习的了解加深，大多数学生能够熟练、自主地完成项目式学习，对教师的依赖程度逐渐下降，因而该现象是学生熟悉项目式学习、自主学习能力提高的表现。

表5-5　教师支持

问题（编号）	T1	T2	T3	T4
项目式学习中与老师建立了友好的关系（Q25）	3.81	3.84	3.80	3.78
项目式学习增强了师生交流的深度和频率（Q26）	3.84	3.83	3.83	3.80
项目式学习中老师给予了极大的鼓励和信心（Q27）	3.85	3.87	3.84	3.79
教师的指导意见有效促进了项目活动的顺利实施（Q28）	3.87	3.76	3.61	3.47
教师的评价反馈有效促进了项目活动的顺利实施（Q29）	3.79	3.69	3.57	3.50
教师的组织安排有效促进了项目活动的顺利实施（Q30）	3.85	3.71	3.59	3.52
合计	3.84	3.78	3.70	3.64

（5）技术支持

诸多研究者，如顾佩娅（2007）、王勃然和王立婷（2014）等，从理论和实践上阐述了信息技术在项目式学习中的应用模式和作用。调查显示，学生整体上对技术在项目式英语学习中发挥的作用和提供的支持的认可度持续下降。均值呈现出明显的历时变化，依次为3.84、3.67、3.43、3.28，具体见表5-6。第一学期，学生高度认可技术在项目式英语学习中发挥的作用（Q31，M=4.11），持非常积极的态度（Q32，M=4.13），认可数字技术能提供丰富的资源（Q33，*M*=3.81）、能提供有效的评价与反馈（Q34，*M*=3.72）、促进师生交流和沟通（Q35，*M*=3.73）。第二学期，学生对数字技术的作用、态度和交流沟通仍持有较高评价，对数字技术所提供的资源和评价与反馈持肯定态度，均值在 3.65—3.83。第二学年，学生评价呈断崖式下降，尤其对数字技术发挥的作用和持有的态度上，均值从第一学期的大于 4.1 下降到在 3.3—3.5 之间。除了交流与沟通外（Q35），第三、四学期学生对各项的评价均显著低于第一、二学期（$P < 0.005$）。学生对基于数字技术的项目式学习对技术应用能力的提升作用（Q36）认可度较低，均值 3.1—3.5。第四学期的学生访谈中，很多学生认为信息技术对项目式英语学习所起的作用最小。

在本轮教学实践中，项目式学习中涉及的技术支持主要有正音、写作修改和资料搜集三部分。正音选用的 App 能提供准确的发音、丰富有趣的练习，学生能直接感受到显性支持带来的进步。不仅如此，这与学生的生活习惯密切相关。基于信息技术的英语学习使得“玩手机”“玩电脑”变得有意义。学生不仅享受到“玩”的乐趣，更能从中学到英语知识，提高英语水平。因而第一学期对技术支持的认可度最高。随着项目式学习的推进，项目难度和深度加大，信息技术提供的支持变成了隐性支持，如写作修改和资料搜集，学生要通过主观努力才能将其转化为显性支持，进步不够明显；大量的信息技术操作也一定程度上增加了项目难度，因而学生对信息技术支持的认可度不断下降。

表 5-6　信息技术的支持

问题（编号）	T1	T2	T3	T4
信息技术在项目式学习中发挥了重要作用（Q31）	4.11	3.83	3.53	3.42
我喜欢基于信息技术的项目式英语学习（Q32）	4.13	3.72	3.42	3.33
信息技术为项目式英语学习提供了丰富的资源（Q33）	3.81	3.65	3.36	3.07
信息技术能为英语学习项目的进展提供有效的反馈（Q34）	3.72	3.68	3.41	3.28
信息技术有效增进了师生、生生交流与沟通（Q35）	3.73	3.78	3.69	3.56
信息技术支持下的项目式学习有效提高了信息技术应用能力（Q36）	3.54	3.41	3.19	3.11
合计	3.84	3.67	3.43	3.28

根据数据调查、学生访谈与教师观察，可以发现：第一，学生整体上对项目式学习持有积极的肯定态度，持续认可具体项目的形式，阅读、写作和

口语技能的提升，英语应用能力的提高，综合素质的拓展，教师的情感支持。第二，学生在学习动机、教师的学习支持和信息技术在项目式学习中的应用上体现出较强烈的历时变化。学生的内部学习动机呈下降趋势，外部动机是促使项目式学习的重要动机来源，维持相对稳定的水平，分别均以第三学期为最低；对教师提供的各项学习支持的认可度不断下降，以第四学期最低；第一学期对信息技术在项目式英语学习中的作用的高度认可，之后逐渐下降，到第四个学期降到最低点。第三，学生认可度较低的是项目实施的过程，批判性思维的发展，对听力、翻译和词汇的提升幅度，不认为信息技术支持下的项目式英语学习能有效促进信息技术应用能力的提升。

教学实践还折射出了项目式大学英语学习中存在的一些问题：如第三学期的分水岭问题、项目设计的问题、如何发挥教师作用和促进教师发展的问题、班级容量问题以及数字化技术在项目式学习中的应用问题等。这些问题都关系到项目式教学实践的深度、广度、有效性和持续性，也是大学英语教学改革中的普遍性问题，值得我们进一步地思考和探索。

桂诗春（2015）指出，语言发展来自语言使用，语言使用能促进语言变化和语言习得，课堂教学应以使用为基础。项目式英语学习正是为学生学习和使用英语提供了这样一种环境，获得了广大师生的认可。项目式英语学习涉及大量的要素和主体，是一个复杂系统，具有动态性、非线性、开放性和适应性的特征（王兰兰，苗兴伟，2013）。能否顺利、有效地实施项目式英语教学，需要教师、学生和社会的共同建构。作为项目式学习的主导者，教师需要不断丰富自身的理论知识，指导教学实践，才能有效地开展英语教学。

5.3 数字技术支持下的大学英语教学手段研究及实践

教学手段是开展教与学时使用的工具、媒体或设备。当前，信息技术支持下的计算机、互联网和各种数字化工具已成为外语教学不可或缺的现代教学手段，如电子教科书、交互式教学软件、多媒体教学工具、移动学习应用、社交网络等。现代教学手段与传统教学手段的有机结合，为外语教学提供了丰富的资源和便利的学习环境，促进了教与学的互动和个性化，成为现代外语教学不可或缺的重要组成部分。

其中，基于 web2.0 技术的社交网络（Social Networking Sites，SNS）是一种广受学生欢迎的交互平台。当前国内主流的社交网络包括 QQ、微信、微博、抖音、快手、小红书、哔哩哔哩（Bilibili）、知乎等。这些社交网络具有用户生成内容、环境真实性、交流即时性、用户协作性等特征，用户能在多模态的动态环境下实现互动合作、信息共享。鉴于社交网络在学生群体中的普及程度和学生对其的熟悉程度，将其作为大学英语教学的教学工具和手段，不失为一种有益的尝试。实际上，社交网络作为语言学习的潜在平台，已经受到了外语学界的极大关注。

5.3.1 数字技术支持下社交网络在大学英语教学中的应用研究

在数字技术支持下，社交网络成为外语教学中一种新型的教学手段。社交网络的普及和互动特性为大学英语教学提供了一个新的平台，使得基于计算机中介的交流（Computer Mediated Communication，CMC）进一步发展。这种交流形式不仅支持传统的信息传递，还促进了学习者之间的互动和协作，从而为建构主义学习理论提供了实践的土壤。

许多基于计算机中介交流的英语学习研究都是从建构主义视角出发的（Fouser，2010；杨东杰等，2014；王丽，戴建春，2015）。实际上，建构主义学习模式必须得在计算机网络技术环境下实现的观点也得到了一致的认可（何克抗，1997；范琳，张其云，2003；郑东辉，2004）。建构主义认为学习是一个能动建构的动态过程，是学习者本人在教师和学习伙伴的帮助下，在真实的情境里以协作会话的形式自觉主动地去建构知识意义的过程，与此同时，学习者的认知结构也得以重构（刘景福，钟志贤，2002）。它包含了“情境”“协作”“会话”“意义建构”四大要素，特别强调情境创设和协作学习对意义构建的重要作用。社交网络具有用户生成内容、环境真实性、交流即时性、用户协作性等特性，具备建构主义学习理论对四大要素的要求。以其为平台进行英语学习时，学习者能够在真实的环境下，不断与小组成员协作交流，完成学习任务，解决疑难问题，最终实现意义建构。

基于社交网络的英语学习不仅可以实现建构主义学习观下学习者的

意义建构，更重要的是，它还可以实现批判式语言学习。批判式语言学习（Critical Language Learning）源于批判教育学。批判教育学以“赋权”为核心，强调解放个性、消解中心、解构权威，认为学校教育应该培养有文化、有批判精神和批评能力的公民（Kincheloe，2011），语言教育也不例外。Halvorsen（2009）研究了以 Wiki 为代表的日语社交网络的英语学习，认为批判式语言学习包括但不仅限于身份构建、学生赋权、自主学习、批判性素养四个方面。基于 Web2.0 技术的社交网络以“用户为中心”的特征对学生赋权与身份构建具有积极的影响，“用户创造内容”的特性为学习自主性的提高创造了有利环境，多模态资料的搜集、评价及应用都需要批判素养。可见，社交网络与批判式语言学习之间存在天然的联系。

基于社交网络进行批判式英语学习，需要考虑两个问题：第一，基于社交网络的英语学习是否具有可行性？第二，基于社交网络的英语学习如何实现批判式，即社交网络如何体现或影响学生的身份构建、学生赋权、自主学习、批判性素养？目前，在基于社交网络的语言学习中，同时探讨上述两个问题的研究仍旧较为少见。因而，数字技术支持下，基于社交网络进行批判式英语学习仍旧具有重要的意义。

5.3.2 数字技术支持下基于社交网络的英语教学实践

在笔者进行的一项研究中（李继燕，2017），以所教授的大学英语实践班为研究对象展开基于社交网络的教学实践，并进行了定量和定性相结合的研究。尽管越来越多的社交网络不断涌现，且各有特点，但是 QQ 凭借其丰富的功能、友好的用户界面、强大的社交网和在教育领域的应用，仍然拥有庞大的学生用户群体。授课班级学生（30/30）均使用 QQ 作为社交工具，因而选用 QQ 作为教学手段。

基于 QQ 的教学实践维持一个学期，16 周，每周 4 课时。其中，第 1 周讲解本学期英语学习计划，解释批判性英语学习涉及的身份构建、学生赋权、自主学习、批判性素养等四方面的含义，并演示 QQ 的基本操作，如发布日志、视频 / 音频，创建加入 QQ 群，评论空间动态等。本学期安排三项活动：① Survey and Report，4 人组，第 5 周进行；② Free Debate，正反两方，第 8

周进行；③ Mini Drama Competition，5 人组，第 14 周进行。第 15 周进行课堂讨论，反思本学期活动的得失。第 16 周上交期末的反思性写作。3 个学习活动均分四步走：①学生根据活动计划自由分组，创建 QQ 群，邀请笔者加入，所有成员互为 QQ 好友；②小组成员协商决定活动主题及内容，制订活动计划，报告教师，与教师协商，直到计划可行为止；③各小组按照计划展开学习活动，定期汇报活动进度；④成果展示、评价与反思。成果展示以小组为单位进行，评价方式采用同伴互评和教师评价相结合的方法。

该研究采用定量与定性分析相结合的方法探讨上述问题。定量分析主要用于可行性研究，问卷调查分别在学期初与学期末进行。学期初调查旨在了解学生对社交网络的了解、计算机水平、对基于社交网络的英语学习的初始态度、自我效能感等，共 7 个问题。学期末问卷调查主要针对学习效果与反思，共 10 个问题。定性分析通过访谈和反思日志进行。调查问卷结束后，根据调查结果与学生进行非正式访谈，尝试了解背后的原因。并要求学生用中文写一篇反思性作文，主题是“基于 QQ 的英语学习方式与传统英语学习方式异同的思考”，重点突出对身份构建、学生赋权、自主学习、批判性素养等四个方面的反思，不低于 500 字，越详细越好，从而定性分析学生在此四方面的认知与变化。

1. 基于社交网络进行英语学习的可行性研究

学期初问卷调查显示，学生认为自己能够较熟练地使用 QQ（M=4.34），但几乎没人（1/30）使用过任何英语社交网络；学生整体计算机能力处中等水平（M=3.57）。学生对基于 QQ 的英语学习兴趣较高（M=4.29）；期望值较高，认为能在较大程度上促进自己英语水平的提高（M=4.02），对此较有信心（M=3.89）。由此可见，学生对以 QQ 为代表的社交网络作为英语学习的平台持积极的态度，兴趣较高，且具备基本的技术基础。

学期末问卷调查显示，经过一学期的实践应用，学生对基于 QQ 的英语学习总体上仍持积极态度（M=3.86），但略呈复杂化状态，其中有 3 人完全不喜欢这种形式。访谈显示原因主要有两个：一是打字慢、干扰信息多等技术困难；二是大量信息输入、输出导致的英语学习负担大。综合英语能力有较显著提高，读、说、写能力提高较显著，均值依次为 4.35、4.20、3.88，但听力能力提高不显著（M=3.21）。访谈显示大量的信息输入与输出是读、说、写能力有显著提高的最主要原因。就信息输入的形式而言，学生的倾向性依次是文字资料、视频资料、音乐资料、图片资料、音频资料。这与材料的易接受程度密切相关：文字资料最常见；视频资料较生动、互动性强；音频资料最抽象，信息量大且难听懂。就基于QQ的英语学习活动形式而言，学生最喜欢的是英语聊天（包括群聊和单聊）、看同学对自己的评论、看同学的空间动态，最不喜欢的是录音频、录视频、写日志。聊天、看动态、看评论都是学生在真实环境下的互动交流，符合建构主义学习理论对情境、会话、协作的描述。

基于以上结果，笔者认为，以QQ为代表的社交网络可以作为英语学习的有效平台。它能够提供真实的语言学习、应用环境，同伴之间的交流互动形式多样、频繁又有深度，对提高综合英语水平有帮助。因此，可以认定基于社交网络的英语学习具有可行性。

2. 基于社交网络进行批评式英语学习

除了用以表达、交流，语言行为还影响着学习者对自己、对社会、对历史等的理解。可见，语言使用影响的不仅是交际能力，如何使用语言、语言水平都影响着学习者在目的语环境中是谁及能够成为谁的问题，也就是身份和权力问题。基于社交网络的学习还涉及自主学习和批判性素养的问题。接下来将依次介绍基于QQ的英语学习如何体现、影响着学生的身份构建、赋权、自主学习与批判性素养。

（1）身份构建

庞继贤等（2004）认为，身份具有两重属性：自我身份和社会身份。个人的自我身份是从外在形象到内在思想不同于他人的特征。社会身份是个人在权力关系网络中所处的位置（Benwell，Bethan & Stokoe，2006）。项蕴华（2009）指出，身份构建涉及自我身份意识、语言、权力等多个方面，是进行自我定义和不断修正的过程。基于社交网络的英语学习者的身份构建是个复杂的问题，交织着英语身份与在线身份的构建，但是同样涉及以上因素。

社会建构主义理论认为，人们通过与自我身份意识相关的描述或解释来构建、维系、增强或保护其身份意识。社交网络具有多模态性，不同英语水平、性格、风格的英语学习者可以选择不同的方式构建自己的在线身份：个人资料、QQ动态、QQ日志、图片、音乐、好友列表、公众号等都不同程度上反映了学习者的身份。他们能在真实的环境中构建自我，展现出课堂不易展现的一面，观察了解他人，并被他人所了解，这在传统的静态英语课堂上是不可能实现的。

具体学习活动、话语协商（对话或反思）对外语学习者的身份构建起直接作用（龚嵘，2015）。学习活动决定了身份建构的内容素材，而话语协商与反思则提供自我认知的技术工具，是身份的主要建构模式（Coll & Falsafi，1997）。在“Survey and Report”中，某小组将大主题定为“对文化了解的调查”。在进一步确定详细主题时，学生DXY的建议是调查大学生对美国“迷失一代（the Lost Generation）”文学的了解，并提供了一些在线资料链接，被称为“文学青年”；学生WJY则通过比较与反思，认为自己对美国文学所知甚少，是一个“Loser”。“文学青年”“Loser”的身份标签反映了学习活动及反思对学习者对他人身份及个人身份构建的影响。同时，基于社交网络的英语学习活动还有助于形成学习者的团体归属身份（Gee，2000）。在由共同学习活动形成的英语学习小组即学习共同体中，学生在与同伴的不断互动中构建了紧密的关系，形成了共同体成员身份，增强了英语学习的归属感。这使得学生心态放松，进一步增强了使用英语的意愿。

一个人的社会身份存在于权力关系中，通过权力关系获得（钟志贤，2008）。权力关系的改变带来社会身份的改变。基于社交网络的英语学习中，学习者是自己所处权力关系网的中心，教师只是众多好友中的一员，教师与学生的权力关系发生了根本性改变，教师与学生的身份也随之发生了根本性改变。学习者从传统教师权威下的附属变成了学习活动的主体，教师从传统教育中的知识、资源的唯一掌握者、提供者变成了学习活动的发起者、组织者、顾问。

期末的反思性作文中有学生写道：

“最初在QQ空间发布英语作业、资料等感觉很尴尬，因为很多同学，尤其是非同班同学，评论说是英语学霸、太上进，让人感觉怪怪的；但随着项目的推进，用英语发布动态、日志的同学就越来越多了。”——归属感

“在 QQ 群上讨论英语话题是多线程的，能同时了解很多人的想法，对自己的相关知识有更深刻的了解。”——自我认识与他人认识

“跟老师交流的越多，越像朋友。自己读的、说的、写的越多，越像主人公。”——师生身份的变化

（2）学生赋权

建构主义学习理论认为学生是学习活动的中心，教师是学习活动的合作者和帮促者；师生关系应该是民主平等的、和谐协作的、互动对话的（Dimick，2012）。这与批判教育学关于赋权的观点是一致的。批判教育学的核心是赋权于无权群体（即学生）。这需要改变传统的教师权力中心地位。社交网络是以用户为中心的，以此为平台的英语学习能够摆脱传统的学校与教师的权力制约，让学生积极参与学习过程，为自己的学习做出决定，从而实现学生赋权。

学生赋权有三个维度：社会赋权、政治赋权、学术赋权（Dimick，2012）。三个维度的赋权中常被忽视的是社会赋权和政治赋权，原因在于学校及教师权力至上，导致学生争取权力的途径极其有限。尽管三个维度的赋权相互促进、相互依存，但分别探讨有助于探索、建立、维系能够实现三个维度学生赋权的课堂或课程结构。因而，笔者将分别探讨基于社交网络的英语学习如何使得学生在三个维度实现从表层（token）赋权到深层（deep）赋权的转变。

社会赋权指师生、生生之间的关系和互动要具备安全性、支持性、非歧视性、非压迫性（Dimick，2012）。社交网络以用户为中心的特征决定了学生是学习活动的主体，教师是发起者、参与者、支持者与鼓励者，权力中心由教师转向学生。以 Survey and Report 为例，某小组在一次群讨论中，绝大部分话轮（conversational turn）由学生掌握：学生共发布信息 135 条，教师只有 11 条，且多为评价性、引导性的话，几乎没有干预性、指令性的话。此外，学生自主决定学习活动的时间、内容、发言形式（文字或语音），发言时不受教师表情、语气、肢体语言等压迫或催促，不受害羞、内向等性格特征的限制，有充裕的时间思考、组织语言、表达想法。这样的师生、生生交流满足社会赋权对师生、生生互动关系的需求，保证了每个学生都有自由、充分地

表达自己的权力，从而增强了学生的社会赋权。

政治赋权指学生能够认知到建立维持不等权力关系的结构力量并有意识地给予批评，正式或非正式地与教师就学习内容、目标及形式等进行协商谈判（Dimick，2012）。以 In-class Debate 为例，笔者最初的计划是将全班分为正反两方，课后收集整理材料，课上自由辩论，旨在让学生体验英语辩论。但课后在 QQ 群讨论时，两方都向笔者反映这种辩论方式的不当之处和可能造成的后果，如有人一直发言、有人从不发言的现象，前后辩手的逻辑不搭等后果。经过与笔者协商，全班分为 6 个 4 人组、2 个 3 人组，采用四人制或三人制辩论形式。这说明当学生不认同教师设定的学习目标、活动方式时敢于提出批评意见，与教师协商，直到得出符合学生需求的方案，实现了政治赋权。

学术赋权指要使学生具备足够的专业知识能力，满足社会对学生的要求。对英语学习者而言，就是要提高学生的综合英语水平，这是三个维度赋权中最容易实现的。基于社交网络的学生学术赋权主要通过团体合作学习实现。团体行动对赋权产生积极影响（彭金定，2002）。本研究中，基于 QQ 群的学习小组本质上是学习共同体，其成员（教师与学生）为了有效完成学习任务而互动交流、资源共享、优势互补，提高了学习的针对性、目的性、动机水平。以 Mini Drama Competition 为例，某小组为确定主题，在 QQ 群内共享 4 份不同主题的材料供讨论选择。为更好地呈现话剧效果，小组成员各展所长：擅长写作的学生负责剧本的编写修改，发音地道的学生帮助他人改进语音语调等，电脑技术好的学生负责背景设置等。这样，学生暂时地承担了教师的角色，形成了有力的同伴支持，大大提高了学生学习英语的热情和效果。这在期末问卷调查结果中得到了印证：学生认为自己的英语读、说、写的能力有显著提高，均值依次为 4.35、4.20、3.88。

期末的反思性作文中有学生写道：

“表达自己的想法时更放松、更充分。”——社会赋权

“说服老师改变辩论形式很有成就感。”——政治赋权

“大家把资料发到 QQ 空间动态或群里，资料更有针对性，有助于完成任务。”——学术赋权

“读、写、说工作量最大的一学期，也是提高最快、最充实的一学期。”——学术赋权

（3）自主学习

建构主义对学习者与教师角色的认定影响着自主学习的发展。自主学习是学习者掌控、负责学习目标、内容、进度、策略、监控、评估等方面的学习方式（Holec，1981）。它同样意味着学习者是学习活动的主体，教师的干预较少，因而与学生赋权有重合之处。实现学生赋权有助于提高学习者的自主学习能力，但学生赋权强调的是学习活动中权力中心由教师转移到学生，而自主学习强调的是学习过程的主动性、独立性、自控性。彭金定（2002）指出自主学习并不是一个全有或全无的概念，而是一个程度问题。基于社交网络的英语学习的多个特性有助于学习者在学习依赖 / 学习自主的连续体逐渐靠近自主学习一端。

一是社交网络自身的用户定制性。通过自主创建、评论、分享多模态信息，学习者从意义构建的被动接受者变成了主动创造者和传播者。这种行为的反复践行培养并强化了学习者的自主意识，逐渐迁移（transfer）到英语学习中，为英语自主学习奠定深层次的意识基础。

二是三个真实性（authenticity）：任务的真实性、环境的真实性、材料的真实性。真实的学习任务呈现了真实的语言交际运用情境，需要真实的学习材料才能满足需要。自主搜集真实材料，进行有针对性的筛选，并在真实的环境里恰当应用，都促进了学习者的自主学习。如某小组的短剧主题定为“Cinderella（灰姑娘）”，为更好地表演短剧，他们找到了英文原版故事书、迪士尼动画片。利用这些真实材料，根据表演情境、时间限制、同伴英语水平等进行表演创作的过程促进了英语自主学习的发展。

三是基于社交网络的英语学习的独立性。独立性是自主学习的灵魂（余文森，2004），自主学习与锻炼独立学习能力的环境和机会密切相关（Dickinson，1992）。基于社交网络的英语学习尽管有丰富的共享资源、多样的小组讨论等，但仍需要学习者独自消化、吸收材料，为小组讨论做准备。这有利于自主学习能力的培养。

四是有力的师生支持与同伴压力。李俏（2007）指出，交流、合作、协

商是实现自主学习的重要因素。基于社交网络的英语学习过程中，学习者遇到困难时可随时向教师、同伴寻求支持帮助，或与有同样困难的同伴交流、合作，克服困难。如果之前同等水平的同伴近期进步迅速还可能形成外部刺激，给学习者带来压力，增强自主学习动机。

五是学习策略尤其是元认知策略，促进了自主学习的发展。基于社交网络的同伴交流、小组讨论的过程中不仅是知识交流的过程，更是学习策略交流碰撞的过程。尤其是小组讨论，它能促进学习者总结前一段时间的学习效果、评价自己与同伴的学习效果、反思学习策略是否得当，并进行适当调整。这尤其促进了元认知策略的发展，进而有效指导学习者进行自主学习。

六是教师角色的转变。基于社交网络的英语学习中，学习者自主进行资料的搜集、分析、应用，掌握的资源甚至比教师还丰富，相应地教师作为知识供应商的角色逐渐变弱，减少了对学习活动的干预，降低了学习者对教师的依赖心理，逐渐成为参与者、支持者，在恰当的时候为学习者提供必要、合理的帮助，搭建恰当的鹰架（Scaffolding）。这有利于学习者逐步走向自主学习。

期末的反思性作文中有学生写道：

“自己学习感觉更专心，学习效果也更好。”——独立学习

“跟着我们组的同学学到了不少，尤其是怎样找资料、怎样理资料，慢慢地我自己也能较快地、有针对性地找资料了。”——朋辈支持

“看到其他同学做得那么好，感觉自己差距好大，不得不好好学习。”——朋辈压力

（4）批判性素养

Dimick（2012）指出，教育事关知识的传授与学习，应赋权于学生使其成为具有批判性的社会角色。彭丽（2008）将其解读为教育要将学生培养成具有批判性思维、批判性读写能力、批判意识、参与意识和社会责任感的新型公民。英语教育也不例外。较之于传统课堂英语教学，基于社交网络的英语学习更能培养英语学习者的批判性素养。

首先，利用网络工具获取、使用资源并恰当应用的过程有助于批判性素养的培养。基于社交网络的英语学习中，学生绝大多数情况下通过网络获得

资料，如何快速、准确地获取有效信息体现并锻炼着学生的批判性素养。而从语言文字、应用语境、文化背景等方面评价资料的准确性、权威性、适用性、客观性、时效性（刘晓斌，2004），跨越识记、理解的基础阶段，上升到分析、应用、评价的高级阶段则直接体现、培养了英语学习者的批判素养。

其次，基于社交网络的小组讨论增强了学习者的批判性素养。小组讨论的过程不仅是知识交流的过程，更是思辨的过程，学习者会有意识或无意识地评价他人所选材料是否切合主题、逻辑是否严密、语言表达是否地道等，并提出自己的意见。如 In-class Debate 的辩题之一为“People should have the right to keep a gun in China.”，其正方在 QQ 群讨论时，有人说“The American citizens can have a gun in the U.S., why can't Chinese in China?”立刻有同学说“This saying is not suitable, because it's too easy to answer, we need something more persuasive.”这种思辨过程的反复实践一定程度上提高了学习者的批评素养。

最后，学习者对教师决定的批评和反思体现了学习者的批判性素养。仍以 In-class Debate 为例，学生批评地看待教师最初将全班同学分为正反两方进行自由辩论的做法，认为此种形式辩论散漫、无组织、无法实现辩论效果，并进一步提出四人 / 三人制辩论的形式。还体现在对基于社交网络的英语学习形式的批判性反思上。有学生高度认可此种形式的学习，认为它带来了很多的学习机遇；部分学生却不认可，认为大量的技术操作、英语输入都增加了学习难度。这都反映了学习者并非一味接受教师的决定，而是进行批判性的分析、思考，体现了他们的批判性意识。

期末的反思性作文中有学生写道：

“网上的学习材料太多了，想找到合适的材料需要慢慢挑，很费事，但是也学到了很多。”

“我不太喜欢这种方式学英语。我英语基础不好，阅读速度慢，经常花很长时间读完后发现不能用，很沮丧。”

“我喜欢这种方式，我可以读到很有力量的文章，不像课本那么枯燥。”

“讨论时挑刺（评价）是件很有趣的事情。”

5.3.3 数字技术支持下基于社交网络的批判式英语学习的启示

综上所述，基于 QQ 等社交网络的英语学习具有可行性，不仅可以提高综合英语水平，更有助于培养自由、解放的公民。基于社交网络的英语学习促进了学习者在英语环境下对自我身份及他人身份的构建，增强了英语归属感，英语使用意愿更强。它还能够赋权于学生，权力中心从教师暂时转移到学生，使学生拥有充分表达自我的权力。社交网络的用户定制性、学习任务、情境、材料的真实性、学习的独立性、有力的师生支持、教师角色的转变等促进了基于此平台的英语学习者自主学习能力的提升，在学习依赖 / 自主的连续体逐渐靠近学习自主一端。学生在搜索、筛选、评价、应用网络资源以及组内思辨性讨论时有效锻炼了其批判性素养。

身份构建、学生赋权、自主学习、批判性素养四个方面是相互联系、交织在一起的。学生在构建自我或他人身份时要拥有自主意识，摆脱教师固有成见的影响，脱离教师的权力范围，即实现学生内心的自我赋权；学生得以赋权，尤其是社会赋权和政治赋权，敢于批判地对待教师的决定或判断，体现了批判素养；自主学习与学习者赋权都强调以学生为中心；有效的自主学习必然是与批判性阅读、批判性写作、批判性思考分不开的，即与学生的批判性素养也密不可分。

通过教学观察，分析期末的反思日志，该研究还发现了以下几个有趣的现象：一是学习者在基于社交网络的英语学习活动中的参与度与在传统英语课堂中的参与度成正比。传统课堂下参与度较低的学习者参与社交网络英语学习活动的积极性有所提高，但是尚未达到很积极的程度。二是传统英语课堂上不够活跃的学习者更倾向于使用文字表达自己的观点、想法，而传统课堂上比较活跃、参与度很高的学习者倾向于语音表达。三是基于社交网络的英语学习活动的初始阶段，所有学习者的兴趣、参与度、活跃度都很高，但是到后期，学习积极性降低，尤其是传统课堂参与度不高的同学。四是学习者非常期待能够在社交网络上与英语本族语者交流。

这些现象值得大学英语教学深刻反思。在设计基于社交网络的英语学习活动时，如何才能最大程度上调动并保持学习者的兴趣和积极性，尤其是英语水平较低者、性格较内向者的兴趣？文字表达和语音表达有何差异，所体现的心理机制是怎样的？如何在现有网络环境下吸纳更多英语本族语者参与到英语学习活动中，找到“专家型英语学习同伴”，促成英语 - 中文学习者之间的协作式、交互式学习？这些问题都有待于进一步研究。

5.4 数字技术支持下的大学英语教学模式构建及实践

教学模式是指在一定教学思想或教学理论指导下建立起来的较为稳定的教学活动结构框架和活动程序，通常包括五个因素：理论依据、教学目标、操作程序、实现条件和教学评价。在数字技术的推动下，教学模式经历了显著的变革，展现出新的发展特征，如个性化学习、混合式教学、数据驱动评估、协作学习、翻转课堂、沉浸式体验等。在数字技术的支持下，大学英语教学模式也迎来了创新和变革。这些变化不仅提升了教学效率，还增强了学习体验，使得英语学习更加生动、互动和有效。在当前的技术环境下，哪些具体的教学模式能够有效地促进大学生的英语学习？由于大学英语教学面临的学情、教情都较为复杂，笔者认为，为了适应多样化的教学需求和学习风格，大学英语教学应当采取一种包容性的方法，尝试并融合多种教学模式的构建与实践研究。综合笔者个人教学经验及文献研究，笔者认为基于微课的大学英语 SPOC 翻转课堂教学模式以及基于 POA 理论的混合式教学模式都是值得探索的有益尝试。

5.4.1 基于微课的大学英语 SPOC 翻转课堂教学模式构建与实践

1. 大学英语 SPOC 翻转课堂概述

翻转课堂（Flipped Classroom），顾名思义，就是把课堂翻转过来。简而言之，就是把过去教师课堂讲解知识概念、课后学生做作业的传统学习过程颠倒过来。学生在课前通过教学视频、文字、微课等在线资源自主学习基础知识，了解学习的重点和难点，教师课堂上通过组织各种任务性活动来促进学生内化和吸收知识。翻转课堂与传统课堂的区别不仅在于课堂讲授和课外练习的时空交换，更在于教学活动的合理设计与时空分配（李京南，伍杰忠，

2015）。在翻转课堂中，学生充分利用现代信息技术，在课外自主完成基础知识学习，而在课堂上，学生主要通过展示、讨论、交流、练习等输出型交互活动，增强英语应用能力和思辨能力。

翻转课堂的成功实施需要诸多教学要素的有机配合。它首先需要高质量的学习材料，这些材料必须内容准确、易于理解，并且能够激发学生的学习兴趣。其次需要稳定的技术支持，尤其是搭载某个教学平台，便于教师推送资源、师生互动交流及评价反馈。再次还需要优质的课堂活动设计，采用任务式、项目式、探究式等教学方法，使得学生积极参与讨论、展示、练习、辩论等课堂活动，从而内化所学知识。当然，教师角色的转变也是关键因素之一。教师要从传统的知识传授者，转变为引导者、促进者和协助者。

对翻转课堂的教学研究往往依托 MOOC（Massive Open Online Courses，大规模开放在线课程）。这是一种面向全球学习者的远程教育模式，它通过互联网提供免费或低成本的课程内容，允许学生在不受时间和地点限制的情况下，自主学习各种学科的知识，并通过在线互动和评估获得认证。胡杰辉、伍忠杰（2014）从教学模式、课程内容、教学组织、教学评价等方面论证了基于 MOOC 开展大学英语翻转课堂教学的可行性，并进行了教学改革实践。但是，多数情况下，MOOC 都是由其他学校和教师开发建设的，因此可能难以充分考虑到每个学生的学情差异以及授课教师的个人风格。这使得学生在使用 MOOC 时可能面临一种“一刀切”的教学模式，难以得到个性化的学习体验。

SPOC（Small Private Online Course）是通过设置参与准入条件而形成的小规模私有在线课程。它在一定程度上是 MOOC 的翻版，是 MOOC 本土化的一种表现，在内容和形式上与 MOOC 没有太大区别，也是由微视频、即时练习、互动讨论和学习测验等要素构成的，具有目的性更强、师生与生生互动更多的特征。它能有效克服 MOOC 无法与现有课程的教学对象、课程目标、难度和学生已有知识积累相匹配的问题，可以有效增强教师的指导和监督作用，利于学生加深对知识的掌握程度，提高学生的参与度，克服呈现形式单一、参与度较低、个性化学习需求难以满足等问题。

外语界学者从不同角度探讨了 SPOC 外语教学模式的构建（如陈娟文等，

2017)，并通过案例分析、定量和定性研究实证考察了 SPOC 混合式教学模式在外语课程教学中的应用及其促学效果（如蒋艳，胡加圣，2018）。吕婷婷、王娜（2016）在对比实验、定量分析、问卷调查等的基础上，构建了基于 SPOC+ 数字化资源平台的大学英语翻转课堂教学模式。数字化资源平台上内置了“海量、个性化学习资源和教学资源以及便捷及时的智能化反馈系统”，但是学习资源和教学资源不会自动转为知识内化于学生的头脑当中，而且数字化平台上的资源许多时候质量不高，甚至可以说是粗制滥造的，需要教师进行深度筛选。卢海燕（2014）探讨了基于微课实施大学英语翻转课堂的可行性。笔者认为，基于微课开展大学英语 SPOC 翻转课堂教学，可以帮助学生构建英语语言应用能力，使得学生获得正向的情感支持。基于此开展大学英语教学实践与研究，将是非常有意义的探索。

2. 基于微课的大学英语 SPOC 翻转课堂教学模式构建

建构主义认为，学习是学生主动参与和建构知识的过程。学生通过与环境互动、探索和解决问题，整合和重组先前的知识，将新的信息和经验纳入到已有的认知结构中，主动构建知识。建构主义尊重个体差异，认为每个学生都有自己独特的学习风格和理解方式，教学中应提供多样化的学习机会。它强调社会交往在学习中的关键作用，学生通过与他人合作、讨论和分享观点来建构知识。

笔者尝试以建构主义为理论指导，基于自建微课构建大学英语 SPOC 翻转课堂，对传统大学英语教学从内容、形式、方法等各个角度进行解构和重构。基于自建微课的大学英语 SPOC 翻转课堂，能够使虚拟社区与现实课堂相结合，创设线上与线下相配合的英语学习情境，鼓励师生、生生之间交互协作，促进学习，共同完成生成式资源建设，从而帮助学习者主动完成英语知识的构建。自建微课可以激发教师的教学创新热情；自主、协作、探究、交流的学习方式有利于建立平等、和谐的学习氛围，激发学习潜能，实现个性化英语教学。

基于过往教学实践经验与学习者需求分析，可以发现，可以以自建微课为资源主体，搭载 SPOC 平台，构建基于自建微课的大学英语 SPOC 教学模式，见图 5-3。

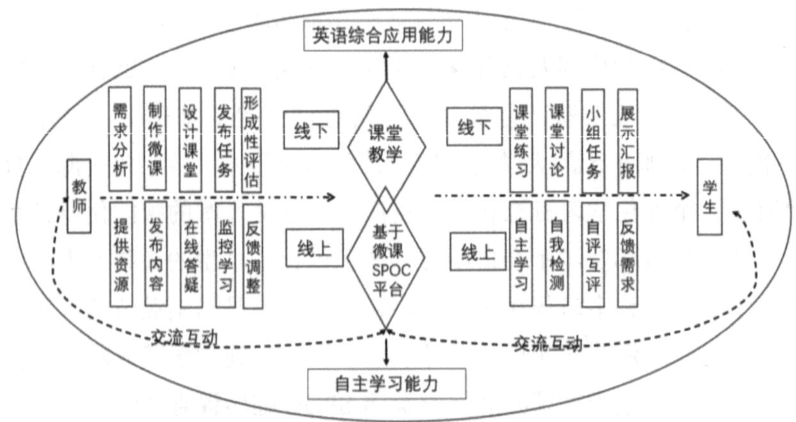

图 5-3　基于微课的大学英语 SPOC 翻转课堂教学模式

在此模式中，学生分为两个基本环节：线上学习与线下学习。在线上学习环节，教师和学生均基于 SPOC 平台展开交流合作，教师首先需要精心设计微课内容，确保视频不仅覆盖课程的知识要点，而且能够激发学生的学习兴趣。这些微课应包含互动元素，例如嵌入式问题、小测验、反思性任务，以提高学生的参与度并检验他们的学习情况。学生自行安排时间内观看微课，通过回放和反复观看来巩固知识点，同时可以在 SPOC 平台上访问其他的学习资源和辅助材料。此外，学生还可利用平台的讨论区功能，与同伴或教师进行交流，提出疑问、分享观点或讨论课程相关话题。这一过程鼓励学生主动学习，而教师可以通过监测学生的讨论和作业完成情况，了解每个学生的学习进度和遇到的问题。

在线下学习环节，重点是让学生将线上获取的知识与技能应用于实际情境中。其中，学生是学习的主体和中心，教师是引导者、协调者和反馈者，为学生的学习提供必要的帮助。教师根据学生线上学习的表现，设计和组织面对面的课堂教学活动，如小组讨论、角色扮演、模拟演讲等，加强学生的语言实际应用能力。此时，课堂教学就不再是单向的知识传递，而是变成了学生应用语言知识、提升语言技能的实践平台。

建构主义认为，理想的学习环境应当包括情境、协作、交流和意义建构四个部分。基于自建微课的大学英语 SPOC 翻转课堂教学为有效英语学习的发生创建了较为理想的环境。这与王娜等（2016）的观点相同。大学英语

SPOC 翻转课堂教学模式融合了传统课堂教学和基于信息技术的在线学习平台教学，两者有机融合。现代信息技术支持下的微课为学生创建了图、文、声、像多元立体的语言学习材料，而在线平台则为师生创造了真实的交流情境，突出学生的主体性和学生的协作性，满足学生提高英语语言技能水平和跨文化交际能力的需求。

基于该模式的大学英语教学可有效地促进语言知识的内化。教师在学情和教情分析的基础上制作的系列微课可以为学生提供优质的学习资源，同时提供时空上的便利。学生在课前观看针对性强、讲解清晰的微课，自主学习事实性知识和概念性知识，通过在线练习、测验等检验学习效果，并通过平台即时反馈学习难点，这为促进语言知识的内化提供了手段、工具和环境。

它还可以促进交流与协作的发生，从而促进英语语言知识的建构。SPOC 平台多数具有交互功能，如讨论板等，师生可以通过这些工具或模块进行交流互动，这为在线英语学习社区的形成提供强大的支撑。学生通过在线学习社区同步 / 异步与教师、同伴进行沟通交流，分享经验、心得、策略、困惑，教师可以在此答疑解惑，师生探讨话题、交流思想，在这种交流互动中促进知识和意义的构建。

该模式支持下的大学英语教学还可以支持英语语言应用能力的建构。学生可以根据自己的需要反复观看微课，综合提升听、说、读、写等英语语言技能，这些都是语言应用能力的重要组成部分。在该模式之下，传统课堂的讲授时间转变为学生互动和实践的时间。鉴于学生课前已经相对熟悉程序性知识和概念性知识，教师可以在课堂教学中组织更为丰富、有深度的课堂活动或任务，如场景模拟、角色扮演、小组项目、案例研究、演讲展示等，这为语言学习提供真实的应用情境。学生在真实的语言使用情境中应用他们所学的语言知识和技能，不仅使语言学习更有深度，还培养了他们的沟通和合作能力，为将来面对各种语言挑战提供了更为全面的准备。

基于该模式的大学英语教学还能够使学生获得正向的情感支持。学生根据自己的学习进度和需求，自己控制学习的时间、地点和进度，这种自主性和灵活性能够减轻学生压力，让学生感受到学习的个性化，从而产生积极的学习情感。由于翻转课堂鼓励学生进行更多的互动和合作学习，学生在以小组讨论、项目合作等方式开展的学习过程中可以得到同伴的支持和鼓励，增强学习的社交性和乐趣。教师可以利用 SPOC 平台的在线答疑和即时反馈功能及时了解学生的学习情况，并给予指导和帮助，让学生感到关注和支持。此外，该模式下的英语教学使得学生可在一定程度上预测课堂教学的内容及形式，可以充分利用自主学习，有更多时间准备面授课程，可减少英语学习的压迫感，减轻学习焦虑感。

综上所述，作为一种新型的教学模式，基于微课的大学英语 SPOC 翻转课堂教学模式有效地融合了建构主义教育理念中的关键要素，能够为学生提供理想的语言学习环境。这不仅有助于优化学生的英语学习体验，还可以提高他们的英语综合能力，特别是真实情景中的语言应用能力。此外，它还可以帮助学生实现个性化学习，减轻学习压力，促进学生间的互动与合作，从而增强英语学习的交互性。

3. 基于微课的大学英语 SPOC 翻转课堂教学模式实践——以公共英语演讲为例

（1）基于微课的公共英语演讲 SPOC 建设

SPOC 的建设通常需要依托于某个在线教学平台。笔者选用了高等教育出版社开发的 iSmart 在线学习平台。iSmart 设有 DIY 模块，教师可根据教学需求自行建课，这能够有力地支持大学英语 SPOC 建设。笔者利用 5.1 中所建设的系列微课，按照其逻辑顺序形成课程的章节，构成了公共英语演讲 SPOC 教学的主体，共计 18 章、20 个微课。另外，补充了适量的练习题、测试题、思考题、互动活动等学习材料和活动来增强学习体验并确保学生能够充分掌握课程内容。

最终的公共英语演讲 SPOC 包括如下内容：①微课。这是 SPOC 教学的主体，每个微课后面有与微课相关的练习题 3-5 个，采用多项选择题、填空题、短答题等不同的形式，帮助学生巩固理解或检验学生对具体知识点的掌握情况。②测试题。每章结束时安排小测验或章节测试，这有助于评估学生对整个章节的理解和掌握。测试设计为形成性评价，允许学生多次尝试，并从中获得反馈。③思考题。每章结束时，提出一些开放性问题，鼓励学生进行批判性思考和深入讨论。这些活动不仅能促进学生的综合分析能力提升，还有助于培养他们的创新思维。④互动活动。组织在线讨论、同伴互评、小组作业等互动性活动，增加学生之间的交流和合作。这些活动可以提高学生的参与度和沟通能力，同时也能加深他们对课程内容的理解。

（2）基于微课的公共英语演讲 SPOC 翻转课程教学实施

基于微课的公共英语演讲 SPOC 翻转课堂教学实践始于 2019 年 9 月份，持续 12 个教学周，每周 4 学时。其中 2 学时为面对面课堂教学，另外 2 学时为基于微课的公共英语演讲 SPOC 在线自主学习，共有 38 名学生参与课堂教学。根据教学安排，学生需要完成三个学期项目：说明性演讲、说服性演讲和自由辩论。鼓励学生综合考虑国家发展和社会需求，以具有前沿性、时代性、先进性的选题为说明性演讲主题，展开小组合作，进行探究性学习；挖掘社会时事中相关的案例，并结合自己的个人经历和观点，以增强说服性演讲的真实性和可信度；在自由辩论中，要综合运用语言基础和表达能力，发挥逻辑推理的作用，清晰地阐述自己的观点、有力地反驳对方的论点。从课程伊始，教师便引导学生分组合作，根据教学计划逐步确定各个项目的主题和框架，协商确定各个项目的主题、内容、结构、语言和展现形式等。根据所构建的教学模式，教学流程包括两大环节：基于微课的公共英语演讲 SPOC 线上教与学、面对面公共英语演讲线下教与学。

①线上教与学

基于所构建的模式，线上的教与学也是一个综合性的教学过程。从教师的角度来说，教师首先在分析教学内容、教学目标、学生需求等的基础上，进行整体课程设计，包括确定课程的主题、目标、教学方法和评估标准等。然后，针对每个教学单元或主题，尤其是教学重点、难点，制作一系列的微课，涵盖课程的主要知识点和技能，突出重点和难点。微课应具有高度的信息密度，同时足够简短，以适应在线学习的注意力跨度。教师还需要设计、编制相应的教辅资料，如阅读材料、练习题、思考题等，以帮助学生在观看微课后进行自我检测和复习。对于这些学习资源的推送和更新，教师通过 iSmart 平台的通知功能通知学生，保证学生能按时顺利完成在线自主学习。此外，还要通过讨论版、实时答疑、在线测试等形式与学生进行互动，并提供及时反馈。通过利用 iSmart 平台提供的各种工具，比如学习进度追踪、在线测试成绩记录等，监督学生的学习进度，确保他们按时完成学习任务。在此过程中，教师充当的是资源建设者、幕后协调者、在线监督者和指导者的角色。他们不仅需要关注学生的学习成果，还要关注学习过程，通过分析学生的学习数据，调整教学策略，以更好地满足学生的学习需求。

从学生的角度来说，学生可随时随地利用各种移动设备或PC终端获取学习资源，进行公共英语演讲SPOC课程在线自主学习。学生可以自行控制学习时间、学习量、学习内容以及学习地点，并且通过多种交流方式与同伴进行在线协作互助学习。通过观看微课视频，学生可以反复学习难以掌握的知识点，直到完全理解。学生还可以进行在线协作互助学习，在讨论和解决问题的过程中巩固所学知识，提升团队合作和沟通能力。此外，学生还可以通过在线测试和自我评估工具来检验学习效果，及时了解自己的学习进度和掌握程度，以便调整学习策略。在这个过程中，学生不仅是知识的接收者，更是学习的参与者和创造者。

②线下教与学

在任何的翻转课堂教学模式中，线下教学都是至关重要的一环。它是进一步深化、巩固在线自主学习内容的平台，也是将抽象的语言知识付诸真实的应用情境的平台。

鉴于学生已经通过自主学习掌握了基本的事实性知识和概念性知识，线下教与学的过程主要是实践与互动的过程。基于所构建的SPOC翻转课堂教学模式，在线下课堂上，教师首先检验学生自主学习的效果及基本知识的掌握情况。根据在线数据分析及学生反馈，通过案例、习题等进一步深化学生对英语演讲重点和难点的内化吸收。

除了英语演讲知识的检验、巩固和深化外，线下课堂教学的大部分时间用于开展实践性和互动性强的教学活动，如课堂讨论、实践练习、成果展示和同伴互评等。在这些活动中，尤其注重英语演讲知识的实际应用，要求学生进行互动、展示、评价，这增加了学生应用英语进行演讲实践的机会，可降低学生对英语演讲的焦虑感，提高公共英语演讲水平。此外，教师还要定期与学生进行交流，了解学生对基于SPOC翻转课堂教学模式的适应情况，以便及时掌握学生动态、调整教学内容与方法，为实施个性化教学做准备。

教师根据课堂中学生的个人讲述、学习汇报、成果交流、自我评价、小组互评等活动表现，对学习成果与效果进行反馈和评价，帮助学习者快速诊断学习问题、激励其学习热情。在这个过程中，教师扮演着引导者、促进者、评估者和反馈者的角色。

从学生的角度来说，学生不再是被动地接受知识，而是主动地构建知识，扮演者实践者、合作者、反思者的角色，是课堂教学真正的主体。作为实践者，学生在线下课堂中通过各种活动实践线上自主学习收获的理论知识，将其转化为英语演讲技能。例如，在学习如何展示演讲的节奏、停顿及肢体语言时，学生在课堂上将其转为实际的演讲，这不仅加深了学生对演讲知识的理解，而且提高了他们的英语演讲能力。作为合作者，学生在小组讨论、演讲项目合作等活动中与同伴互动，共同解决问题或完成任务，提高了团队合作能力和批判性思维的发展。作为反思者，学生在线下教学环节中反思自己的学习过程和成果。教师的反馈、同伴的评价以及自我评估都是学生反思的重要来源。通过反思，学生能够识别自己的学习策略中哪些是有效的、哪些需要改进，从而更有针对性地调整学习方法、提高学习效率。

4. 基于微课的公共英语演讲 SPOC 翻转课堂教学成果及反思

（1）基于微课的公共英语演讲 SPOC 翻转课堂教学成果

相较于传统的英语演讲教学模式，学生高度认可基于微课的公共英语演讲 SPOC 翻转课堂教学模式。通过问卷调查发现，85% 的学生认为新的模式激发了自己的英语学习兴趣，有利于端正学习态度和激发学习动机；91% 的学生认为新的教学模式能够让自己学到更多的英语演讲知识；85% 的学生认为新模式能够解决抓不住重点、学习效率低、演讲实践不足的问题；83% 的学生认为在线自主学习能让自己更有自主性决定学习进度、复习次数；95% 的学生认为这种模式有助于复习并巩固所学知识；75% 的学生认为有助于思考所学内容，取得举一反三的效果。从整体上看，学生对于基于微课的公共英语演讲 SPOC 翻转课堂教学持有较高的满意度。这一点在后续非正式采访中得到了印证。许多学生表示，“微课降低了学习难度，课前预习，提升了听课效率”“微课很好，资料丰富”“讲到的知识点很干货”“时常不算长，但是对核心知识的把握非常到位”“很容易抓到重点”“很方便”。

基于该模式的演讲教学也取得了良好的教学效果。最突出的就是演讲稿的写作和演讲展示。公共英语演讲学习中，最难的一点是演讲稿写作。演讲稿写作不仅是语言表达层面的准备，更是梳理思路的过程。一直以来，非英语专业学生的演讲稿写作都存在很多问题，如落笔之前欠缺思考和准备，结构混乱，对于引入段的功能和写法没有正确认识，展开方式单一，缺乏语义连贯性，逻辑不严密，不能恰当使用连接词，结尾段知识极度欠缺等。

经过一学期的学习，通过分析学生的演讲稿发现在以下方面有了较为显著的进步：①学生对演讲题目的理解更加深入、到位。相较于之前不能有效破题、立题，经过学习，学生在选题、立意上更有深度，能够把演讲题目引到贴近自己生活的方向上去。②演讲稿的组织与结构更加完备。学生理解引入段、结尾段的基本概念，能基本掌握组织方法与手段，尝试在引入段中使用讲故事、提问、引言等方式与听众建立联系、与演讲话题建立联系，在结尾段中除常规的总结观点外，尝试使用号召行动、展望未来、提问等方式，从而实现演讲稿的有效组织。③演讲稿的展开方式较以前更为丰富。一方面，学生基本摆脱了说空话、没有实质性内容的现象。另一方面，能够采取较多样的展开形式，除了常规的举例之外，能够根据演讲需要采用数据、论证等方法，使用比较与对比、定义等展开方式支持自己的观点。段落组织更加合理。相较于之前天马行空式的写作，经过学习后，学生演讲稿的各个段落能有较为明显的层次和结构，思路更为清晰。④对三类演讲的认识加深。学生彻底扭转了英语演讲就是英语演讲比赛的错误认识，对演讲的类型有了充分的认识，在讲稿写作中能够较为清晰地把握。

演讲展示，也就是“说”，是演讲内容的最终呈现形式。要将复杂的信息传递给听众，学生必须有效地将演讲内容展示出来。根据教学实践可以发现：学生能够克服恐惧，与听众建立眼神的交流，能够流畅、自信地完成演讲，注重个人形象，利用肢体语言增强演讲的感染力。可以说，基于微课的公共英语演讲 SPOC 翻转课堂教学实现了公共英语演讲与写作的协同发展（李继燕，2019）。

（2）基于微课的公共英语演讲 SPOC 翻转课堂教学反思

学生对新教学模式的认可度较高，提高了学习效率，提升了自主学习能力，但也发现了一些问题需要进一步改善和优化。首先，尽管新的教学模式有利于学生自主进行在线学习，给了学生较多的自我决定权，但需要采取多种方式提高学生学习的主动性和参与度。有些学生表示“我喜欢自主学习带给我的自由，但是由于网上学习时老师不在面前监督，有时候就会走神，甚至不认真完成作业。”这种现象并不是个例。尽管学生是数字原住民，习惯使用信息技术进行学习，但是尚未养成深度自主学习的习惯和能力。这就需要教师采取多种方式，如分步骤引导、创建互动性、趣味性强的学习资料等，培养和引导学生深度在线自主学习的能力和习惯。

其次，新的模式需要教师做出较大的转变。①教师需要转变角色。在翻转课堂的教学模式下，教师不再是传统的知识传递者，而是学习的促进者和指导者。这意味着教师不仅要传授知识，还要激发学生的学习兴趣，引导他们自主探索问题，并通过提供资源、建议和反馈来支持学生的独立学习过程。②教师需要转变理念。传统教学模式下，教师是课堂教学的中心，以传统教材为主线向学生单向地传授知识，学生的学习节奏、学习资源等都是统一的。而在翻转课堂教学中，强调学生的主体性，教师应该将学生置于教学活动的中心位置，围绕学生的学习需求和兴趣设计和调整教学活动。教师也不应局限于教科书和传统教材，而是需要利用网络资源、微课视频、电子书籍等多样化的教学资源来丰富教学内容，根据学生的不同需求提供个性化的学习路径和支持，并持续跟踪学生的学习情况，提供反馈，根据课堂表现、讨论参与度和作业完成情况等对学生学习进行形成性评价。

再次，微课制作要更加注重专题性与系列化。微课满足了学生对泛在化学习的需求，但是也可能产生过于“碎片化”和“浅层化”的问题，导致知识体系不完整，可视化资源没有深度，存在浅层阅读的弊端。因此，微课制作与应用应该在相应的课程理念指导下，深入研究其教学目标、教学内容、教学活动及策略，进行微课设计与制作，加强其系列化、专题化，为移动学习环境下大学英语翻转课堂的实施奠定基础（侯诗涵，2021）。

最后，新的模式需要教师提升自身的信息素养。基于 SPOC 的大学英语翻转课堂中，信息技术的应用是实现教学目标的关键支撑。不管是微课制作、基于在线学习平台设计的教学活动，还是分析教学数据、提供即时反馈，都离不开信息技术的应用。一套教材讲一学期的现象已经成为历史了，大学英语教学必须加强自身的信息素养，才能更好地提高教学效率和质量，为学生提供了一个更加个性化和互动的学习环境，建设智慧大学英语翻转课堂（叶玲等，2017）。

5.4.2 基于在线学习平台的混合式教学模式构建与实践

在信息化与智能化时代，“互联网＋教育”已经成为大学英语教学不可阻挡的趋势。教师用新技术“教”、学生通过新技术“学”，也已经成为教育界的共识。《大学英语教学指南》（2020 版）指出，现代信息技术已成为外语教育教学的重要手段，应实施混合式教学模式，使主动学习、自主学习和个性化学习成为学习的方向。这对大学英语教学提出了更高的要求。研究者们借鉴国内外的教学理论，采用翻转课堂、项目式教学、任务式教学等各种方式促使大学英语教学改革。

文秋芳（2015，2017）创建了中国特色外语课堂教学理论“产出导向法”（Production-oriented approach，POA），该理论提倡“学习中心说”“学用一体说”和“全人教育说”的教育理念。基于此教学理念，提出了“输出驱动”“输入促成”“选择性学习”和“以评促学”的教学假设，发展了“驱动”“促成”“评价”三个阶段相辅相成的教学流程，其中教师发挥引领、设计、支架等中介作用。

在 POA 理论的发展过程中，研究者从不同的角度对其在教学实践中的应用展开了广泛的研究。许多学者从教学流程的某个阶段展开研究，为业界同行厘清标准、提供参考。文秋芳（2015，2017，2018）从整体上阐述了 POA 教学流程的任务和要求，并提出了每个环节的评价标准。驱动是 POA 教学流程的第一阶段。文秋芳和孙曙光（2020）重点论述了驱动环节中的场景设计，明确了产出场景的四要素——话题、目的、身份、场合以及各要素的作用，为一线教师提供了良好的示范。促成是主要发生于课堂的环节。邱琳（2017）提炼了语言促成的原则，展示了语言促成环节“过程化”设计的基本思路。输入促成的设计与实施也得以深入研究。评价也是 POA 教学流程不可或缺的环节。文秋芳（2016）提出了师生合作评价的设想，在孙曙光等学者的努力下不断优化完善师生合作评价课堂的原则，并进行辩证性的实证研究（孙曙光，2019，2020）。POA 理论在大学英语教学中的有效性、普适性已然得以验证（张伶俐，2017；凌瑞鲜，秦芹，2022）。

在教学信息化的浪潮下，POA 理论与混合式教学的融合，成为大学英语教学的必然。当前，有学者研究以 POA 理论为指导的大学英语混合式金课构建，构建大学英语混合式教学模式，如王亚沁（2022）等。这进一步拓展了 POA 理论在大学英语教学中的应用，为一线教师提供了良好的示范作用。本书将以 POA 理论为指导，探讨基于在线学习平台的大学英语混合式教学模式的构建，并以公共英语演讲课为实验课程，检验该模式的教学效果并提出优化意见。

1. 基于在线学习平台的混合式教学模式构建

POA 理论的教学假设包括：输出驱动、输入促成、选择性学习和以评促学（文秋芳，2017）。输出驱动是指，学习者先进行输出，真实感受到语言输出存在的困难之处，从而意识到自己的不足之处，激发学生的欲望。教师需要设计合适的交际场景和具有潜在交际价值的任务（文秋芳，2014）。场景的设计要考虑话题、目的、身份和场合四要素，要培养学生的身份意识（文秋芳，孙曙光，2020）。输入促成指的是教师为帮助学生实现产出目标所开展的教学活动，以充分吸引学生，促使学生产生内驱力，使得输入与输出有机配合。输入促成活动应该满足“精准性”“渐进性”“多样性”的促成有效性标准（文秋芳，2017）。选择性学习是在输入促成的基础上，选择学生所需的语言、知识等。以评促学强调师生合作评价，实施原则为课前准目标导向，重点突出；课中问题驱动、支架渐进；课后过程监控、推优示范（孙曙光，2020）。

在混合式教学中，在线学习平台扮演着至关重要的角色。在线学习平台在混合式教学中扮演着桥梁和载体的角色，它连接了线上与线下的学习环境，为教学活动提供支持。它不仅是教育资源整合和共享的枢纽，还通过个性化推荐和学习分析强化了学生的学习体验。平台的互动功能促进了学生之间以及师生之间的沟通，增强了教学的互动性和实时反馈。同时，通过对学习进度的跟踪和监控，教师能够及时调整教学策略以适应学生的学习需求。因此，选择恰当的在线学习平台对于提升混合式教学的效果至关重要，是实现教育模式创新和学习成果优化的关键工具。超星学习通是一个综合性的在线教育平台，不仅为教师提供了一个便捷的教学管理工具，也为学生提供了一个丰富的学习资源库和互动学习的环境。

基于产出导向法的教学假设和流程，结合线上线下混合式教学课前、课中、课后三个阶段，依托超星智慧学习平台——学习通，构建了基于POA理论的大学英语混合式教学模式，见图5-4。

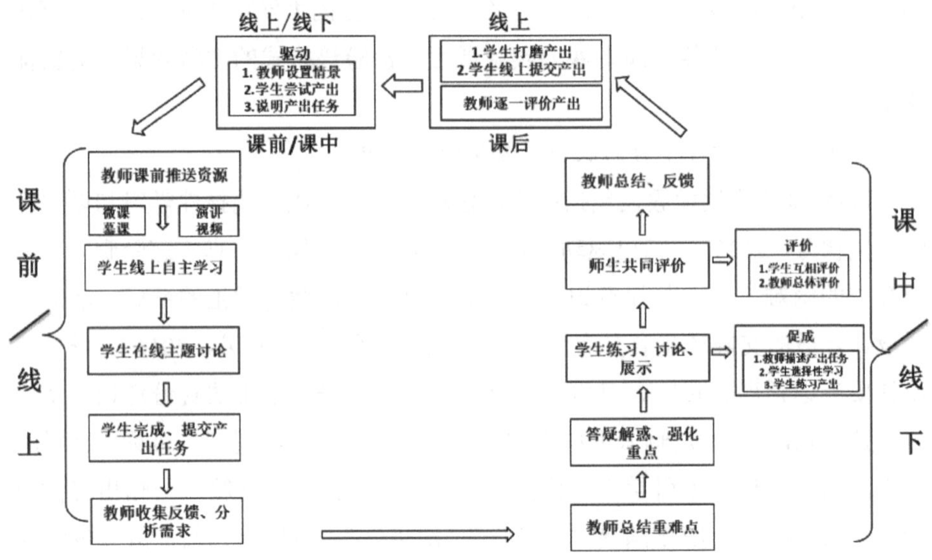

图5-4　基于POA理论的大学英语混合式教学模式

课前，教师设置情境，说明产出任务。同时通过学习通在线推送自主学习资源，通过发放问卷、设置讨论区等收集反馈意见。学生需初试产出任务，完成在线自主学习及自测，同时需反馈知识难点。教师还须相应地探索评价焦点，寻找评价示范样本，并进行详批。课中，教师梳理、强调重点难点，组织课堂教学，开展输入促成活动，组织学生以小组为单位展开讨论、练习，引导学生进行合作评价，组织学生进行课堂展示。课后，教师继续在线推送学习任务和资源，并且在学习通上对学生进行点对点的精细化评价。同时，学生根据评价焦点进行自评，再进行生生互评。同时，学生还需继续在线完善产出任务，直至产出任务顺利完成，并且继续进行在线自主学习。由此，在POA理论的指导下，构成了课前、课中、课后相结合，线上线下相融合，输出驱动、输入促成、产出评价环环相扣的混合式教学模式。

2. 基于在线学习平台的混合式教学实践——以公共英语演讲教学为例

（1）基于在线学习平台的大学英语混合式教学设计

为了探讨基于POA理论的大学英语混合式教学模式的教学效果，笔者依托大学英语拓展课程英语演讲进行了一学期的教学实践，每周2学时，共32学时。研究对象为非英语专业本科二年级的学生，共30人。学生分属不同专业，根据专业或兴趣组成3—4人项目小组。教学实践结束后，通过定量分析和定性分析相结合的方法，分析基于POA理论的英语演讲混合式教学模式的效果及学生认知。

产出导向法中的产出任务要能够激励学生们使用语言做事，所以任务设计要尽量真实并具有潜在交际价值，同时有挑战性以激发学生的学习兴趣和投入，可以是现在或将来要完成的任务（文秋芳、毕争，2020）。因而，本课程的主产出任务之一为：信息型演讲，主题为“Report on the Innovation and Entrepreneurship Project”（双创报告）；将产出任务场景设置为：The university is holding a contest on the “Report on the Innovation and Entrepreneurship Project” in order to choose a team to attend the International College Students' Innovation Competition. The candidates shall report their project in an attractive, specific and focused way. As a pioneering team，you decide to demonstrate your innovation，旨在为国际大学生创新比赛遴选参赛代表。这在“双创教育”重要性不断凸显、科技创新的时代主题不断强化的新时代背景下既为学生创设了真实的英语应用情境，又具有重要的现实意义。

（2）基于在线学习平台的大学英语混合式教学流程

为降低大产出任务难度，笔者将其分解为内容、结构、语言、展示四个子产出任务，在5周10学时内完成。每一个子产出任务均基于POA理论进行教学设计。表5-7展示了基于POA的子产出任务双创报告之内容的混合式教学流程。

表 5-7　基于 POA 理论的混合式教学流程示例

POA 流程		教学环节	具体内容
驱动	线上，课前	教师设定产出任务情境	根据演讲比赛要求，学生结合自身双创经历，提交双创报告英文版
		学生获得产出动力	学生初次尝试产出双创报告英文版，意识到在结构、内容、语言等方面的不足，激发学生的学习欲望
		教师推送学习资源、自测题、讨论话题	教师推送关于演讲结构的 4 个自建微课，分别为演讲开篇 1 个、结尾 1 个、正文组织方式 2 个
		教师明确产出目标及任务	语言目标：掌握英语演讲开篇、结尾、正文的组织方法及作用； 交际目标：有效组织双创报告英语演讲的结构，从而吸引观众； 产出任务：修改双创报告英语演讲的开篇、结尾及正文的组织方法，使其内容清晰、具体、聚焦，同时吸引观众
		学生自主学习、自测及反馈	学生线上自主学习微课资源，通过在线自测检验学习效果，并在教师发布的讨论区反馈学习难点
促成	线下，课中	阐明产出任务的实施步骤与具体要求	1. 以 3 个 TED 演讲视频为例，探讨英语演讲开篇、结尾及正文的组织方法及作用； 2. 补充、总结英语演讲开篇、结尾及正文的其他组织方法及作用，探究其常用思路； 3. 以随堂测验的形式检验学生的学习效果； 4. 就一篇有问题的学生英语双创报告指出问题，组织多种形式的课堂活动，提出修改意见； 5. 提供更多的英语演讲，供学生课后进一步深入学习； 6. 根据学习结果，修改自己的英语双创报告演讲，注意体现内容结构的要素及组织方法
		选择性学习	学生可以从课上练习及课后自主学习中，基于个人需求，选择性地学习以下知识： 英语演讲开篇的方法、作用及常见思路； 英语演讲正文的组织方式； 英语演讲结尾的方法、作用及常见思路
评价	线下，课中	学习评价标准	教师提供有关英语演讲结构的评价标准，包括开篇、正文及结尾
		提交产出结果	学生提交双创报告英语演讲修改稿
		课前教师准备	教师从学生提交的产出结果中筛选典型样本，详细评阅典型样本，设计课内师生共评的重点及流程
		课内师生共评	学生首先根据教师提供的评价标准进行自评，然后以小组为单位进行组内评价，教师随后参与组内评价，提供精准化修改意见。最后，选择代表性小组进行师生共评示范，为课后学生的进一步修改提供范式
	线上，课后	课后学生修改、同伴互评及教师反馈	课后学生继续进行自评和组内互评，修改后在线提交。教师根据评价标准提供精准反馈意见，学生可再次修改，直至师生满意为止

3）基于在线学习平台的大学英语混合式教学效果

在一轮教学实践结束时，通过问卷星实施在线问卷调查，了解学生对基于 POA 的混合式教学模式对演讲基本概念、讲稿写作、演讲展示、自主学习、主动性等方面的教学效果的自我认知，并通过分析学生演讲稿写作、演讲展示效果对上述结果进行交叉验证。此外，通过访谈及分析学生反思日志，探讨学生对基于 POA 的混合式公共英语演讲课程教学的认识。

学生对教学模式及效果的认知

从整体上看，经过一个学期基于 POA 的混合式教学实践，大部分学生对基于 POA 的混合式教学模式持认可态度（*M*=4.15），认为基于该模式的教学增强了学习的主动性（93.4%）、更愿意参与课堂互动（90.7%）、更利于进行个性化自主学习（88.2%）。

基于该模式的教学实践对多数学生（56.7%）来说不构成或几乎不构成学习负担，但是有 23.7% 的学生认为负担大或者较大。访谈结果显示，尽管 56.7% 的学生认为不构成学习负担，但是“心里有事”是学生常用的表述，认为基于该模式的教学降低了学习难度，但是增加了学习环节，需经常线上互动、完成作业，带来了较大的心理负担。认为负担较大的部分学生，主要是因为在线自主学习及产出任务展示带来了较大的压力，更倾向于传统的“老师讲、学生听”的教学模式，认为“不需要搞太多花样”。

绝大学生认为自己的英语演讲水平与综合英语能力得到显著提升（*M*=4.48，*M*=4.11）。他们对英语演讲的基本概念有了更为深刻的认识（*M*=4.29），英语演讲写作水平提升明显（*M*=4.01），英语演讲展示能力显著提升（*M*=4.35）。经过分析学生英语演讲稿，发现学生对演讲稿的结构、组织方式、支撑材料类型、语言使用等的了解都有明显改进，这种进步也体现在了期末考试的定题讲稿写作中。课堂观察发现，学生在最后的大产出任务展示时更为从容，更能运用停顿、语气、肢体语言等展示技巧。在反思日志中，学生表示“……改变了对英语演讲的认识……”“……学习到的知识不仅可以应用到英语演讲课上，实际上可以应用于所有的英语学习，尤其是各类英语写作……”“……更知道该如何着手准备英语演讲了，也更有信心能做好英语演讲……”。

①学生对产出导向设计的认知

调查问卷还显示在基于POA的混合式教学实践中，以下元素最受学生欢迎的产出任务设计（93.3%）。在反思日志中，学生描写最多的是对产出任务的感悟。学生在日志中表示，"'双创'本来就是我们必须要做的，这样的作业让我能够一举两得，我还是很喜欢的。""……（产出任务）能够让我从自己的专业出发，这让我很感兴趣，也有话可说……""……我可以想一些很新颖的点子，不用顾忌专业课老师的'挑剔'，反而能得到老师的鼓励，这让我愿意上台跟同学们分享……""我很想去看一下国际大学生创新比赛是什么水平的，所以这样的任务让我有动力跟着老师一步一步地打磨演讲稿，提高英语演讲能力"。本课程的主产出任务之一为Report on the Innovation and Entrepreneurship Project，并分为几个子产出任务；其场景为遴选国际大学生创新比赛参赛代表。这种基于真实情境、以产出为导向的英语演讲产出任务设计有效激发了学生的学习兴趣，产生了较强的驱动力。学生重点反思任务设计对英语演讲课程学习的影响，这也从侧面反映了良好的产出任务设计的重要性。

②学生对混合式学习的认知

线上学习活动中最受学生欢迎的是看微课视频等资源进行自主学习（93.4%）与小组组内评价（90.7%）。大部分同学（86.7%）认为教师推送的学习资源很有价值。访谈中，学生表示这不仅可以提前预习上课内容，降低学习难度，还可以进行个性化学习，根据自己水平及需求进行选择性学习、反复学习，这有效增加了知识和语言的输入量，为产出任务的顺利完成及语言能力的提升奠定了基础。组内评价是在教师课上搭建的评价范式基础上进行的，可以提升学生的深度思考能力。

学生对在线互动环节评价处中等水平（M=3.78），认为这种互动有利于解决一些比较浅显的问题，但是深度、难度较高的问题仍旧需要面对面的讨论。这种认识颇具理性。笔者也在教学实践中观察并感受到了这一点，学生在线互动中提出的问题较为基础，对于较为复杂的问题，尤其是涉及演讲稿修改的具体问题，仅仅提出方向性的指导是不够的，还需要更为准确的线下讨论。这也变相解释了为什么学生对课上讨论活动充满热情（M=4.48）。学生会将线上互动中不能得到充分解答的疑惑带到课堂，增强了学生的课堂参与度、学习主动性及学习有效性。可见，线上的互动环节以浅显问题居多，但是仍旧是线下课堂教学的有效催化剂。

综上所述，从整体上看，学生对基于POA的英语演讲混合式教学模式持积极肯定的态度，高度评价对基于真实情境设计的产出任务，认为基于该模式的学习不仅提高了学生的综合英语能力、全方位提升了英语演讲水平，还有助于驱动学生进行深度学习与思考。学生认为基于POA的混合式教学中仍旧存在一些问题，如自主学习及展示等对小部分学生构成压力、在线互动不够深入等。对于这些问题，需要理性、辩证地看待，要正确认识线上学习环节对线下课堂教学的催化、推动作用。

第 6 章 人工智能技术支持下的大学英语教学实践与研究

近年来，以人工智能为代表的智能技术正在推进新一轮教育变革，其在学科教学融合中展现出为教师赋能、为教学赋能的巨大潜力。随之而来的是，大学英语教学也面临着更深层次的变革。基于人工智能工具和平台进行英语学习，可以为学生提供更加智能化、定制化的学习体验，适应不同学生的节奏和风格，因而在学生群体中越来越受欢迎。部分教师也勇于拥抱新技术，积极探索人工智能技术在大学英语教学中的应用场景，并在教学实践中不断创新。但是，也有部分教师对人工智能技术持有保留态度，认为这会加深学生对技术的依赖，降低学生主动思考的能力，带来学术伦理问题。正因为存在这些争议，才更应进一步探索生成式人工智能在大学英语教学中的意义，更好地促进大学英语教学改革，提升大学英语教学质量。在本章中，笔者尝试介绍人工智能技术应用于大学英语教学的特有优势、常见的基本工具和平台、常见的应用场景，并通过教学实践和研究探讨新型的人工智能技术在大学英语教学中的潜力。

6.1 人工智能技术赋能大学英语教学的优势和常见工具

如果大学英语教师能清晰地了解人工智能技术赋能大学英语教学有哪些优势、有哪些常见工具，或许就能在很大程度上提升教师对人工智能技术在大学英语教学中的应用的认可度，也更容易知道如何将其付诸大学英语教学实践。

6.1.1 人工智能技术赋能大学英语学习的优势

由于自然语言处理、数据挖掘与分析、机器学习与深度学习、人机交互技术、云计算技术等的发展，人工智能技术为大学英语教学带来了革命性的变革，在个性化学习、即时反馈、情景模拟等领域大显身手。这些关键的优势技术为学生和教师创造了更加丰富、高效的学习和教与学体验，为大学英语教学注入了新的活力，具有传统教育技术无法比拟的优越性。笔者认为，人工智能赋能大学英语教学具有以下七个方面的优势。

1. 能力评估智能化

能力评估智能化是指利用人工智能技术对学生的英语能力进行精准、高效、智能、全面的测试和分析，包括听、说、读、写等各方面的能力。人工智能技术赋能大学英语教学，可以实现语言能力测试的智能化和个性化。智能化体现为根据学生的实时表现设计语言能力测试，并动态调整测试难度，确保测试内容能够进行智能调整。个性化是指根据学生的学习历史、行为和特点，尊重学生的个体差异，实现个性化的能力评估，避免一刀切的标准。例如，如果学生在某个难度较低的题目上表现出色，系统可能会智能地提供更具挑战性的题目，以更为准确地反映学生的实际语言水平。

特别值得一提的是对于英语口语能力的评估。在大学英语中，口语能力评估往往面临主观性较强、不易客观量化等问题，教师难以在较短时间内同时全面考查学生的口语能力，包括英语发音、词汇、表达、语言准确性、逻辑性等，因而口语评估常流于表面。借助人工智能技术，则可以在口语能力测试中引入智能语音识别技术，智能地分析学生的口语表达，包括发音准确性、语速、语法、流畅度等方面，实现对学生的口语表达逐句打分，并提供纠错和反馈。

2. 学习路径个性化

人工智能技术赋能大学英语教学，可以逐步实现学习路径的个性化，主要体现在学习内容、学习方式和学习评估三个方面。学习内容的个性化是指，人工智能技术能够深入挖掘学生的学习历史、成绩和偏好，智能地推荐与每位学习者能力水平、个人兴趣、学习习惯相匹配的、符合个性化需求的学习资源。这种个性化的内容推荐，不仅确保了学习内容的针对性和吸引力，还激发了学生的学习兴趣和动力，从而有利于提高学习效果。

学习方式的个性化让学生能够更灵活地调整学习路径，以满足其不同的学习习惯和时间安排。学生可以根据自己的需求和节奏进行学习，实现真正的自主学习和个性化发展。这种灵活性不仅提高了学生的学习效率和自主权，还促进了其个性化发展。

学习评估的个性化体现在，教师能够实时跟踪学生的学习进度和效果，提供精准的学习评价和反馈。借助人工智能技术，教师可以全面评估学生的学习表现，帮助学生及时调整学习计划，并为教师提供了全面和准确的学生学习情况分析，从而进一步提升教学质量和学习效果。

3. 情景模拟沉浸式

由于人工智能技术的应用，可以为大学英语学习呈现出高度逼真的语言环境和场景，如日常生活场景、学术讨论、文化交流等，创造出接近现实的视觉和听觉体验，为学生提供沉浸式学习体验，极大地弥补了学生长期缺乏真实英语实践场景的弊端。学生可以与虚拟人物进行对话、参与模拟活动等，置身于真实的语境中学习英语，更直观地感受语言的应用和魅力，获得极强的沉浸感，这有助于激发学生的学习兴趣和语言实践欲望，提高学生的英语综合应用能力和跨文化交际能力。

情境沉浸式学习强调学生与学习环境的互动。人工智能技术能够提供智能化的反馈和互动，使学生在学习过程中能够与虚拟环境进行实时交流。例如，在模拟对话中，人工智能工具或平台能够根据学生的回答和表现，提供相应的反馈和建议，帮助学生纠正发音、语法错误等。这种互动性不仅提高了学生的学习兴趣和动力，还可促进其语言能力的提升。

4. 反馈纠错即时化

人工智能技术可以推动大学英语学习反馈纠错的即时化，主要体现为学习过程中的即时反馈。学生在使用人工智能学习平台或应用进行英语学习时，人工智能系统能够实时分析学生的学习行为，分析学生的口语表达，识别发音错误和不流畅的部分，迅速检测并指出写作练习中的语法和拼写错误及词汇和句型的使用不当问题，并即刻给出提示和建议。这种即时反馈大大缩短了错误纠正的周期，是其他技术支持下的语言学习所不具备的优势。当然，这种反馈纠错也是个性化的，能够从海量数据中找出每一位学生的学习习惯和错误模式，模拟人脑的学习过程，对学生的错误进行深入分析，从而给出更加精准和个性化的纠错建议，真正做到因材施教。

5. 资源推送精准化

人工智能技术赋能大学英语教学，可以实现资源推送前所未有的精准化。这种精准化体现在学习资源的个性化定制和动态调整两个方面。个性化定制表现为，人工智能技术可以深度挖掘学生的学习行为、成绩和反馈，了解每个学生的学习进度、兴趣点和薄弱环节，构建学生的学习画像，进而利用推荐算法为学生提供与其学习水平、兴趣等高度匹配的定制化学习资源和活动。学生不再被大量的无效资源所困扰，而是能够快速地找到适合自己的学习材料，这不仅提高了英语学习的针对性和效率，还有助于激发学生的学习兴趣和动力。动态调整则是指人工智能系统能实时监测学生的英语掌握程度，根据学生的学习反馈和成绩变化，实时优化调整后续的学习资源推送，确保资源的时效性和针对性，也使得学生能够在学习过程中保持持续的兴趣和动力。

6. 数据记录可视化

得益于大数据分析和可视化技术的支持，人工智能技术的应用使得大学英语学习的数据记录可以实现可视化，这为学生的学习进步提供了有力支持。数据记录的可视化主要体现在两个方面：一是学习进度和效果的直观展示，二是学习行为和弱点的深入分析。学习进度和效果的可视化让学生能够直观地了解自己的学习情况，清晰地看到自己在词汇、语法、听力、阅读等各个方面的学习进度和成绩变化。这种变化以图表、报告等形式展现，一目了然，让学生的学和教师的教都更具有针对性。学习行为和弱点的可视化分析则为学生提供了深刻的学习洞察。通过直观地记录学生的学习行为和弱点，学生能够更全面地认识自己的学习状态，从而更有针对性地调整学习策略，提高学习效率。

7. 语音交互实时化

得益于语音识别和自然语言处理技术的发展，大学英语教学具备了语音交互实时化的平台和机会，有两种体现形式：即时的语音识别和反馈、流畅的自然语言对话。即时的语音识别和反馈是语音交互实时化的显著表现。学生可以通过语音与人工智能系统进行交互，系统能够即时识别和评价学生的发音和流利度，并给予准确的反馈，指出发音不准确或语调不自然的单词。这种即时的反馈帮助学生及时纠正发音错误，提高口语表达的准确性。流畅的自然语言对话也是语音交互实时化的重要体现。传统的语音交互系统往往局限于特定的命令和词汇，而人工智能技术支持下的系统则能够与学生进行更加自然、流畅的对话。学生可以通过自然语言提出问题、表达观点，系统则能够理解并做出相应的回应。这种自然的交互方式不仅提高了学生的语言应用能力，也增强了学习的趣味性和互动性。

实际上，这七个方面的优势并不是相互独立的，而是交织在一起，共同形成了一个智能、个性化、高效的学习生态：能力评估智能化为学习路径个性化提供基础，情景模拟沉浸式激发学习兴趣，语音交互实时化提升口语表达能力，反馈纠错即时化加速学习进程，资源推送精准化提高学习效果，数据记录可视化深化学习理解，共同为学生提供了更有效、更有针对性的学习支持。

6.1.2 人工智能赋能大学英语学习的常见工具

人工智能在大学英语学习中扮演着越来越重要的角色，它通过各种工具和应用程序，提供个性化的学习体验、实时反馈、互动式学习环境等，极大地增强了学生的学习动机，提高了英语学习效率和质量。本节将介绍人工智能赋能大学英语教学与学习的常见工具。

1. 英语口语和听力工具

人工智能口语和听力练习工具具有即时反馈、个性化学习、互动性强、便捷性高等特点，不仅能够帮助学生纠正发音错误，增强语言理解，提高发音准确性和流利度，提高其英语口语和听力水平，还能够根据学生的学习进度调整练习内容，增加学习的互动性和趣味性。

国内外有多款广受欢迎的人工智能口语和听力练习工具，如英语流利说、Duolingo、Rosetta Stone、Hello Talk、Elsa Speak、Speechace、Pronunicator 等。

其中，Duolingo（多邻国）是著名的语言学习网站，其网址为 https://www.duolingo.com/，可以免费注册学习。还可以下载手机应用程序，在手机终端上自主进行英语学习。Duolingo 能够根据学生的学习目标、水平和学习习惯提供个性化的学习路径，学生可以根据自己的需求选择不同的学习模块和主题进行学习。学生还可以在 Duolingo 上与其他学习者进行交流和互动，分享学习心得、参加学习小组等，增强学习的社交性和趣味性。该程序的语音识别和发音练习功能非常强大，学生可以通过模仿标准发音并得到反馈来改进自己的发音，从而提高口语能力和发音准确度。实际上，Duolingo 还可以提供多种学习模块，如单词、语法、听力等，学生可以通过各种不同的练习来全面提升英语综合应用能力。值得一提的是，除了语言学习外，Duolingo 还提供便捷、高效、高质量的在线英语能力测试（Duolingo English Test）。Duolingo 在语言学习中的优点包括免费、多样化的语言选择、游戏化学习体验、个性化学习路径、多种学习模块、语音识别和发音练习、以及社交互动，使其成为许多学生的首选语言学习工具之一。

还有许多其他基于人工智能技术的工具和平台，可以用于英语听力和口语练习，如英语流利说。它可以通过语音识别技术分析用户的发音，对学生英语发音的准确性、流利度和自然度方面进行实时评分，为学生的口语练习提供个性化的指导和反馈。此外，现在非常火爆的基于大语言模型技术的人工智能对话应用，如 ChatGPT、讯飞星火、文心一言、KimiChat 等也提供实时对话练习、个性化反馈、语音识别与评估、多样化的交流伙伴等服务，用于提升学生的英语口语和听力能力。

2. 人工智能英语写作辅助工具

大学英语教学中，为学生提供有效的写作反馈和支持或许是大学英语中教师面临的最大困难。教师需要解决工作量大、时间紧、有效反馈不足等问题。人工智能写作辅助工具的出现，则可以大大减轻教师的负担，帮助教师更高效地处理学生的写作练习。

人工智能写作辅助工具利用先进的自然语言处理技术，可以快速识别出学生英语写作练习中的语法错误、拼写问题以及语言修辞上的不足，并提供相应的修改建议，将教师从烦琐的错误检查工作中解放出来，将更多的时间和精力用于关注学生写作练习的内容、逻辑思维和结构安排等更高层次的写作能力。此外，一些智能写作工具还提供了丰富的教学资源和数据追踪功能，帮助教师了解学生的学习进度，从而制定更加个性化的教学计划。

广泛使用的人工智能写作辅助工具包括批改网、Grammarly、iWrite、Hemingway Editor、Scribens、ChatGPT 等大语言模型等。其中，批改网（http://pigai.org/）是中国较早的提供英语写作自动批改在线服务的系统之一。它通过计算学生作文与标准语料库之间的距离，即时生成学生的作文得分和语言及内容分析结果。其核心功能是在多个维度上对学生的作文进行智能评分与点评。张文霞（2014）将批改网引入本科英语写作教学，通过人机共评的多维度评价模式，设计了“单周写作，双周评议，其间多元反馈评改，然后阶段性反思自评”的过程化施教方案，取得了良好的教学效果。

iWrite 是由外研社开发的英语写作教学与评阅系统，拥有大学英语教育领域最为知名的人工智能写作辅助习题。它的核心特点是多维度的评估机制，不仅关注语言的准确性，还深入到内容的切题性、篇章结构的连贯性以及写作规范的遵循程度。系统的自动评阅、即时反馈和个性化建议大大减轻了教师的工作负担，激励了学生主动改进写作，培养了自主学习能力。此外，iWrite 还收集了大量的写作数据，为教学研究提供了丰富的资源，有助于教师和研究者分析学生写作能力的发展趋势，从而指导教学实践的改进。

Grammarly 是另一个强大的智能写作辅助工具。它利用自然语言处理和机器学习技术，为用户提供实时的语法、拼写和标点校正服务。在学术写作领域，Grammarly 的特点尤为突出，它不仅能够识别并纠正常见的语法错误，还能根据写作目的为受众提供风格建议，确保文本的专业性和适宜性。

ChatGPT、讯飞星火、文心一言、KimiChat 等基于大语言模型技术的人工智能对话应用，也可以作为智能写作辅助工具，即时分析学生的写作内容，提供语法、拼写、句式结构等方面的反馈，帮助学生理解并应用不同的写作结构，提供结构化的写作框架，激发学生的写作灵感，了解不同文化背景下的表达习惯，提升学生的英文写作水平和跨文化交际能力。

3. 人工智能词汇学习工具

词汇往往是许多大学生英语学习的起点，甚至少数学生可能会将其视为学习的终点。但是，由于缺乏有效的记忆策略和实践机会，学生常常面临单词记了又忘、常记常忘的问题，再加上大量的一词多义、文化背景知识缺乏、自我激励不足等原因，词汇成为学生英语学习的一个拦路虎。人工智能技术赋能下的英语词汇学习则变得更加高效科学。依托于自然语言处理等先进技术，不仅提高了词汇学习的效率，还增强了学习的互动性和趣味性，有效促进了大学生英语词汇能力的全面提升。

由于词汇学习较为独立，强调重复记忆，易于量化，容易融入游戏化元素，如积分、排行榜等，适合通过移动设备进行碎片化学习，因而多数人工智能技术赋能下的英语词汇学习是以移动应用程序（APP）的形式呈现的，如扇贝单词、百词斩、Quizlet、Anki 等。多数 APP 都采用艾宾浩斯遗忘曲线和智能算法，根据用户的学习进度和效果来调整复习频率，确保单词得到有效记忆。同时，还提供丰富的学习资源，如单词卡片、发音、例句等，帮助学生全面理解和掌握单词的用法。另外，还设置了多种学习模式和挑战关卡，增加了学习的趣味性和互动性。各种 APP 尽管在细节上各有特点，但总体上看，就是通过不同的方法和技术，如间隔重复、游戏化学习、个性化学习路径和沉浸式体验，为提高学生的英语词汇量和语言技能创造轻松愉快的氛围。

ChatGPT、讯飞星火、文心一言、KimiChat 等人工智能工具也可以用于英语词汇学习。相较于传统的扇贝单词等 APP，这些工具有显著的优势。英语单词学习 APP 侧重于词汇记忆和基础学习，而 ChatGPT 等可以与学生进行深度交互，不仅帮助学生学习词汇，还能够提供接近自然语言的交互体验，使学习过程接近真实的沟通场景，通过对话和语境化的练习帮助学生理解和使用新词汇，同时还覆盖语法、写作等方面，帮助学生实现从英语词汇学习到全面英语能力提升的转变。

4. 人工智能翻译工具

由于教学资源的有限性、实践机会的缺乏以及翻译技巧训练的不足，大学生的英语翻译能力存在不足是不争的事实，这主要体现在对专业术语的准确理解和运用、跨文化语境的把握以及流畅自然的语言表达上。为了弥补翻译能力不足的缺陷，许多学生选择使用人工智能翻译软件。可以说，人工智能翻译工具是大学生使用最普遍的人工智能英语学习工具之一。

当前市场上有不少人工智能翻译软件，如谷歌翻译（Google Translate）、DeepL、讯飞智能翻译、搜狗翻译等。笔者最常用的在线AI翻译工具是DeepL，其以准确的翻译结果和高效的语言识别能力受到用户好评。其他的翻译软件也各有特点，学生和教师可以根据需求选择相应的软件。

ChatGPT、讯飞星火、文心一言、KimiChat等人工智能工具也可以提供高质量的翻译服务。这些工具通过学习海量的双语文本资料，不仅能够处理语言本身，如单词、短语、复杂句子结构等，甚至具备辨识目标语言与源语言在不同文化背景下细微差异的能力，这就更有可能提供更加流畅和地道的翻译。

5. 人工智能英语阅读工具

我国英语教育具有重视阅读教学的传统，学生的英语阅读能力相对较好。因此，专门用于提升英语阅读能力的人工智能工具或软件并不算多。现有的软件或工具同时兼具了英语阅读及词汇学习的功能，如Readlang、Luminos、Newsela等。Readlang使学生在阅读英语文章时，能够即时翻译生词和短语，还提供发音和例句，这可以帮助学生更好地理解和记忆新词汇。Luminos则是人工智能技术驱动的阅读和学习平台。它不仅可以通过分析学生的阅读习惯，智能推荐适合的文章，提供个性化的学习体验，还可以帮助学生追踪阅读进度和词汇学习。

6. 其他人工智能英语教学工具

还有诸多其他工具，难以将其归类为某种语言技能提升的工具。它们往往搭载一个智能教学平台，服务于提升学生的英语综合应用能力和跨文化交际能力，如知识图谱等。基于智能教学平台和技术开展英语教学，也可以实现个性化教学，提供即时反馈和轻松愉悦的学习环境。

本节中所提到的各种人工智能英语学习工具往往兼具多重功能。以Duolingo为例，不仅可以用于听说练习，还可以用于提高阅读和写作能力，学生不必针对每一项技能单独下载或使用某种工具。这些人工智能工具通过集成多样化的功能和个性化的学习计划，提供全面、高效且愉悦的学习环境。这些工具的应用不仅能够帮助学生提高英语水平，还能够激发他们对语言学习的兴趣，从而在日常生活中更加自信地使用英语。

6.2 人工智能技术在大学英语教学中的应用体系和场景

在上一节中探讨了人工智能技术赋能大学英语教学具有的独特优势，并简要介绍了一些常用的教学工具。这些工具不仅丰富了教学手段，还提高了学生的学习效率和兴趣。当前探讨最为热烈的便是以 ChatGPT 为代表的生成式人工智能工具。

ChatGPT 是 OpenAI 基于 GPT 系列模型开发的自然语言处理工具，它能够基于在预训练阶段所见的模式和统计规律，来生成回答，还能根据聊天的上下文进行互动，真正像人类一样来聊天交流，甚至能完成撰写论文、邮件、脚本、文案、翻译、代码等任务。它还具备不断自我学习和优化的能力，可以根据用户的反馈和需求进行调整和改进，不断提高回答的准确性。自 2022 年推出以来，ChatGPT 迅速成为教育界广泛讨论的焦点。

中国的人工智能技术也在同步发展，先后开发出了讯飞星火、文心一言、天工、Kimichat、智谱清言等生成式人工智能工具。这些产品的技术基础各有特色，但是对于大学英语教学而言，均能够提供强大的语言处理支持，支持个性化学习路径，提供实时的语言练习和反馈，能够辅助教师和学生在教学和学习过程中实现更高效的沟通与互动。它们极大地丰富了大学英语教学的方法和手段，提高了大学英语教学的质量和学生的学习体验。因此，以 ChatGPT 为代表的生成式人工智能技术，已成为当前大学英语教学领域的关注热点，预示着未来教学方式的革新方向。本节将以 ChatGPT 为代表，探讨生成式人工智能工具在大学英语教学中的应用体系和场景。

6.2.1 ChatGPT 在大学英语教学中的应用场景

鉴于 ChatGPT 强大的自然语言处理技术、大规模数据训练基础和上下文理解与生成能力等技术，ChatGPT 在大学英语教学中可以扮演多样化的角色。它既可以是学生的虚拟同伴，随时随地为学生提供语言练习和交流的机会；也可以是教师的得力助手，帮助教师备课、设计活动甚至批改作业；它甚至可以是不知疲倦的虚拟教师，为学生提供多模态的学习资料，定制个性化的学习体验，随时为学生答疑解惑。由此，可以看出，ChatGPT 在大学英语教学中具体的应用场景也非常广泛。宋飞等（2023）探讨了 ChatGPT 在国际中文教育中的应用体系，将 ChatGPT 在国际中文教育的应用分为课堂教学、语言教学、文化教学和考试辅导、教学资源建设五个领域的应用。结合大学英语教学的实际情况，笔者认为 ChatGPT 在大学英语教学中具体的应用场景也涵盖以上五个领域，具体内容见图 6-1。可见，ChatGPT 在大学英语教学中的应用场景分为两大类：辅助大学英语课堂教学与辅助大学英语教学资源建设。

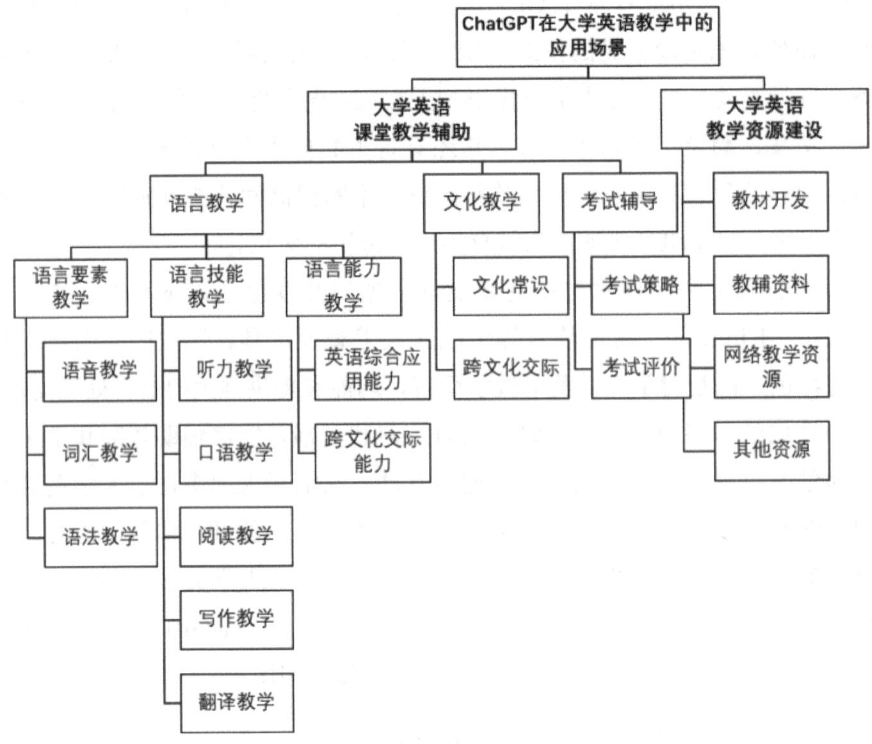

图 6-1　ChatGPT 在大学应用教学中的应用场景

1. ChatGPT 在大学英语课堂教学中的应用

就在大学英语课堂教学的应用场景而言，ChatGPT 能够在语言教学、文化教学、考试辅导三个方面发挥积极的作用。

（1）语言教学

在英语语言教学中，语言要素、语言技能及语言能力三个方面相辅相成，共同构成了一个完整的语言教学体系。ChatGPT 能够赋能大学英语语言教学的以上各个环节，帮助学生全面提升他们的英语语言能力。

①英语语言要素教学

语言要素通常指语音、词汇和语法三要素，是语言学习的基础。学习者只有掌握了语言基础知识，才能进一步发展听、说、读、写、译等各项语言技能。在语言要素教学中，ChatGPT 扮演着虚拟私人教师的角色，可以为学生的语言要素学习提供全方位的个性化学习支持。首先，在语音学习方面，学生可以向 ChatGPT 提问发音技巧和方法，ChatGPT 会从口型、舌位、声带、气流等方面提供详细的文字描述和建议，并提供针对性的练习建议。ChatGPT 还可以推荐相关的学习资源，如链接到在线发音教程，或是介绍一些练习发音的应用程序和工具，设计一些发音练习，比如模仿录音、朗读练习等，并通过文本形式给出反馈和改进建议。其次，在词汇学习方面，学生向 ChatGPT 恰当提问，不仅可以获取词汇本身的含义，包括意义、词性、结构类型和感情色彩等，还可以获得单词的同义词、反义词、常见搭配以及在不同语境中的用法示例等。这有助于提高学习效率，扩展学生的词汇量，满足学生对词汇的差异化学习需求。此外，学生还可以通过与 ChatGPT 的对话生成练习题，加深对单词的记忆和理解。最后，在语法学习方面，ChatGPT 可以解答学生提出的各种语法问题，解释各种语法规则、常见错误以及正确用法，帮助学生理解并掌握语法知识，针对性地指出常见错误，并提供实时的纠错和建议，帮助学生不断提升语言表达的水平。ChatGPT 还可以提供实时的语法纠错和语言建议，帮助学生在写作和口语表达中避免常见的语法错误，从而提高语言表达的准确性和流畅度。

②语言技能教学

在中国的英语教育体系中，听、说、读、写、译这五项技能通常被视为英语学习的主要目标。然而，由于教育资源、教学方法和个人学习习惯等方面的差异，学生在这五项技能上的发展可能并不平衡。作为一种文本交互工具，ChatGPT 在促进英语学习者的语言技能发展方面具有显著潜力。尽管它目前无法直接输入或输出音视频，但在语言技能的教学中都能发挥重要作用。

在听力技能上，ChatGPT 可以通过提供文本材料和模拟对话来辅助教学，学生通过阅读和理解这些材料来提高他们的听力理解能力。在口语表达上，通过恰当设置提示词，学生可以自行创建针对某个话题的交流情境，包括课堂角色扮演、生活场景对话、听写练习、英语辩论等，开展交互交流。与ChatGPT交互的过程就是进行真实的英语交流的过程，可以有效建立学生对英语口语表达的熟悉度，提高英语口语表达的信心和能力。

在阅读技能方面，ChatGPT能够提供多样化的阅读材料，帮助学生扩大阅读量并接触多样化的词汇和语法结构。它还能根据学生的阅读水平和兴趣定制阅读材料，并提供个性化的阅读指导。通过与ChatGPT的互动，学生可以练习关键阅读技能，如扫读、精读和主旨概括，同时培养批判性和创造性思维。

写作是ChatGPT特别擅长的领域。首先，ChatGPT可以生成各种类型和难度的英语文本，为学生提供丰富的写作素材和范例。学生通过阅读这些文本，可以学习不同风格和结构的表达，丰富自己的写作技巧和词汇量。其次，学生可以向ChatGPT提出关于写作的问题，如语法使用、句子结构、段落组织等，ChatGPT就会提供相应的指导和建议。此外，ChatGPT还可以通过模拟真实的写作场景，如写邮件、写论文等，帮助学生熟悉写作格式和风格。最重要的是，ChatGPT能够根据学生的写作水平和需求，即时提供个性化反馈和建议，如语法修正、词汇选择、句型结构等，帮助学生及时发现和改正写作中的错误，促进学习效果的提升。

ChatGPT也有助于提升学生的翻译技能。它能够帮助学生准确地理解语境和语义，选择更加精确的目标语词汇，解释和生成复杂的语法结构，解释目标语与源语言之间的文化差异等，帮助学生深化对源语言和目标语言的理解。ChatGPT还能够模拟不同的翻译场景，如商务翻译、文学翻译、技术翻译等，让学生在实践中锻炼翻译技巧，同时提供即时的反馈和建议，促进学习者在翻译准确性、流畅性和文化适应性方面的提升。

③语言能力培养

如在语言技能提升中提到的那样，ChatGPT可作为语言学习辅助工具，帮助大学生全面提升英语语言技能，进而提高英语综合应用能力。作为一个多语言的人工智能助手，它还为提高学生的跨文化交际能力提供了一个强大的平台。它能够解释丰富的文化背景知识，模拟跨文化交流场景和对话，提供实用词汇和短语，提供案例分析，为学生创造丰富的学习环境。这可以帮助学生深入了解不同文化之间的差异，学习处理跨文化交际中的语言障碍和文化冲突，使其更得体恰当地表达自己的想法和观点。因而，通过与 ChatGPT 的互动，学生可以提高跨文化交际意识，增强适应不同文化环境的能力，为未来的国际交流和合作奠定基础。

（2）文化教学

语言是文化的载体。大学英语学习不仅要学习英语语言本身，还要借助英语学习和了解西方的文化思想，并加深对中国文化的了解。ChatGPT 可充当高级搜索引擎。教师可以利用 ChatGPT 搜索英语教学中涉及的文化常识、背景资料及多媒体资源，补充课堂教学。还可以利用 ChatGPT 设计针对某个文化现象的主题活动，特别是包含中西方文化对比的环节，帮助学生在中西文化对比中，了解西方文化，加深对中国文化的理解和认同感。

（3）考试辅导

各级各类的英语能力或资格考试是大学生英语学习的落脚点之一。ChatGPT 可以在帮助学生备考中发挥重要作用。首先，ChatGPT 可以为学生就各级各类英语考试答疑解惑，不管是应试方法与策略、考试题目解析还是考试基本信息，ChatGPT 都可以即时提供较为准确的解答，为学生减少备考和应试压力。其次，作为文本交互平台，ChatGPT 可以实现分模块任务练习，将大学习任务分解为易于实现的小任务，帮助学生逐步完成学习目标，增强自主感和信心。它还可以按照考试标准和要求生成模拟考试练习，帮助学生熟悉考试格式和题型，增强备考能力。当然，ChatGPT 可以与学生进行互动式对话，提供个性化的阅读、写作、听力、口语、语法和词汇等方面的学习资源，帮助学生全面提高英语实际应用能力。

2. ChatGPT 在大学英语教学资源建设中的应用

余胜泉和朱凌云（2002）认为，教学资源建设包含 4 个层次的含义：一是素材类教学资源建设；二是网络课程建设；三是资源建设的评价；四是教学资源管理系统的开发。由于 ChatGPT 的文化互动性，笔者认为，ChatGPT 可以在教学素材类及网络资源和其他资源的建设中发挥重要作用。

（1）教学素材资源开发与建设

ChatGPT 对于教学素材资源的开发与建设主要体现在教材内容的开发和教辅资料的建设上。教材是教学的主线和基础，是教师课堂教学和学生课后学习的主要依据，而教辅资料则是对教材的有益补充和拓展。

ChatGPT 是开发教材内容的有力工具。教师可以向 ChatGPT 提问，获得如何进一步开发教材的建议，如补充材料、案例研究、实践活动等，丰富教材内容。ChatGPT 还可以根据教材的内容和主题推荐多媒体资源，如视频、音频、互动课件等，降低教师的备课负担，提升学生的学习体验和理解能力。还可以根据教师要求，编写额外的练习题目，覆盖教材中的各个知识点和技能要求，以帮助学生更好地巩固所学内容。此外，ChatGPT 还可以根据课型、教情、学情等，生成满足教师需求的教案、讲义和活动方案等，甚至还可以生成 PPT。当然，ChatGPT 还可以提供关于教学策略和方法的建议，帮助教师更好地利用教材进行教学，激发学生的学习兴趣和参与度。

实际上，ChatGPT 不仅可以帮助开发已有教材的教学内容，还可以根据教学目标、学情、教学内容、教学理念等帮助教师编写教材。ChatGPT 可以根据教师确定的英语教学内容和目标，提供合理的编排建议，包括章节划分、知识点安排、难易度递进等方面的建议，确保教材的逻辑性和连贯性。它还可以设计多样化的练习题和参考答案，推荐教材编写所用资源，依据某种教学理念设计产出任务、项目、活动，提供评价标准，并编写相应的教参，帮助编者和其他教师更好地利用教材进行教学。

在基于 ChatGPT 进行教材开发与编写、教辅资源建设的过程中，大学英语教师收获的不仅仅是教学资源，更是教学能力的提升。实际上，教师教学能力提升也是 ChatGPT 在大学英语教学中的一个重要应用场景。通过与 ChatGPT 的交互，大学英语教师能够了解更多的教学方法、教学理念和手段，为后续的大学英语教学奠定基础，还可以反思自己在教学中面临的问题，获得较为全面的分析、建议和解决措施，这可以促使教师的个人成长，全面提升大学英语教学能力。

（2）网络教学资源等其他教学资源

随着教育信息化的发展，大学英语教学逐渐进入了课堂面授与基于网络资源的学生自主学习相结合的模式。因而，网络教学资源的开发与建设对于大学英语教学而言具有重要的作用。ChatGPT 可以根据教师的要求，提供相应的网络教学资源，包括常见的在线学习网站、课件，以及所有能够应用于教学的电影片段、微课、慕课、教学短视频和语言练习网站等，增加学生接触英语的机会和频率，学生也可以在课后利用 ChatGPT 推荐的网络资源进行自主学习。

当然，这对教师和学生而言，会是一个新的挑战。ChatGPT 推荐的网络资源多数是国外网站的，如 YouTube、Netflix 和 TED 等国外网站。一些网站的可用性较差，无法登录等现象时有发生。另外，ChatGPT 推荐的网络资源的质量也需要教师和学生谨慎鉴别，尤其是有关政治、历史、意识形态方面的内容。实际上，这个问题不仅存在于 ChatGPT 推荐的网络资源中，在 ChatGPT 的支持下所开发和建设的教学素材资源同样面临这个问题，需要教师和学生高度警惕。

ChatGPT 在大学英语教学中的应用场景或许会超过大多数英语教师现有的认知，其还可以用于教学软件、教学网站和应用程序的开发，学习平台和管理系统的建设等。这些往往需要较为专业的技术，如代码编写和调用、网站设计、计算机语言等，对大学英语教师而言是个不小的挑战，需要教师时刻更新、拓展自己的知识领域，从而更好地适应数智时代的大学英语教学。

6.3 人工智能技术支持下的大学英语语言技能教学研究

正如前面 6.1 提到的那样，人工智能技术赋能大学英语教学，具有许多无可比拟的优势，现在市面上也有多样化的辅助工具。这些优势是否能够真正转化为大学英语教学质量的提升，需要在实践中探索。笔者在授课中积极探索并融入人工智能工具，探讨这些工具如何提高教学质量和学习体验。基于人工智能技术的英语教学辅助工具多样化，而生成式人工智能工具则是当前备受瞩目的焦点，尤其是 ChatGPT。笔者尝试以 ChatGPT 为代表，进行大学英语教学实践，同时也鼓励学生自主选择其他的生成式人工智能工具，如文心一言、讯飞星火、Kimichat 等。为表述方便，下文中简称为 ChatGPT。

ChatGPT 一经问世就受到了外语教育界的广泛关注。许多专家和学者已经从不同角度展开了基于 ChatGPT 的英语教学研究。Kostka & Toncelli（2023）深入探讨了 ChatGPT 在正式英语学习中的可用性，发现 ChatGPT 在提升学生的听力、口语、阅读、写作和语法技能方面展现出显著潜力，能够增强学生的互动性和批判性思维，但是学生对 ChatGPT 的准确性和实用性持有怀疑态度。Baskara & Mukarto（2023）概述了 ChatGPT 的能力和局限性，并探讨了如何将其整合到语言课程中，发现尽管 ChatGPT 在个性化教学和生成真实语言材料方面展现出潜力，但在处理复杂概念和避免偏见上存在挑战。Mohammed（2023）研究了 EFL 教师对 ChatGPT 支持学生英语学习有效性的看法，结果表明，教师对 ChatGPT 的英语学习有效性持有不同的观点，一些教师认为它有助于提供快速准确的回答，而其他教师则担心它可能阻碍学生批判性思维的发展。

国内教育界也对 ChatGPT 的外语教育应用十分感兴趣。专家学者从宏观上分析了 ChatGPT 等应用于外语教学与学习的潜在优势（宋飞等，2023），认为 ChatGPT 等可提升学生的语法、词汇、语音、写作等语言技能（胡壮麟，2023），促进个性化自主学习（周忠良，2023），赋能自主学习（张震宇、洪化清，2023），为外语教育带来了机遇（安欣等，2023；胡加圣，戚亚娟，2023），并分析了 ChatGPT 等应用于外语教学的场景（毛文伟等，2023；焦建利，陈婷，2023）。这些研究以宏观的理论探讨为主，为外语教育拥抱 ChatGPT 等增添了信心和动力。实践出真知，笔者认为，ChatGPT 等人工智能工具在英语教学中的应用及效果还需要在教学实践中检验。因而，笔者尝试引导学生对 ChatGPT 等的使用，通过定性定量相结合的方法验证其在提升教学质量和满足学生的使用体验方面的效果。

6.3.1 基于 ChatGPT 的大学英语教学实践研究设计

笔者于 2023 年秋季学期依托所授课程通用英语，开展基于 ChatGPT 的大学英语教学实践。研究对象为所授班级的 34 名大一新生，男生 19 名，女生 15 名。经过初步了解，大多数学生在笔者开展教学实践之前，已经有 ChatGPT 等的使用经验。

学期初，笔者对学生开展了90分钟的ChatGPT使用指导。在参考Shaikh等（2023）基础上，笔者将使用指导分为五个模块：① ChatGPT等工具简介，包括如何注册、登录、使用，尤其是如何使用恰当的提示词，即prompt，以获得准确的回答。告知学生可以根据个人喜好自主选择其他生成式人工智能工具，如天工、智谱清言等。②学生与ChatGPT进行不同主题的对话，如以“最新的科技发展”为主题用英语进行对话。③学生练习使用ChatGPT，要求它根据特定情境（如正式写作、非正式写作等）写一个英语段落。④学生使用ChatGPT来修改自己预先写好的段落，要求ChatGPT提出修改意见。⑤学生与ChatGPT一起进行词汇学习。每个模块的练习时间为15分钟。

使用指导结束后，提示学生，在本学期接下来的学习过程中，可以充分利用ChatGPT等工具，尤其是用于完成单元项目、课后写作、口语表达、词汇学习等任务，但是特别提醒学生，要充分消化吸收ChatGPT等给出的回答，禁止剽窃。同时，每位学生均建立电子学习记录袋，即portfolio，每次使用ChatGPT等的记录均截图上传至坚果云固定链接，这有助于在一定程度上避免学生的抄袭剽窃，也为后续基于ChatGPT的大学英语教学研究积累数据。

根据教学安排，学生需要基于教材所选内容，完成两个单元项目，其主题及要求分别是：① The mental health status of college students，学生需要进行问卷调查、数据分析，制作PPT，课堂展示，提交报告；② My hero，学生需要寻找素材，制作3分钟微视频，带有配音和字幕，课堂展示，并提交关于英雄的反思报告。

在学期结束时，笔者通过定量和定性相结合的方法开展研究。定量分析是指在学期结束时，学生需要完成一份调查问卷，反馈他们使用ChatGPT等进行英语学习的效果和感受。调查问卷主要包括五个部分：人口统计信息、学生英语水平、学生对各个英语语言技能提升的影响认知、学生对使用ChatGPT进行英语学习的反馈（有用性、满意度和易用性）以及对执行的任务（即对话、写作、语法和词汇）的满意度。调查问卷项目采用李克特五级制，1表示强烈不同意，5表示强烈同意。定性分析是通过焦点小组访谈的方式来探讨量化数据难以反映的背后原因，每组4—5人，每组访谈时间40—60分钟。

6.3.2 ChatGPT 对大学英语语言技能教学的影响

根据数据统计，发现学生认为在使用 ChatGPT 进行英语学习之前，他们的英语语言技能水平的平均得分为 3.50（口语）、3.70（听力）、4.30（阅读）和 3.80（写作）。这表明学生的英语语言能力水平较高，具备使用 ChatGPT 进行英语学习的语言基础。笔者主要通过访谈，探讨 ChatGPT 等如何促进英语语言技能的提升。

1. ChatGPT 对英语词汇学习的影响

经过访谈，发现学生高度认可基于 ChatGPT 等进行英语词汇学习。ChatGPT 可以生成大量的语言材料，包括句子、段落和文章，并提供解释，学生可以通过阅读和理解这些材料，加深对词汇的理解和认识。学生表示，ChatGPT 等可以提供多种途径进行词汇学习。一位同学表示，“我碰到不认识的单词，比如 discretionary。我会直接问 ChatGPT discretionary 是什么意思，让它给我提供解释并举例，还可以让它回答跟这个单词相关的其他问题，这让我对这个单词的意义和使用场景有了更深刻的认识，而不是干巴巴的‘酌情’两个字。”“我经常用讯飞星火来找同义词或反义词，增加词汇量，就把它当作电子词典一样。”“我想准备四级考试，我让它给我列举出了 100 个高频词汇，它就立刻生成了，第一次这样做时，我感到特别兴奋。”这引起了诸多同学的共鸣，相似的意思在各个小组访谈中也都有体现。

2. ChatGPT 对英语语法学习的影响

ChatGPT 等人工智能工具可以根据学生给出的提示语，就语法、词汇、风格等方面提出修改意见，学生可以从中加深对英语语法等方面的学习。一位学生表示，“我写了一个段落，让它给我提出修改意见，我写了一句‘One of the challenges is that I should to plan my learning early.’它给我提出的意见是‘should to’用法不正确，应该去掉‘to’。正确的表达应该是：‘One of the challenges is that I should plan my learning early.’或者更加自然的表达为‘One of the challenges is that I need to plan my learning in advance.’我知道我犯的这个错误很愚蠢，但是正是由于讯飞星火的提醒，我再也没有犯过这种低级错误，还会想到是否有更自然的表达方式。”学生的这种表达很有代表性，也很有启发性。ChatGPT等带来的语法或写作练习并不一定是直接的，有可能是间接地影响了学生的英语学习。

3. ChatGPT对英语写作水平的影响

ChatGPT带来的英语写作水平提升是学生认可度最高的方面，均值达到4.14。根据访谈，学生认为ChatGPT在激发灵感、即时反馈和学习表达上能够提供有效帮助。访谈中，一位学生表示，“我在英语写作时，最头疼的就是要确定写什么。ChatGPT有时候就像是我的另一个大脑，能够很好地启发我，给我灵感，还能给出写作的思路。”“以前的写作练习中，我们自己很难识别英语写作中存在的问题，需要等待教师给出修改意见。但是教师事情很多，批改作文又特别的费时费力，我们能感受到教师不愿意批改作文，大多数时候就是给个分数了事。ChatGPT这类的工具可以立刻给出修改意见，还能根据我设定的标准给我打分，这让我们的写作练习更有了针对性，我们也更能从中获益。”这种观点得到了绝大多数同学的认同。另一位同学表示，“除了激发灵感外，我觉得ChatGPT还可以让我学会更地道地表达。在一次写作中，我用了一个短语，‘——a small part of the whole thing’它给我提出修改意见说，可以用‘the tip of an iceberg’。我觉得这个短语特别好，就记住了，并用在了四级作文中，我特别有成就感。”第二位同学的观点实际上代表了基于ChatGPT等进行语言技能学习时面临的一个具有普遍性的问题，即如何将人工智能工具提供的答案内化吸收，并迁移到别的应用场景中。这是值得大学英语教师在使用ChatGPT等人工智能工具进行教学时深入研究的问题。

4. ChatGPT对英语口语水平的影响

ChatGPT等能够模拟人类的自然语言对话，为学生提供与英语母语者进行语言交流的机会。因此，学生可以随时与ChatGPT等进行日常英语对话，模拟真实的交流场景，如问候、购物、餐厅点餐等，并得到即时应答，还可以得到语法、和词汇等方面的反馈和建议。同时，通过角色扮演的方式，在特定的情境中练习英语，比如模拟商务会议、旅游咨询等场景，这有助于提高特定情境下的语言应用能力。这是传统的语言教学难以做到的。访谈中，学生表示，“ChatGPT等就像一位不知疲倦的超级nice的英语教师，在它面前完全不需要担心自己的英语水平有多么差，可以随时向它抛出问题，而完全没有心理负担。不仅如此，鉴于 ChatGPT 等背后的超大型语言模型，可以与它们就任何话题展开会话，可以从中学习相关的词汇、语法或表达等。”实际上，ChatGPT 等提供了一个安全和非评判性的环境，让学生可以自由地练习口语，不必担心犯错。这一点非常重要，不仅有助于提升学生的自信心、提升语言技能，还增强了跨文化交际能力。

5. ChatGPT 对英语阅读水平的影响

ChatGPT 等人工智能语言模型可以通过多种方式促进英语阅读能力的提升，如提供难度适中的英语阅读材料、词汇解释与扩充、互动式问答等。访谈中，学生表示，在教学过程中，由于英语基础不同，导致同一篇课文有的同学可能觉得比较难，此时就可以让 ChatGPT 等解释其中的重难点词汇，并进一步提供例句和练习，甚至可以让 ChatGPT 降低课文难度。这一定程度上相当于对课文进行了转述，增强了学生的阅读理解能力。但是，学生也表示，在个人学习过程中，用 ChatGPT 等进行英语阅读练习是用的最少的，因为阅读材料的篇幅往往比较长，即便 ChatGPT 推送的材料难度适中，也很少有同学能都读进去。这也提醒大学英语教师，人工智能工具自身并不能带来学生英语水平的提升，需要教师和学生共同努力，精心设计教学活动，激发学生自主进行英语学习的能力和意识。

综合定量和定性分析，可以发现，ChatGPT 等人工智能工具为大学英语教与学开辟了新的视野。学生可以用其克服缺乏英语母语者交谈语境的障碍，提供语言应用的机会，提升英语语言技能水平。这与 Fauzi 等（2023）的研究结果一致，他们也认为 ChatGPT 在增强学生的语言能力上发挥了重要作用。不仅如此，ChatGPT 等还为学生的英语学习提供即时反馈，根据学生兴趣、进度和水平创建个性化的学习路径，还可以部分地充当教师的角色，协作教师开展教学过程，这为学生的英语学习有效地搭建了脚手架，促进了英语学习。这与 Fyfe（2022）、Jeon &Lee（2023）、Lo（2023）等的研究结果保持一致。

ChatGPT 等是用户友好型工具。学生无论是要提高口语能力还是写作技能，只要能够准确地提出要求，ChatGPT 等就可以提供有效的帮助，从而满足学生的学习需求。这种学习桥梁的搭建是非常有价值的。大学英语教学中，学生的英语水平差异较大，部分教学内容旨在弥合不同能力水平学生之间的差距。有了 ChatGPT，就可以鼓励学生充分使用这个工具来满足基础、中级或高级的学习需求，从而有效提高英语学习效果。

6.3.3 ChatGPT 对于大学英语学习体验的影响

基于 ChatGPT 等进行大学英语学习时，学生的学习体验如何直接决定了学生是否会坚持使用此类进行英语学习。此处，本书将探讨基于 ChatGPT 进行英语学习的有用性、易学性、满意度和易用性，了解学生的英语学习体验。

笔者在处理问卷调查数据后，得出了学生在有用性、易学性、满意度和易用性方面的得分，每个方面取各个问题得分之和的平均分，其描述性统计详见表 6-1。

表 6-1　基于 ChatGPT 的英语学习体验数据统计

	均值	标准差	最小值	最大值	斜度	峰度
有用性	30.91	5.35	21	40	-1.12	1.85
易用性	43.32	7.60	31	55	-0.52	-0.91
易学性	15.50	2.36	13	20	-1.00	0.15
满意度	31.57	3.88	23	35	-1.07	2.16

根据上表，学生评分分数总和的总体平均值：有用性为 30.91（满分 40 分），易用性为 43.32（满分 55 分），易学性为 15.50（满分 20 分），满意度为 31.57（满分 35 分）。

学生评分分数的最小值和最大值分别为：有用性（21、40）、易用性（31、55）、易学性（13、20）和满意度的（23、35），其标准差分别为 5.35、7.60、2.36、3.88。

基于以上数据分析，可以发现，大部分学生（28 人）认可 ChatGPT 等对于英语学习的有用性，评分较高（均值 30.91），说明大多数学生认为 ChatGPT 是一个有价值的工具，能够有效地在多个方面支持学生的英语学习。访谈中，大多数学生都表示 ChatGPT 等工具让自己的学习效率更高、能够节约时间等，但是也有学生表示，“有时候我觉得很沮丧，不管我怎么调整问问题的方式，也得不到我想要的答案，几次尝试之后我就放弃了”。尽管这让学生觉得比较沮丧，但是笔者认为这是一个正常且常见的现象。因为如何向 ChatGPT 等提问是一个很具有技巧性和挑战性的问题，学生有时候并不能准确掌握提问技巧。这或许意味着，要想高效地使用 ChatGPT 等人工智能工具，学生需要更进一步的培训与指导。

大部分学生（24 人）认为 ChatGPT 等人工智能工具的易用性也不错。易用性分数（均值 43.32）表明 ChatGPT 等的用户界面和功能对于大学生来说是相对直观的、容易上手操作的。作为数字原住民，新时代的大学生对新生技术和事物都有较高的接受度，因此他们可能会更容易适应使用 ChatGPT 等人工智能工具。但是，易用性得分（最小值 31、最大值 55、标准差 7.60）意味着学生对 ChatGPT 易用性的看法差异较大。部分学生在使用过程中遇到障碍和困难。在访谈中，有些学生表示，尽管 ChatGPT 等工具整体上易于使用，但是也并不是毫不费力就能成功使用，提问时往往要几经尝试才能得到比较理想的答案，有时候甚至得不到想要的答案。笔者认为，这在于如何界定“理想的答案”。根据笔者观察，有时候学生希望得到的是一个“现成的答案”、可以不经修改直接使用的答案。这种想法本身就是值得商榷的。

学生对 ChatGPT 的易学性存在一定疑虑，平均值为 15.50 分，相对于其他维度来说是比较低的。这意味着，ChatGPT 的学习曲线较陡峭，学生可能需要更多的时间和帮助来熟悉与掌握 ChatGPT 的所有功能。学生对易学性的认知差异也比较大，有人认为非常容易学习使用 ChatGPT 等工具，而有人却觉得很困难。标准差（2.36）比较小，这表明学生对 ChatGPT 易学性的看法比较一致，大部分人都能够在学习后掌握其使用方法。

大多数学生（25 人）对使用 ChatGPT 作为英语学习工具的满意度较高，其均值是四个维度中得分最高的（平均值 31.57/35）。但是，通过分析具体项目得分可以发现，学生对 ChatGPT 等的工作方式满意度不高，认为 ChatGPT 等尚不能完全以自己想要的方式工作。尽管学生在使用 ChatGPT 等工具时或多或少存在一些困难或障碍，但是这并不妨碍学生喜欢这些工具。学生认为其使用 ChatGPT 等人工智能工具的利远大于弊。

此外，上表还讨论了以上四个方面的斜度和峰度分布。以上四个维度的斜度和峰度分别为：有用性（−1.12、1.85），易用性（−0.52、−0.91），易学性

（-1.00、0.15），满意度（-1.07、2.16）。这从另一个侧面说明了大部分学生认为使用 ChatGPT 对于英语学习是有用的，比较容易使用，不难学习使用，对 ChatGPT 的整体体验感到满意。但是，也存在一些学生对其易用性和易学性持有保留意见。

综合上述分析，可以看出 ChatGPT 等在大学英语学习中被学生普遍认可，尤其在有用性、易用性和满意度上获得了较高的评价，对 ChatGPT 等的整体使用体验感到满意，说明它有效地支持了学生的英语学习过程。多数学生觉得 ChatGPT 等提高了他们的学习效率并节约了时间，小部分学生在提问技巧上遇到了挑战。易学性虽然得分相对较低，但大部分学生经过学习后仍能掌握其使用方法。斜度和峰度的统计数据进一步证实了这些积极的观点。总体而言，尽管 ChatGPT 等仍有改进空间，但是它们仍旧是广受学生欢迎且有益的辅助工具。

6.3.4 ChatGPT 对大学英语教学中学生心理需求的满足感

自我决定理论认为，个体普遍存在对自主性（Autonomy）、胜任力（Competence）和归属感（Relatedness）的基本心理需求，这些基本心理需求的满足可以为内在动机的激发及外部动机的内化提供养分（Deci & Ryan，2001）。这意味着，是否能够满足这些基本的心理需求，很大程度上决定着学生是否有较强的内部学习动机，进而提升英语学习效果。Annamalai 等（2023）从自我决定理论的角度出发，探讨了智能聊天机器人在英语学习中的应用，发现尽管学生认为智能聊天机器人支持了他们的学习动机，但同时也存在缺乏情感环境和提供不准确信息的问题。在人工智能技术，尤其是 ChatGPT 等生成式人工智能工具的支持下，开展大学英语教学，学生的基本心理需求是否得到了充分的满足呢？如果没有，是哪种心理需求没有得到满足？如何促进学生心理需求的满足感？探索这些问题的答案都具有重要的意义。

笔者仍旧以 ChatGPT 为代表进行了实践探索。实际上，本节内容是上节内容的延续，是同一教学实践与研究之下的不同侧面。数据分析来源于学期结束后对学生的焦点小组访谈。访谈问题参考了活动-感知状态问卷（Activity-Feelings States）（Reeve & Sickenius，1994），包括：①你使用 ChatGPT 等提高英语语言能力的体验如何？请举例说明。② ChatGPT 等如何帮助你提高自己完成英语学习任务的能力？③你掌握使用 ChatGPT 等进行英语学习互动的主动权，这让你的感觉如何？请举例说明你的答案。④你与 ChatGPT 等的英语学习互动是否会让你感到更有归属感、更易获得支持？为什么？

1. ChatGPT 等对自主性的满足感

自主性是指学习者掌握自己的学习过程并决定学习什么、什么时候以及如何学习的能力。学生需要感到他们的行为是出于自己的意愿和选择，而不是受到外部压力或控制（Deci & Ryan，2001）。自主性可以帮助英语学习者获得必要的语言技能和语言学习策略，成为更熟练和独立的语言使用者。访谈中，学生表示，“使用 ChatGPT 等工具，我可以根据自己的水平和兴趣来提问，进而获得属于我的学习资料，这在过去的教学模式中是做不到的。”“不管是学习时间、地点、方式，还是学习内容、学习方法，我都可以随心所欲。”“我的英语不好，英语课上的内容有些并不能掌握，有了 ChatGPT 等人工智能工具，我课下完全可以做到自主学习，这有效弥补了课上不能吸收教学内容的问题。”“ChatGPT 等给我们提供了很多的选择，有自主选择权让我们更有意愿进行英语学习。”

可见，在学生看来，ChatGPT 等是完美的英语学习伙伴。基于 ChatGPT 等人工智能工具进行英语学习，学生的感觉是自由的、自愿的、自主的、独立的。他们能够随时随地进行英语学习，按照自己的节奏开展学习活动，而不用按照教师的统一安排进行。这让学生感觉很放松，减小英语学习的压力，有助于激发学生的学习动机，对于英语中低水平者尤其如此。

2. ChatGPT 等对胜任力的满足感

胜任力是个人或组织成功有效地执行任务的能力感，这种感觉可以通过掌握任务或技能来实现（Deci & Ryan，2001）。就大学英语学习而言，学生需要感觉到自己有能力完成各种英语学习任务，才能满足对胜任力这一项基本心理需求。访谈中，学生强调，ChatGPT 等可以即时回答学生提问，就语法、词汇、写作等提出即时反馈，帮助学生发现自己的强项和弱点，提高沟通技巧，从而有针对性地提高语言技能。这种传统课堂上是做不到的。在传统课堂上，与老师进行一对一练习的机会非常有限，尤其是在大学英语班容量较大的情况下。自己可以与 ChatGPT 等随时展开对话沟通，获得一对一的指导，这是非常有价值的学习活动。

对于英语学习弱项，如口语和写作，ChatGPT 等可以反复提供练习材料，让学生有机会多次练习，直到熟练掌握该项语言技能。一位学生表示，“对于掌握不够理想的语言技能，ChatGPT 等可以用多种方式反复练习，这种重复练习让我们能够复习和巩固英语语法、词汇等，从而提高英语水平。”“口语表达是我最弱的方面，尽管 ChatGPT 等是文本交互性工具，不能实时语音交互，但是可以通过文字沟通的方式提高口语能力。”除了即时回答、提供反复练习外，ChatGPT 等还可以提供文本、音频、视频等多模态学习资料的线索。这些线索能拓展英语学习资源，帮助学生进行立体化英语学习，加深对英语语言技能的理解。

最重要的是，ChatGPT 等人工智能工具提供了一个全支持型、零压力的学习环境。ChatGPT 等人工智能工具是没有情感的交互伙伴，不会因为学生的错误而产生负面情绪，“从来不会不耐烦，不会有皱眉头、撇嘴等微表情。我的英语学习差，最初就是因为问问题时老师会不耐烦，几次下来我就不想再问他了，逐渐失去了对英语的兴趣。”基于 ChatGPT 等进行英语学习时，学生处在一个全支持、非评判的环境中，他们可以放松地在不断试误中提升英语语言技能，消除对英语学习的恐惧，逐渐建立英语学习的信心，提高学习兴趣。这对于英语水平中等甚至偏下的学生尤为重要。

可见，ChatGPT 等是提升学生英语语言技能的有力助手，在满足大学生英语学习中胜任力的心理需求方面发挥了重要作用。它通过即时反馈、个性化指导、反复练习等方式，帮助学生识别并强化自己的英语语言技能。此外，为学生创造的全支持、零压力的学习环境对激发学生对英语学习的兴趣和信心至关重要，尤其是对于英语水平中等或较低的学生。

3. ChatGPT 等对归属感的满足感

归属感是指个体需要与他人建立有意义的联系，感受到归属和被接纳、来自环境中其他个体的关爱与支持（Deci & Ryan，2001）。如果没有与他人建立联系，学习者可能会感到孤独，进而降低继续学习的动力。就英语学习而言，学生需要感受到来自教师和同学的支持和关爱，这更容易激发学生的学习动机和兴趣。

访谈中，学生首先肯定了基于 ChatGPT 的英语学习带来的支持感。用 ChatGPT 等进行的交互活动纯粹是内容的互动，完全是为英语学习而发起的，这可以增强英语学习的有效性。这不需要考虑是否会因为自己的问题让对方感觉不适，能够一定程度上消除与实际生活中的人相处时带来的尴尬感。

但是也有学生意识到，他们与 ChatGPT 等的互动是有限的。这种互动是纯粹的与机器的互动，学生必须主动提问，才能获得相应的回答。这需要学生始终保持清醒的头脑和坚韧的毅力，否则经过一些尝试后，学生就会放弃了，“因为尽管 ChatGPT 等能提供有趣的英语学习活动，但是由于完全需要依靠学生单方面的主动提高，ChatGPT 等被动回答，不像是真正的与老师或学生的交谈中，对方是可以一定程度上主导对话的。时间久了也就厌倦了。”“刚开始确实觉得用 ChatGPT 进行英语学习很有意思，但是时间久了，发现还是不能代替与人的真实交流，也无法替代传统的课堂教学。”“与 ChatGPT 等的聊天是线性的，如果交叉几个话题同时进行就会很尴尬。”

可见，基于 ChatGPT 等的英语学习在满足学生的归属感这一项心理需求方面具有双面性。一方面，ChatGPT 等提供了一个无压力的环境，让学生在没有社交尴尬感的情况下进行语言练习与实践，增强了英语学习的有效性和兴趣。另一方面，由于缺乏真实的人际互动和情感连接，长期依赖可能导致学习者感到孤独和厌倦，影响学习动机。因此，ChatGPT 可作为辅助工具，但不能完全替代人类教师在激发归属感方面的作用。

综上所述，从自我决定理论的视角来看，基于 ChatGPT 等的英语学习在满足学生的基本心理需求方面表现出了复杂性。从自主性上看，ChatGPT 等人工智能工具提供了高度的学习自由度和个性化选择，使学生能够根据自己的水平和兴趣进行学习，从而增强学习动机。从胜任力上看，ChatGPT 通过即时反馈、个性化指导以及提供多模态学习资料，帮助学生提高英语技能和自信心，特别是在口语和写作方面。然而，在归属感方面，虽然 ChatGPT 减少了社交尴尬感并增强了学习的有效性，但由于缺乏真实的人际互动和情感连接，长期使用可能导致孤独感和厌倦感，降低学习动机。因此，ChatGPT 作为辅助工具可以有效支持英语学习，但不能完全取代人类教师的作用。

6.4 人工智能技术对于大学英语课程建设的影响

课程建设是指设计、规划和实施一个完整的学科或课程的过程，它涉及确定课程的目标、内容和结构、教学方法和资源，以及评估学生学习成果的方式等方面。如前（6.1）所述，人工智能技术在教学内容、教学资源、教学评价等方面都发挥着重要作用。这些作用的发挥需要搭载某种平台或工具。实际上，当前这类工具也非常丰富。在此，笔者尝试探讨一种新型人工智能技术应用——知识图谱在大学英语课程建设中的影响。

6.4.1 知识图谱概述

知识图谱是一种用于表示和组织知识的结构化图形模型，它由实体（节点）和实体（节点）之间的关系（边）组成，以表示现实世界中的知识。该概念最早由计算机科学家约翰·麦卡锡（John McCarthy）于19世纪60年代提出的，表示“知识表示和推理”，随后在语义网的框架下逐渐发展。2012年，谷歌知识图谱的推出，极大地推动了知识图谱技术的发展和应用。此后，知识图谱技术不断进步，不仅在搜索引擎中发挥着重要作用，还在推荐系统、自然语言处理、机器学习等领域得到了广泛应用。

作为一种复杂数据分析和决策支持的有效手段，知识图谱在教育领域的应用也越来越受到重视。《新一代人工智能发展规划》（2017）、“全国教育信息化工作会议”（2019）、《关于启动部分领域教学资源建设工作的通知》（2020）、《关于开展虚拟教研室试点建设工作的通知》（2021）、《教育部办公厅关于组织开展战略性新兴领域“十四五”高等教育教材体系建设工作的通知》（2023），教育管理部门在不同场合下都强调了相关领域的知识图谱制定的重要性。利用知识图谱为教育教学提供支撑工具，已成为当前教育信息化发展的重要内容。

在信息爆炸的时代，英语学习资源已经不再是一个问题。教师和学生都可以轻松地从网络上获得海量的英语学习资源，但是这些资源往往是分散的，学生自身无法将这些资源之间的逻辑关系梳理清楚。教师需要面对如何有效地组织和传授知识的问题。在这样的背景下，知识图谱为大学英语教学的深刻变革提供了有效的解决方案。

知识图谱能够从大量无序的信息资源中重构知识之间的连接，将零散的知识点整合成一个有机的体系。它是一种结构化的语义网络，能够将知识点、概念及其之间的关系以图形化的方式表示出来，这为实现精准化教学、个性化学习等提供了巨大的发展空间，对于语言教学尤其有价值。对于许多英语教师而言，知识图谱是新生事物。因而，笔者尝试介绍知识图谱在大学英语教学中的应用场景、意义及构建，以期让大学英语教师了解和应用新工具，并基于此创新教学模式，提升大学英语教学质量。

6.4.2 知识图谱在大学英语教学中的应用场景

知识图谱能够整合各种教学资源，提供结构化的知识表示，根据学生的学习需求和水平提供个性化的学习支持，通过智能化技术实现学习辅助功能，适用于多个英语学习场景。笔者认为，从整体上看，可以用于大学英语教学的三类场景中：大学英语教学、学生个性化自主学习及学习效果评估，见图 6-2。

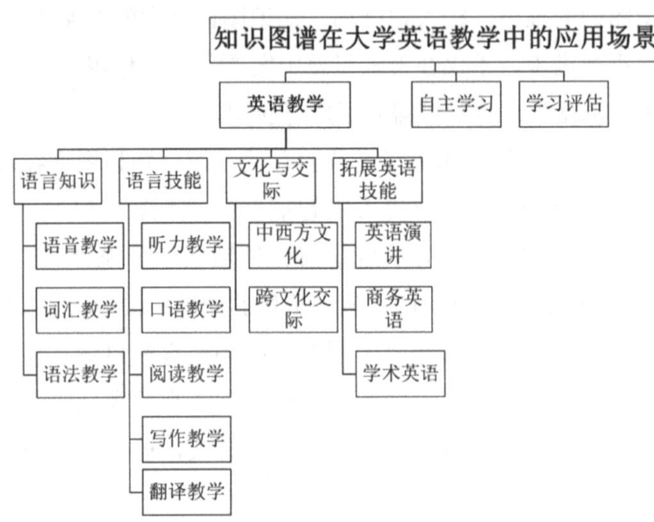

图 6-2　知识图谱在大学英语教学中的应用场景

1. 知识图谱应用于英语教学

知识图谱在英语教学中的应用可分为语言知识教学、语言技能教学、文化与交际教学及拓展英语教学。

在英语语言知识教学中，知识图谱的应用主要体现在对语言结构和规则的系统化组织上。通过构建一个包含语法规则、词汇用法、发音模式等核心知识点的图谱，教师能够为学生提供一个清晰的学习框架，帮助他们理解英语语言的内在逻辑。这个图谱不仅展示了各个知识点之间的直接联系，如时态变化对句子结构的影响，还揭示了它们之间的间接关系，比如词汇的派生和变形如何与语法规则相互作用。学生可以通过知识图谱自主探索英语语言知识，识别和填补自己的知识空白，同时教师也可以利用图谱来设计课程内容，确保教学活动全面覆盖学生需要掌握的语言知识，从而提高教学的针对性和效率。

在英语语言技能教学中，知识图谱作为一种强大的教学辅助工具，通过将听、说、读、写等技能分解为一系列可操作的训练单元，并在图谱中展示这些单元之间的逻辑关系和进阶路径，使得学生能够清晰地识别自己在各个技能层面上的强项和弱点。教师可以利用知识图谱来设计个性化的练习计划，例如，为那些需要提高口语流利度的学生推荐特定的对话练习，或者为那些在阅读理解上遇到困难的学生提供逐步提高难度的阅读材料。

在英语文化与交际教学中，可以构建一个包含各种文化习俗、交际礼仪、节日庆典和社交习惯等元素的知识图谱，教师可以引导学生探索和比较东西方文化之间的差异与联系。例如，通过知识图谱，可以展示在不同的文化环境中非言语交际的差异和联系，帮助学生深入理解不同文化背景下的交际模式和行为规范，在实际交流中避免文化冲突，提高跨文化沟通能力。此外，知识图谱还可以作为教学资源的索引，根据教学内容和学生的兴趣点，提取相关的文化案例、电影片段或新闻报道并推荐给学生，激发学生的学习兴趣，使他们能够在真实的跨文化交际场景中运用所学知识。

在拓展英语领域，如英语演讲与辩论、商务英语、学术英语等，知识图谱的应用主要体现在为学生提供一个丰富的资源库和学习框架上。通过构建涵盖专业术语、典型案例、方法技巧等元素的知识图谱，教师能够帮助学生理解该课程的核心概念和实践技能。

2. 知识图谱在其他场景中的应用

在大学英语教学中，知识图谱的应用还有助于实现个性化自主学习和精准评价。首先，知识图谱可以根据学生的学习需求和水平，为其规划个性化的学习路径，做到因材施教。通过分析学生的学习历史、学习偏好和学习能力，可以为每个学生设计独特的学习路线，包括学习内容、学习顺序、学习进度等方面的安排，以满足不同学生的个性化学习需求。其次，知识图谱可以基于学生的学习特点和学习目标，智能地推荐个性化的学习资源。通过分析学生的学习行为和学习偏好，系统可以为学生推荐适合其学习需求的教材、课件、习题、案例等资源，帮助学生更有效地学习和掌握知识。知识图谱还可以帮助学生管理个性化的学习进度。可以实时监测学生的学习行为和学习进度，及时调整学习计划和学习资源，帮助学生更有效地管理学习时间和学习进度，提高学习效率。知识图谱支持自适应性学习，即根据学生的学习进度和掌握程度，动态调整学习内容和难度，确保学生能够在适合自己的节奏下学习。

这种全面、精准、动态、个性化的学情分析、学习数据与学习行为的记录和分析，为教师提供了更精准、更多元、更深入的评估依据，能够帮助教师更科学地评估学生的英语学习情况，更有针对性地指导学生的学习，进而提高教学质量和学习效果。

6.4.3 知识图谱应用于大学英语教学的意义

李振、周东岱和王勇（2019）提出，教育知识图谱在教育大数据智能化处理、教学资源语义化聚合、智慧教学优化、学习者画像构建、适应性学习诊断、个性化学习推荐、智能教育机器人等方面具有广阔的应用前景。作为一种新兴的语义技术，知识图谱在大学英语教学中也具有重要的意义，见图6-3。知识图谱在大学英语教学中的应用有助于构建一个更加高效、个性化和互动的英语学习环境，为学生的英语学习提供一个全面深入的教学支持体系。它不仅能够丰富教学内容，还能够优化教学方法，使教学过程更加智能化和个性化。

知识图谱的应用可以极大地提升英语教学中智能化处理大数据的能力。学生的英语学习过程中会产生巨量的数据。未经深度处理的数据是无意义的数据。通过将学生的学习活动、成绩、互动等数据进行结构化和语义化处理，知识图谱能够帮助教师快速识别学生的学习模式、偏好和难点。例如，教师可以利用知识图谱分析学生的阅读理解能力，发现他们在特定文体或主题上的阅读障碍，并据此调整教学策略，提供定制化的辅导和资源。这种智能化的处理方式不仅提高了教学效率，也使得教学内容更加贴合学生的实际需求。

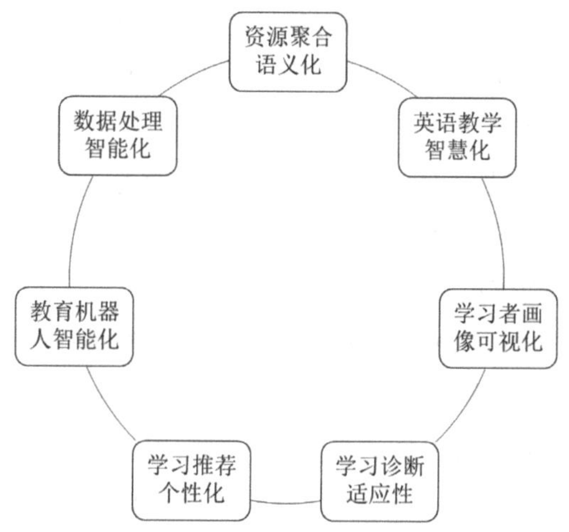

图 6-3　知识图谱在大学英语教学中的意义

知识图谱能够将分散的英语教学资源进行有效的整合和语义化，形成一个互联互通的知识网络。在这个网络中，教材、在线课程、练习题库等资源不再是孤立的点，而是相互关联、相互支持的整体。学生可以通过知识图谱轻松找到与当前学习主题相关的辅助材料，如相关背景知识的文章、视频讲解等，从而加深对知识点的理解。教师也可以根据知识图谱推荐的内容，设计更加丰富多样的教学活动，提高学生的学习兴趣和参与度。

知识图谱可以为大学英语教学的智慧化提供有力支持，使得教学过程更加高效和个性化。教师可以利用知识图谱来设计课程，将知识点按照逻辑关系和难易程度进行组织，形成结构化的教学内容。在课堂上，知识图谱还可以帮助教师实时跟踪学生的学习进度，及时调整教学节奏和难度。此外，知识图谱还可以辅助教师进行课堂互动，如通过智能问答系统回答学生的问题，或者根据学生的回答提供即时反馈，从而提升教学的互动性和学生的参与感。

知识图谱还有助于构建每个学生的学习者画像。通过收集和分析学生的英语学习行为数据，如作业完成情况、在线学习时间、测试成绩等，知识图谱可以描绘出学生的英语语言能力、学习风格、兴趣偏好等多维度特征。对于教师来说，这些信息至关重要，可以帮助教师更好地理解学生的需求，为每个学生提供个性化的学习建议和资源。例如，对于喜欢视觉学习的学生，教师可以推荐更多的图表和视频材料；对于需要加强中心论点句写作的学生，教师可以提供更多的范文、写作练习或技能讲解视频。

知识图谱在大学英语教学中的应用还使得对英语学习的诊断更加精准化和个性化。通过分析学生在不同英语学习活动中的表现，知识图谱实现智能出题与组卷，帮助教师识别学生在语言技能和能力（如听、说、读、写）上的强项和弱项。这种诊断不仅基于学生的当前表现，还能够预测学生未来的学习趋势，为教师提供更有针对性的教学策略。

知识图谱的应用可以为个性化英语学习推荐提供强大支持。通过分析学生的学习行为、成绩和偏好，知识图谱能够为学生量身定制学习资源和活动。例如，对于写作能力有待提高的学生，利用知识图谱，可以推荐一系列写作练习，包括模板、技巧讲解和互动工作坊，帮助他们逐步掌握写作技巧。对于希望增强听力的学生，知识图谱可以提供与兴趣相关的听力材料，如播客、演讲和电影片段，并根据学生的听力水平调整难度，以提高他们的理解能力。

知识图谱还可以为智能教育机器人提供丰富的知识基础，使其能够充当学生的虚拟助教，提供 24 小时的学习支持。基于知识图谱的教育机器人可以回答学生关于英语口语、写作、阅读、文化常识等方面的问题，提供即时的语言练习，甚至模拟真实的对话场景，增强学生的口语交际能力。此外，机器人还可以辅助教师进行课堂管理，如自动批改作业、记录学生参与度等，减轻教师的工作负担，让教师有更多时间专注于教学内容的设计和学生的个性化指导。

综上所述，知识图谱是一个能够有效整合课程内容、教学资源和学习数据的工具。在大学英语教学中，知识图谱的应用可以解决传统教学方法中的一些局限性，如内容碎片化、学习路径不明确、教学资源与学习目标不一致等问题。它能够帮助教师实现精准的个性化教学与评价，构建学习画像，让学生清晰地了解知识点的全貌与各个知识点之间的关系，获得个性化的学习资源和路径推荐，查漏补缺，全方位提升英语综合应用能力。

为了充分发挥知识图谱在大学英语教学中的潜力，教师需要积极参与构建这一知识体系。教师需要精心设计和整合教学内容、学习资源以及学生互动数据，创建一个全面且动态的知识图谱。

6.5.3 大学英语教学中知识图谱的构建过程与工具

在大学英语教学中，知识图谱的构建首先从需要确定知识图谱的主题和范围开始。教师需要根据教学需求，选择某一学期的课程内容或特定的英语学习领域作为主题，如阅读、写作、语法等。然后，根据确定的主题收集相关的各种数据和知识资源，包括教材、课件、微课、习题、在线资源等，这些资源可以采用多种形式，如文本、图像、音频、视频等。进而，对所收集的数据与资源进行处理，抽取出关键信息，如词汇、写作技能、跨文化交际概念等重要信息。

其次，搭载某个教育平台，如超星尔雅的学习通，编辑管理知识点。教师根据大学英语课程的教学大纲和课程目标，逐个创建知识点，如语法规则、写作技能、文化背景知识等，确保教学内容的系统性、连贯性和全面性。同时，教师还需要定期审查和更新知识点，删除那些不再适用的内容，以保持知识图谱的时效性。此外，教师可以导入外部知识点库，丰富课程资源，也可以导出知识点列表，便于分享和备份。

再次，将知识点与教学资源关联起来。也就是将各种教学资源，包括教材、课件、习题、案例分析、多媒体资料等，与相应的知识点建立联系，使得学生在接触这些资源时，能够明确它们与课程目标的对应关系，巩固知识、拓展思维。教师需要识别出与课程知识点相匹配的教学资源。如在讲授公共英语演讲课程时，教师需要选择相关的演讲视频、演讲文本、写作方法等作为教学资源。然后，在知识图谱系统中为每个教学资源标记对应的知识点。这通常涉及在资源的描述或元数据中添加关键词或分类标签。对于公共英语演讲的资源，可能在系统中标记为“修辞手段”“开篇方法”“组织方式”等。将这些标记好的资源分配给特定的课程章节或学习任务。这样，当学生完成相关任务时，系统会自动推荐这些资源，帮助学生深入理解和掌握知识点。例如，在完成“为你的说明性演讲写一个有力的引入段”时，系统会推荐相应的演讲视频、写作方法等。

在知识图谱的构建过程中，知识点与课程内容的整合是其最重要的环节。知识点与教学内容的整合是实现有效教学和学习的关键桥梁。准确地匹配知识点与教学内容，能够使得教学活动与学习目标之间建立紧密的对应关系，可以更清晰地展现教学内容的结构、关联和组织方式，为学生提供个性化学习路径、知识检索与推荐以及跨学科综合应用等方面的支持。

知识图谱的构建是一个系统化的过程。它通过整合课程内容、教学资源和学习数据，为教师提供了一个强大的教学支持工具，同时也为学生创造了一个更加高效和个性化的学习环境。知识图谱的构建不是一个一劳永逸的过程。在完成初次建构后，需要根据教情、学情等随时进行更新、删减或补充，才能满足大学英语教与学的需求。

参考文献

[1] ALI J，SHAMSAN M，HEZAM T，et al. Impact of ChatGPT on learning motivation：Teachers and students' voices [J]. Journal of English studies in Arabia Felix，2023，2（1）：41-49.

[2] American Library Association. Presidential committee on information literacy: Final report [R]. Chicago：American Library Association，1989.

[3] ANNAMALAI N，ELTAHIR M，ZYOUD S，et al. Exploring English language learning via Chabot：A case study from a self-determination theory perspective[J]. Computers and education：artificial intelligence，2023，（5）：100148-100155.

[4] BASKARA R，MUKARTO M. Exploring the implications of ChatGPT for language learning in higher education [J]. Indonesian journal of English language teaching and applied linguistics，2023，7（2）：343-358.

[5] BECKETT G，MILLER P. Project-based second and foreign language education：Past，present，and future [M]. Greenwich，CT：Information Age Publishing. 2006.

[6] BENWELL B，Stokoe E. Discourse and identity[M]. Edinburgh：Edinburgh University Press，2006.

[7] BLACK P，WILIAM D. Inside the black box：raising standards through classroom assessment[M]. Granada Learning，1998.

[8] BROOKHART S M. How to assess higher-order thinking skills in your classroom[M]. Virginia：ASCD，2010.

[9] BYRAM M. Cultural awareness as vocabulary learning[J]. The language learning journal，1997（161）：51-57.

[10] RYAN R M，DECI E L. On happiness and human potentials：a review of research on hedonic and eudaimonic well-being [J]. Annual review of psychology，2001，52：141-176.

[11] DECI E L，RYAN R M，GAGNÉ M，et al. Need satisfaction，motivation，and well-being in the work organizations of a former eastern bloc country：a cross-cultural study of self-determination [J]. Personality and social psychology bulletin，2001，27（8）：930-942.

[12] DIMICK A S. Student empowerment in an environmental science classroom：toward a framework for social justice science education[J]. Science education，2012，96（6）：990–1012.

[13] DICKINSON L. Learner autonomy 2：Learner training for language learning [M]. Dublin：Authentik，1992.

[14] Dörnyei Z. The antecedents of task behaviour：A dynamic systems account of task motivation[C]//3rd Biennial International Conference on Task-Based Language Teaching，Lancaster，2009.

[15] DRURY J，REICHER S. Collective psychological empowerment as a model of social change：Researching crowds and power[J]. Journal of Social Issues，2009，65（4）：707–725.

[16] FAUZI F，TUHUTERU L，SAMPE F，et al. Analysing the role of ChatGPT in improving student productivity in higher education[J]. Journal on education，2023，5（4），14886-14891.

[17] FLOWERDEW L. Applying corpus linguistics to pedagogy：A critical evaluation [J]. International journal of corpus linguistics，2009，（14）：393-417.

[18] FOUSER R J. From CMS to SNS：Exploring the use of Facebook in the social constructivist paradigm[C]//2010 10th IEEE/IPSJ International Symposium on Applications and the Internet. IEEE，2010：221-224.

[19] FYFE P. How to cheat on your final paper：Assigning AI for student writing[J]. AI and society，2022（38）：1395–1405.

[20] GEE J P. Identity as an analytic lens for research in education [J]. Review of research in education，2000，25（1）：99-125.

[21] MACLEAN G R，ELWOOD J A. Digital natives，learner perceptions and the use of ICT[M]//Handbook of research on Web 2.0 and second language learning. IGI Global，2009：156-179.

[22] HALVORSEN A. Social networking sites and critical language learning[M]// Social computing：Concepts，methodologies，tools，and applications. IGI Global，2010：1061-1082.

[23] HOLEC H. Autonomy and foreign language learning[M]. Oxford/New York：Pergamon Press，1981.

[24] JENKINS R. Social identity[M]. London and New York：Routledge，1996.

[25] JEON J，LEE S. Large language models in education：A focus on the complementary relationship between human teachers and ChatGPT[J]. Education and information technologies，2023（28）：15873-15892.

[26] KINCHELOE J L. Exposing the technocratic perversion of education：The death of the democratic philosophy of schooling[M]//Key works in critical pedagogy. Brill，2011：1-19.

[27] KOSTKA I，TONCELLI R. Exploring applications of ChatGPT to English language teaching：Opportunities，challenges，and recommendations [J]. TESL-EJ，2023，27（3）：n3.

[28] KRAFT N. Criteria for authentic project-based learning [EB/OL]. [2023-01-26]. http：//www.rmcdenver.com/useguide/pbl.htm.

[29] KVAVIK R B. Convenience，communication，and control：How students use technology[EB/OL].[2023-10-19]. https：//www.educause.edu/research-and-publications/books/educating-net-generation/convenience-communications-and-control-how-students-use-technology.

[30] LARMER J，MERGENDOLLER J，BOSS S. Setting the standard for project

based learning[M]. Virginia：ASCD，2015.

[31] LI Y，RANIERI M. Are ‘digital natives’ really digitally competent?— A study on Chinese teenagers [J]. British journal of educational technology，2010，41（6）：1029-1042.

[32] LITTLEJOHN A，MARGARYAN A，VOJT G. Exploring students’ use of ICT and expectations of learning methods [J]. Electronic journal of e-learning，2010，8（1）：13-20.

[33] LO C K. What Is the impact of ChatGPT on education? A rapid review of the literature[J]. Education sciences，2023，13（4）：410.

[34] MARGARYAN A，LITTLEJOHN A，VOJT G. Are digital natives a myth or reality? university students’ use of digital technologies [J]. Computers & education，2011，56（2）：429-440.

[35] MOHAMED A M. Exploring the potential of an AI-based chatbot（ChatGPT）in enhancing English as a Foreign Language（EFL）teaching：Perceptions of EFL faculty members [J]. Education and information technologies，2024，29（3）：3195–3217.

[36] NORTON B，TOOHEY K. Critical pedagogies and language learning [M]. Cambridge：Cambridge University Press，2004.

[37] NUNAN D. Task-based language teaching in the Asia context：defining ‘task’[J]. Asian EFL Journal，2006（8）：12-18.

[38] O’REILLY T. What is Web 2.0? Design patterns and business models for the next generation of software [EB/OL].（2005-9-30）[2023-12-15] http：//oreilly.com/web2/archive/what-is-web-20.html.

[39] PRENSKY M. Digital natives，digital immigrants [J]. On the horizon，2001，（5）：1-6.

[40] REEVE J，SICKENIUS B. Activity-feelings states：A systematic measurement of intrinsic motivation and affect in learning[J]. Educational and psychological measurement，1994，54（4）：798-810.

[41] REEVE J，SICKENIUS B. Development and validation of a brief measure of

the three psychological needs underlying intrinsic motivation：the AFS Scales [J]. Educational and psychological measurement，1994，54（2）：506-515.

[42] SELWYN N. The digital native–myth and reality[C]//Aslib proceedings. Emerald Group Publishing Limited，2009，61（4）：364-379.

[43] SHAIKH S，YAYILGAN S Y，KLIMOVA B， et al. Assessing the usability of ChatGPT for formal English language learning [J]. European journal of investigation in health，psychology and education，2023，13（9）：1937-1960.

[44] SIEMENS G. Connectivism：A learning theory for the digital age[J]. International journal of instructional technology and distance learning，2004：14-16.

[45] TYLER R W. Basic principles of curriculum and instruction [M]. Chicago，IL：The University of Chicago Press，1949.

[46] UNESCO. Towards information literacy indicators [DB/OL]. [2021-01-12]. http：//unesdoc.unesco.org/images/0015/001587/158723e.pdf.

[47] VOLMAN M，VAN ECK E. Gender equity and information technology in education：The second decade [J]. Review of educational research，2001，71（4）：613-634.

[48] WEISER E. Gender differences in internet use patterns and internet application preferences：A two-sample comparison [J]. Cyberpsychology and behavior，2000，3（3）：1-12.

[49] WHITLEY B. Gender differences in computer-related attitudes and behavior：A meta-analysis [J]. Computers in human behavior，1997，13（1）：1-22.

[50] 祝珣，马文静 . 课程设置的学习者需求分析：基于大学公共英语课程的研究 [J]. 外语界，2014（6）：48-56.

[51] 安欣，沈希，周颖，等 . 英语教师视角下人工智能与教学的融合发展：机遇、挑战与提升路径 [J]. 现代教育技术，2023，33（2）：71-79.

[52] 曹培杰，余胜泉 . 数字原住民的提出、研究现状及未来发展 [J]. 电化教育研究，2012（4）：21-27.

[53] 蔡龙权，吴维屏 . 关于把信息技术作为现代外语教师能力构成的思考 [J].

外语电化教学，2014（1）：45-53.

[54] 陈冰冰 . 国外需求分析研究述评 [J]. 外语教学与研究，2009，41（2）：125-130.

[55] 陈娟文，王娜，李金玉 . 基于大学英语混合式教学模式的实践共同体探究 [J]. 现代教育技术，2017，27（9）：79-84.

[56] 陈晓丹 . PBL 教学模式对非英语专业学生批判性思维能力影响的实证研究 [J]. 解放军外国语学院学报，2013，36（4）：68-72.

[57] 大学外语教学指导委员会 . 大学英语教学指南（2020 版）[M]. 高等教育出版社，2020.

[58] 范琳，张其云 . 建构主义教学理论与英语教学改革的契合 [J]. 外语与外语教学，2003（4）：28-32.

[59] 范玉梅，龙在波 . 自我决定理论视角下大学生基本心理需求与学术英语能动性投入关系研究 [J]. 现代外语，2022，45（3）：406-417.

[60] 冯永华，曾巍 . 试论信息技术环境下的 PBL 设计 [J]. 现代教育技术，2006，16（3）：43-45.

[61] 高永晨 . 中国大学生跨文化交际能力现状调查与分析 [J]. 外语与外语教学，2016（2）：71-78，146.

[62] 高海燕 . 高校英语教师信息素养现状及培养策略研究 [J]. 中国成人教育，2015（1）：113-115.

[63] 高欣峰，陈丽 . 信息素养，数字素养与网络素养使用语境分析：基于国内政府文件与国际组织报告的内容分析 [J]. 现代远距离教育，2021（2）：11.

[64] 高艳 . 项目学习在大学英语教学中的应用研究 [J]. 外语界，2010（6）：42-48.

[65] 巩建闽，萧蓓蕾 . 基于系统的课程体系概念探析 [J]. 中国高教研究，2012（6）：102-106.

[66] 龚嵘 . 大学学术英语写作教学的社会文化探究—— 学习者身份建构视角 [J]. 当代外语研究，2015（6）：34-39.

[67] 顾佩娅 . 多媒体项目教学法的理论与实践 [J]. 外语界，2007（2）：2-8.

[68] 桂诗春 . 我国英语教育的再思考：实践篇 [J]. 现代外语，2015（5）：687-704.

[69] 郭强 . 论信息时代高校英语教师的信息素养 [J]. 玉溪师范学院学报，2004（10）：52-56.

[70] 郭晓英 . 西部欠发达地区外语教师信息素养的调查研究 [J]. 当代外语研究，2011（4）：34-38，61.

[71] 韩戈玲，董娟 . 多元生态化大学英语课程体系研究 [J]. 外语电化教学，2011（2）：21-25.

[72] 何克抗 . 建构主义的教学模式、教学方法与教学设计 [J]. 北京师范大学学报：社会科学版，1997（5）：74-81.

[73] 何克抗 . 信息通讯技术与课程深层次整合的理论与方法 [J]. 电化教育研究，2005（1）：7-15.

[74] 何莲珍 . 新时代大学外语教育的历史使命 [J]. 外语界，2019（1）：8-12.

[75] 何莲珍 . 大学外语课程思政之“道”与“术”[J]. 中国外语，2022，19（4）：1，12-14.

[76] 洪流，周家春，刘金保 . 系统论视角下的大学英语课程体系研究 [J]. 中国教育学刊，2013（S2）：59-61，63.

[77] 胡加圣，戚亚娟 .ChatGPT 时代的中国外语教育：求变与应变 [J]. 外语电化教学，2023（1）：3-6，105.

[78] 胡杰辉，伍忠杰 . 基于 MOOC 的大学英语翻转课堂教学模式研究 [J]. 外语电化教学，2014（6）：40-45.

[79] 胡杰辉 . 目标导向的大学英语课程体系研究 [J]. 中国外语，2014，11（6）：4-9.

[80] 胡杰辉 . 外语课程思政视角下的教学设计研究 [J]. 中国外语，2021，18(2)：53-59.

[81] 胡铁生 .“微课”：区域教育信息资源发展的新趋势 [J]. 电化教育研究，2011（10）：61-65.

[82] 胡文仲 . 跨文化交际能力在外语教学中如何定位 [J]. 外语界，2013（6）：2-8.

[83] 胡小勇，詹斌，胡铁生 . 区域教育信息资源建设现状与发展策略研究 [J]. 中国电化教育，2007（6）：56-61

[84] 胡壮麟 .ChatGPT 谈外语教学 [J]. 中国外语，2023，20（3）：1，12-15.

[85] 季薇，桂靖，朱勇 ."产出导向法" 教学中输入促成环节的设计与实施 [J]. 语言教学与研究，2020（3）：33-40.

[86] 焦建利，陈婷 . 大型语言模型赋能英语教学：四个场景 [J]. 外语电化教学，2023（2）：12-17，106.

[87] 蒋艳，胡加圣 . 基于 SPOC 的大学英语翻转课堂大规模教学运行机制研究 [J]. 外语电化教学，2018（4）：9-15，29.

[88] 蒋玉梅，刘勤 . 高等教育国际化视野下教师出国访学收益研究 [J]. 开放教育研究，2015，21（1）：62-70.

[89] 李桂山，冯晨昱 . 中外合作办学背景下双语教学模式的建构：以天津理工大学国际工商学院为例 [J]. 高等教育研究，2009，30（1）：79-83.

[90] 李继燕，尹鹏 . 浅析农村大学生英语弱势的归因及对策 [J]. 学理论，2011（14）：291-292.

[91] 李继燕 . 大学生信息通讯技术认知与使用调查研究：以河北省高校为例 [J]. 电化教育研究，2014，35（2）：33-37.

[92] 李继燕，李姝，王爱凤 . 信息技术水平对大学英语教师专业发展的影响研究 [J]. 才智，2016（19）：204-205.

[93] 李继燕 . 高校英语教师信息素养现状、归因及对策研究：基于河北、山东两省的调查 [J]. 中国成人教育，2017（7）：64-69.

[94] 李继燕 . 建构主义视域下基于社交网络的批判式英语学习研究 [J]. 教学研究，2017，40（2）：6-11，16.

[95] 李继燕 . 基于 OBE 理念的公共英语演讲与写作协同发展教学实践与反思 [J]. 海外英语，2019（8）：158-159.

[96] 李继燕 . 信息技术支持下项目式大学英语教学实践与反思 [J]. 教学研究，2019，42（3）：63-69.

[97] 李继燕 . 基于 OBE 理念的通用英语语言技能课程体系建设研究 [J]. 海外英语，2021（17）：1-3.

[98] 李京南，伍忠杰 . 大学英语翻转课堂的实践与反思 [J]. 中国外语，2015，12（6）：4-9.

[99] 李俏 . 语言习得中的学习自主性及早英语教学实践中的培养 [J]. 课程 · 教程 · 教法，2007，（11）：51-56.

[100] 李文洁，王晓芳 . 混合教学赋能高校课程思政研究 [J]. 中国电化教育，2021（12）：131-138.

[101] 李晓东，曹红晖 . 基于微课的翻转教学模式研究—— 以大学影视英语课堂为例 [J]. 现代教育技术，2015，25（9）：70-76.

[102] 林崇德 . 学校心理学 [M]. 北京：人民教育出版社，2000.

[103] 林金辉，刘梦今 . 高校中外合作办学项目内部教学质量保障基本要素及路径 [J]. 中国大学教学，2014（5）：62-66.

[104] 凌瑞鲜，秦芹 . 论产出导向法在大学英语教学中的普适性 [J]. 教育研究，2022，5（2）：85-87.

[105] 刘立，黎华 . 新型大学英语课程体系建设初探—— 以中央民族大学为例 [J]. 民族教育研究，2013，24（6）：88-92.

[106] 刘景福，钟志贤 . 基于项目的学习（PBL）模式研究 [J]. 外国教育研究，2002（11）：18-22.

[107] 刘晓斌 . 中小学英语教师 ICT 技能体系研究 [D]. 广州：华南师范大学，2004.

[108] 卢海燕 . 基于微课的“翻转课堂”模式在大学英语教学中应用的可行性分析 [J]. 外语电化教学，2014（4）：33-36.

[109] 吕婷婷，王娜 . 基于 SPOC+ 数字化教学资源平台的翻转课堂教学模式研究：以大学英语为例 [J]. 中国电化教育，2016（5）：85-90，131.

[110] 马俊波 . 大学英语教师计算机水平及使用计算机辅助英语教学现状的问卷调查 [J]. 外语电化教学，2003（1）：56-60.

[111] 毛伟，盛群力 . 聚焦教学设计：深化我国大学英语教学改革的关键 [J]. 外语学刊，2016（1）：106-109.

[112] 毛文伟，谢冬，郎寒晓 .ChatGPT 赋能新时代日语教学：场景、问题与对策 [J]. 外语学刊，2023（6）：25-33.

[113] 庞继贤，叶宁，张英莉 . 学习者自主：身份与自我 [J]. 外语与外语教学，2004（6）：22-25.

[114] 彭丽 .“公民”与“解放”：批判教育学两个重要主题的研究 [J]. 比较教育研究，2008（10）：41-45.

[115] 彭金定 . 大学英语教学中的“学习者自主”问题研究 [J]. 外语界，2002（3）：15-19.

[116] 秦美娟，何广铿 . 大学英语教师信息素养内涵探讨 [J]. 外语界，2009（5）：18-25，41.

[117] 邱琳 .“产出导向法”语言促成环节过程化设计研究 [J]. 现代外语，2017，40（3）：12-19，90.

[118] 盛群力 . 分类教学设计论：罗米索斯基论知能结构、学习模型与教学策略 [J]. 远程教育杂志，2010，28（1）：25-35.

[119] 束定芳，陈素燕 . 宁波诺丁汉大学英语教学的成功经验对我国大学英语教学改革的启发 [J]. 外语界，2009（6）：23-29.

[120] 宋飞，郭佳慧，曲畅 .ChatGPT 在汉语作为外语教学中的应用体系及实践 [J]. 北京第二外国语学院学报，2023，45（6）：110-128.

[121] 孙曙光 .“师生合作评价”的辩证研究 [J]. 现代外语，2019，42（3）：419-430.

[122] 孙曙光 .“产出导向法”中师生合作评价原则例析 [J]. 外语教育研究前沿，2020，3（2）：20-27，90-91.

[123] 孙有中 . 课程思政视角下的高校外语教材设计 [J]. 外语电化教学，2020（6）：46-51.

[124] 王勃然，王立婷 . 网络环境下基于活动理论的英语项目学习模式研究 [J]. 西南科技大学学报（哲学社会科学版），2014，31（1）：94-98.

[125] 王兰兰，苗兴伟 . 混沌 / 复杂系统理论在大学英语教学中的实际应用路径探析 [J]. 外语教学，2013，34（6）：43-48.

[126] 王辉，张建新，徐涛 . 教育技术学专业在校生使用 web2.0 工具现状研究 [J]. 电化教育研究，2012（9）：41-47.

[127] 王娟 . 影响高校多媒体教学效果的因素分析与建议 [J]. 电化教育研究，

2009（5）：95-98.

[128] 王丽，戴建春 . 基于微信的交互式翻译移动教学模式的构建与应用 [J]. 外语电化教学，2015（2）：35-41.

[129] 王黎生 . 中外合作办学中英语教学现状分析 [J]. 外语教学，2010，31（4）：57-60.

[130] 王琼 . 人本主义学习理论及其对中外合作办学英语教学的启示：基于河南工业大学案例分析 [J]. 考试周刊，2009（32）：85-86.

[131] 王素雅，孙川，罗波 . 基于信息技术的高校英语微课设计 [J]. 山西财经大学学报，2023，45（增 2）：303-305.

[132] 王亚沁 . 基于产出导向法理论的大学英语混合式教学模式构建与实践研究 [J]. 中国电化教育，2022（11）：117-122.

[133] 王守仁 .《大学英语教学指南》要点解读 [J]. 外语界，2016（3）：2-10.

[134] 王守仁 . 全面、准确贯彻《大学英语课程教学要求》深化大学英语教学改革 [J]. 中国外语，2010，7（2）：4-7，20.

[135] 王守仁 . 在构建大学英语课程体系过程中建设教师队伍 [J]. 外语界，2012（4）：2-5.

[136] 王守仁 . 坚持科学的大学英语教学改革观 [J]. 外语界，2013（6）

[137] 王守仁，王海啸 . 守正出新，推动大学外语教学内涵式发展：2013—2017 年大学外语教指委工作总结与思考 [J]. 外语界，2019（2）：7-13.

[138] 文秋芳 . 构建“产出导向法”理论体系 [J]. 外语教学与研究，2015，47（4）：547-558，640.

[139] 文秋芳 .“师生合作评价”：“产出导向法”创设的新评价形式 [J]. 外语界，2016（5）：37-43.

[140] 文秋芳 .“产出导向法”的中国特色 [J]. 现代外语，2017，40（3）：348-358，438.

[141] 文秋芳 .“产出导向法”与对外汉语教学 [J]. 世界汉语教学，2018，32（3）：387-400.

[142] 文秋芳，孙曙光 .“产出导向法”驱动场景设计要素例析 [J]. 外语教育研究前沿，2020，3（2）：4-11，90.

[143] 文秋芳，毕争．产出导向法与任务教学法的异同评述 [J]. 外语教学，2020，41（4）：41-46.
[144] 文秋芳．大学外语课程思政的内涵和实施框架 [J]. 中国外语，2021，18（2）：47-52.
[145] 王晓静．非英语专业学生自主学习动机与元认知策略的关系 [J]. 外语教学，2014，35（5）：72-75.
[146] 王学俭，石岩．新时代课程思政的内涵、特点、难点及应对策略 [J]. 新疆师范大学学报（哲学社会科学版），2020，41（2）：50-58.
[147] 王宗华，肖飞．面向新工科的校本特色大学英语课程体系建设：框架设计与内容拓展 [J]. 外语界，2023（5）：16-22.
[148] 肖琼，黄国文．外语教材编写中的课程思政元素融入：以《新时代明德大学英语》为例 [J]. 外国语言文学，2021，38（4）：400-412，447.
[149] 肖雁，李民．新中国成立以来我国大学英语教育的演变与发展：阶段、特征及当下面临的主要问题 [J]. 外语教学，2022，43（1）：69-75.
[150] 项蕴华．身份建构研究综述 [J]. 社会科学研究，2009（5）：188-192.
[151] 徐锦芬．高校英语课程教学素材的思政内容建设研究 [J]. 外语界，2021（2）：18-24.
[152] 向明友．试论大学英语课程体系建设 [J]. 中国外语，2016，13（1）：4-9.
[153] 颜士刚，谢娟．关于“现代课堂教学的技术依赖问题”的对话 [J]. 现代教育技术，2013，23（1）：13-16.
[154] 杨东杰，王维倩，宁大利．基于 Wiki 的项目式协作性英语教学案例研究 [J]. 外语电化教学，2014（5）：28-33.
[155] 杨俊锋，余慧菊．教育主体的变革：国外“数字一代学习者”研究述评 [J]. 比较教育研究，2015，37（7）：78-84.
[156] 俞明祥．构建新时代高校外语课程思政教育体系 [N]. 中国社会科学报，2021-06-29（1）.
[157] 余胜泉，朱凌云．教育资源建设技术规范简介 [J]. 中小学信息技术教育，2002（Z2）：80-84.
[158] 余渭深．大学英语应用能力培养的再认识：教学大纲变化视角 [J]. 外语

界，2016（3）：19-26.

[159] 余渭深.《新大学英语》项目活动实践的学生评价研究 [J]. 中国外语，2017（3）：82-91.

[160] 余文森.论自主、合作、探究学习 [J]. 教育研究，2004（11）：27-30.

[161] 岳曼曼，刘正光.混合式教学契合外语课程思政：理念与路径 [J]. 外语教学，2020，41（6）：15-19.

[162] 赵雯，刘建达.《大学外语课程思政教学指南》内容重点研制与阐释 [J]. 外语界，2022（3）：12-19.

[163] 张伶俐.“产出导向法”的教学有效性研究 [J]. 现代外语，2017，40（3）：369-376.

[164] 张文霞，黄静.构建信息技术在大学英语课程中的运用框架 [J]. 现代教育技术，2014，24（1）：75-83.

[165] 张震宇，洪化清.ChatGPT 支持的外语教学：赋能、问题与策略 [J]. 外语界，2023（2）：38-44.

[166] 章木林，邓鹂鸣.自我决定理论视角下大学英语教师教学转型的动机研究 [J]. 外语学刊，2020（3）：63-68.

[167] 郑东辉.社会建构主义学习理论述评 [J]. 宁波大学学报：教育科学版，2004，26（6）：35-38.

[168] 钟志贤.大学教学模式革新：教学设计视域 [M]. 北京：教育科学出版社，2008.

[169] 周燕，高一虹.大学基础阶段英语学习动机的发展：对五所高校的跟踪研究 [J]. 外语教学与研究，2009（2）：113-118.

[170] 周忠良.ChatGPT 在翻译教学中的应用：变革、挑战与应对 [J]. 北京第二外国语学院学报，2023，45（5）：134-146.

[171] 朱京，苏晓军.认知语言学视域下的微课教学模式构建与应用：以大学英语视听说课程为例 [J]. 外语电化教学，2015（5）：21-25.